Mindy Starns Clark
Das Haus, das sich von selbst aufräumt

Mindy Starns Clark

Das Haus, das sich von selbst aufräumt

Endlich Ordnung in Ihren vier Wänden

scm R.Brockhaus

Wenn nicht anders angegeben, wurden die Bibelzitate folgender Übersetzung entnommen:
Neues Leben. Die Bibel, © 2005 by Hänssler Verlag, D-71087 Holzgerlingen.

Wo abweichend davon andere Übersetzungen verwendet wurden, sind sie jeweils mit den entsprechenden Abkürzungen hinter den Bibelstellen gekennzeichnet:
LUT = Lutherbibel, revidierter Text 1984, durchgesehene Ausgabe in neuer Rechtschreibung, © 1999 Deutsche Bibelgesellschaft, Stuttgart.
ELB = Elberfelder Bibel, © 1985/1991/2006, R. Brockhaus Verlag, Wuppertal.

Die amerikanische Originalausgabe erschien unter dem Titel
The House That Cleans Itself. Creative Solutions for a Clean and Orderly House in Less Time Than You Can Imagine,

Deutsch von Wolfgang Günter

Die Namen aller Mitarbeiter, die mich bei meinen Umfragen unterstützt oder eigene Geschichten beigetragen haben, wurden zum Schutz der Privatsphäre geändert.

Umschlag: Dietmar Reichert, Dormagen
Satz: Satz & Medien Wieser, Stolberg
Druck: CPI – Ebner & Spiegel, Ulm
ISBN 978-3-417-26228-5
Best.-Nr. 226.228

INHALT

Es geht auch besser

Ein Haus wird durch Weisheit erbaut und durch Verstand befestigt. Durch Einsicht werden seine Zimmer mit den unterschiedlichsten Reichtümern und Kostbarkeiten gefüllt.

SPRÜCHE 24,3-4

Mary Poppins ist schon immer meine Heldin gewesen. Ich kann mich erinnern, wie ich als Kind im abgedunkelten Kinosaal saß und wie in Trance auf die Leinwand starrte, weil ich gerade die erstaunlichste Filmszene meines Lebens gesehen hatte. Mein Herz klopfte, meiner Seele wuchsen Flügel, und ich wünschte mir nichts sehnlicher, als dass Mary Poppins aus der Leinwand springen, meine Hand ergreifen und mich auf ihre Abenteuer mitnehmen würde. Was fesselte mich so an diesem Film?

War es das Kinderfräulein, das an einem Regenschirm sanft zur Erde schwebte? War es der Anblick, wie es in eine Kreidezeichnung auf dem Bürgersteig sprang und in einem parallelen Cartoon-Universum landete? Nein. Es war die Szene, in der sie einfach mit den Fingern schnippt und sich ein unordentliches Kinderzimmer von selbst aufräumt. *Von selbst!*

Ich kann mich immer noch erinnern, wie die Schubladen auffliegen, sich die Kleidungsstücke von selbst zusammenlegen und in den richtigen Fächern landen, Spielzeug in die Spielzeugkiste hüpft. Trotz meiner ehrfürchtig blickenden Kinderaugen war ich schon klug genug, um zu wissen, dass die Szene nicht real war – doch tief in meinem Herzen wünschte ich mir, dass es so sein könnte. Gewiss gab es irgendwo wirklich ein Haus, das sich von selbst aufräumen konnte.

Im Rückblick ist es nicht überraschend, dass es diese Szene aus *Mary Poppins* war, die am meisten in mir zum Klingen brachte. Ich hatte liebevolle Eltern, und deshalb brauchte ich kein Kindermädchen, das aus dem Nichts auftauchte. Mein Leben machte mir so viel Spaß, dass ich eigentlich nicht den tiefen Wunsch verspürte, in ein Kreidebild auf dem Bürgersteig zu springen und in einem Cartoon-Karussell zu fahren. Doch selbst als kleines Kind war ich hoffnungslos, wenn es darum ging, mein Zimmer in Ordnung zu halten. Ich hätte alles dafür gegeben, Mary Poppins das Chaos darin beseitigen zu lassen – und wenn sie damit fertig gewesen wäre, hätte ich sie Zimmer für Zimmer im ganzen Haus in Angriff nehmen lassen, um auch meiner Mutter zu helfen.

Und jetzt, viele Jahre später, würde ich immer noch liebend gerne Besuch von Mary Poppins bekommen. Die Wahrheit ist: Ich mag weder sauber machen noch organisieren. Deshalb hatte ich den größten Teil meines Lebens mit Unordnung zu kämpfen: Ich ignorierte sie, versuchte sie zu besiegen, ergab mich ihr, kämpfte dagegen, schämte mich deswegen, gab den Versuch auf und versuchte sie wieder zu besiegen. Dieser Kampf hat mich viel Kraft und Selbstachtung gekostet. Er hat Beziehungen belastet, mich wertvolle Zeit und Geld gekostet und mich davon abgehalten, eine Reihe von Dingen zu tun, die ich andernfalls hätte tun können.

Als Schriftstellerin lasse ich die Häuser meiner Heldinnen in makellosem Glanz erstrahlen. Doch in der Realität sah mein eigenes Heim völlig anders aus. Warum bin also ausgerechnet ich qualifiziert, ein Buch mit dem Titel *Das Haus, das sich von selbst aufräumt* zu schreiben? Weil ich, nachdem ich ein Leben lang bei den konventionellen Putz- und Organisationsmethoden versagt habe, nun endlich verstanden habe, dass es alle, die in diesem Bereich Schwierigkeiten haben, *besser machen können.* Weil ich von meiner eigenen Unordnung frustriert war, habe ich überlegt, gebetet und durch Versuch und Irrtum, Experimente und Befragung herausgefunden, wie ich meine Wohnung aufräumen und diesen Zustand die meiste Zeit aufrechterhalten kann – trotz meiner Unzulänglichkeit. Man könnte sogar sagen, dass ich mir das Haus, das sich von selbst aufräumt, sogar gerade deswegen ausgedacht habe, weil ich überhaupt nicht gut im Aufräumen und Saubermachen bin.

Das bedeutet nicht, dass ich niemals auch nur einen Finger rühren müsste, um meine Wohnung sauber zu halten. Doch wenn man die Zeit, die ich vorher dafür aufgewendet habe, mit heute vergleicht, würde man merken, dass ich den Zeitaufwand drastisch reduziert habe – und zwar, nicht indem ich mich selbst verändert, sondern indem ich *mein Haus* verändert habe. Noch viel wichtiger ist: Wenn Sie gesehen hätten, wie unordentlich unser Haus damals war, obwohl ich mein Bestes gab, und wenn Sie es mit der sauberen, aufgeräumten Wohnung von heute vergleichen würden, obwohl ich das mit viel weniger Einsatz erreiche, dann wären Sie mit mir wohl einer Meinung, dass es hier zu bedeutenden Veränderungen gekommen ist.

Ich habe immer noch keine Möglichkeit gefunden, Kleidungsstücke durch die Luft schweben und sich selbst zusammenlegen zu lassen, und auch das Spielzeug hüpft bei mir nicht von selbst in die Schublade. Ich habe aber einen Weg gefunden, meinen Haushalt so stromlinienförmig zu organisieren, dass man die Arbeit mit minimalem Zeitaufwand erledigen kann, indem ich kleine und große Dinge um mich herum neu ordne. In diesem Buch werde ich Ihnen zeigen, wie Sie mein Konzept auf Ihre Unordnung anwenden können, damit auch Sie ein für alle Mal Ihre Haushaltssorgen loswerden. Befolgen Sie den in diesem Buch vorgestellten Plan, und auch Sie werden ein Haus haben, das sich von selbst putzt und aufräumt.

Einführung

Ein kreativer Ansatz

Worum geht es in diesem Buch genau? *Das Haus, das sich von selbst aufräumt* ist ein Ratgeber, der Ihnen Schritt für Schritt ein System vorstellt, das

- ein Zuhause, das zur *Unordnung* neigt, in eins verwandelt, das zur *Ordnung* neigt.
- ein Reinigungsprogramm, das viel zu viel Zeit in Anspruch nimmt, in eine unglaublich schnelle Routinearbeit verwandelt.
- aus einer Familie mit *Unordnung verursachenden Verhaltensweisen* eine Familie mit *ordnungsliebenden Verhaltensweisen* macht, oft ohne dass die Familienmitglieder es merken.
- ein Leben, in dem die normale Hausarbeit die Minuten frisst, in ein Leben verwandelt, in dem es freie Zeit gibt für die Dinge, die wirklich zählen.
- aus einem Menschen, der sich wie ein Versager vorkommt, wenn es um die Hausarbeit geht, einen Menschen macht, der sich ohne Belastung, ohne Scham und mit *Erfolg* um sein eigenes Heim kümmert.

Richtig ausgeführt wird das *HDSSA*-System (= Das Haus, das sich von selbst aufräumt-System) Sie und Ihre Familie durch einen Prozess leiten, mit dem Sie Ihr Heim einfacher sauber halten, einfacher managen und sich dort einfacher wohlfühlen können.

Das System ist für Häuser *und* Wohnungen geeignet. Ebenso können es Familien, WGs oder Singlehaushalte anwenden. Im Folgenden werde ich aber die Grundlagen des HDSSA-Systems an einem Haus mit einem Familienhaushalt erklären, um alle theoretisch in Frage kommenden Bereiche eines Zuhauses und die potentiellen Mitglieder eines Haushaltes abzudecken und keine Fragen offenzulassen.

Wie funktioniert das System?

Das HDSSA-System beginnt damit, Sie Schritt für Schritt bei der Analyse Ihres Haushaltes zu begleiten. Wenn Sie sich die vertrauten Ecken einmal aus einer anderen Perspektive ansehen, werden Sie die verschiedenen Verhaltensweisen identifizieren, die für Unordnung, Chaos und Dreck im ganzen Haus verantwortlich sind. Konventionelle Haushaltsexperten sagen vielleicht, dass Sie problematische Verhaltensweisen und Gewohnheiten verändern können, sobald Sie sie ausgemacht haben. Doch ich halte dagegen, dass Sie Ihr Verhalten längst geändert hätten, wenn Sie es *könnten.* Wahrscheinlich haben Sie in der Vergangenheit immer wieder Versuche unternommen, die jedes Mal in Enttäuschung mündeten und Sie und/oder Ihre Familienangehörigen frustrierten.

Indem Sie Ihr Wohnumfeld anpassen, um Ihre bisherigen Verhaltensweisen zu kompensieren und/oder abzustellen, können Sie Ihr Heim länger und müheloser sauber halten, als Sie es sich je vorgestellt haben.

Das HDSSA-System zeigt Ihnen dagegen, wie Sie Ihr Zuhause – oft auf kreative und clevere Weise – so *verändern* können, dass bestimmte Verhaltensweisen einfach keine Rolle mehr spielen. Indem Sie Ihr *Wohnumfeld* anpassen, um Ihre bisherigen *Verhaltensweisen* zu kompensieren und/oder abzustellen, können Sie Ihr Heim länger und müheloser sauber halten, als Sie es sich je vorgestellt haben.

Schließlich zeigt Ihnen mein System, wie Sie eine dauerhafte Veränderung bewirken können – und noch einmal, indem es Sie nicht zwingt, neue Gewohnheiten und Verhaltensweisen zu entwickeln, sondern indem es von nun an Ihre natürliche Neigung zur Unordnung von vornherein abfängt und umgeht.

Wenn Sie diesem System von Anfang bis Ende folgen und keinen Schritt auslassen, wird Ihr Zuhause schließlich mit jedem Tag sauberer bleiben, und Ihr normales Hausarbeitsprogramm wird schneller und effektiver sein als jemals zuvor. Und das Beste: All das wird sich manchmal so mühelos anfühlen, dass Sie glauben, Ihre Wohnung räumt sich wirklich von selbst auf!

Sie haben noch nicht ganz verstanden, wie das funktioniert? Lassen Sie mich Ihnen einige praktische Beispiele geben.

In einem Haus, das schwierig in Ordnung zu halten ist	*In einem Haus, das sich von selbst aufräumt*
Sie holen die Post aus dem Briefkasten, blättern sie durch, ob etwas Gutes oder Interessantes dabei ist, und werfen den Rest auf den Tisch, bis Sie Zeit finden, sich damit zu beschäftigen.	Sie holen die Post aus dem Briefkasten, blättern sie durch, ob etwas Gutes oder Interessantes dabei ist, und legen den Rest in die Ablage für eingehende Post, damit Sie sie bearbeiten können.
Wenn Sie auf nicht mehr benötigte Kleidungsstücke stoßen, legen Sie sie beiseite, um sie irgendwann in die Altkleidersammlung zu geben. Der Kleiderberg liegt in irgendeinem Zimmer herum oder findet schließlich den Weg zurück in den Kleiderschrank.	Wenn Sie auf nicht mehr benötigte Kleidungsstücke stoßen, stopfen Sie sie in einen Altkleiderbehälter. Wenn Sie etwas Zeit übrig haben, müssen Sie nur die Plastiktüte herausholen, zubinden, sie ins Auto werfen und losfahren. Weil Sie einen speziellen Ort für Altkleider haben, können noch andere Kleidungsstücke problemlos hinzukommen, ohne neue Unordnung zu machen. Gleichzeitig vergrößert sich Ihre Altkleiderspende.
Sie haben ein ganzes Regal mit Kochbüchern und Kochzeitschriften, obwohl sie nur eine Handvoll Rezepte aus jedem benutzen.	Sie schneiden die Seiten mit den Rezepten, die Ihnen gefallen, heraus und legen sie in einer Rezeptbox ab oder kleben sie in ein Album ein. Den Rest geben Sie ins Altpapier und leeren Ihr Regal so zur Hälfte.
Sie nörgeln immer über Ihre Kinder, weil sie ihre Rucksäcke direkt neben der Haustür ablegen.	Sie besorgen sich einen schönen Schrank oder eine Truhe, die groß genug ist, um die Rucksäcke der Kinder aufzunehmen, und stellen sie neben der Haustür auf.

Wie Sie sehen, verbindet dieses System Logik mit Kreativität, um die Unordnung und Schmutz verursachenden Probleme zu lösen.

Welcher Weg vor Ihnen liegt

Wie Sie vielleicht vermutet haben, erfordert es Zeit und Kraft, die Schritte des HDSSA-Systems durchzuarbeiten. Doch es lohnt sich, weil es funktioniert!

Wichtig zu verstehen ist, dass das Ziel des Systems nicht ein perfektes Haus oder eine perfekte Wohnung ist. Ironischerweise macht Perfektionismus Ihr Zuhause schlechter, nicht besser. Nein, unser Ziel ist ein ausreichend sauberes Heim, wo die Kinder ein Chaos anrichten dürfen, dieses Chaos aber beseitigt wird, wenn die Kinder fertig gespielt haben; wo Papa jeden einzelnen Topf schmutzig machen darf, wenn er ein Gourmet-Menü zaubert, diese Töpfe aber in einem vernünftigen Zeitrahmen abgewaschen und wieder eingeräumt werden; wo Mama hin und wieder auf der Couch liegen und die Augen zumachen darf, nicht weil sie das Chaos im Haus überwältigt, sondern weil sie sich in einem ordentlichen Heim entspannen kann. Das Ziel ist ein lebendiges, gut funktionierendes Zuhause, das Leben zulässt, sich aber schnell und einfach von dem Chaos, das das Leben manchmal mit sich bringt, wieder erholt. Im Rahmen dieses Systems ist ein Zuhause sauber, wenn

- die Zimmer einladend und ordentlich wirken.
- alle Oberflächen angemessen sauber sind.
- die Schränke und Schubladen so gut organisiert sind, dass sie im Alltag als funktionelle Werkzeuge einsetzbar sind.
- das System für die Erledigung der Hausarbeit für jedes Familienmitglied reibungslos funktioniert.
- die kleinen Probleme des Alltags sofort in Angriff genommen werden, statt sie auf die lange Bank zu schieben.

Wenn Ihnen diese Definition sympathisch ist, dann lesen Sie weiter!

Wenn Sie perfektionistische Maßstäbe, denen man niemals gerecht werden kann, über Bord werfen, wird Ihr Zuhause sehr viel häufiger als jemals zuvor sauber und ordentlich genug sein.

Selbsteinschätzung

Um die Probleme bei der Hausarbeit in den Griff zu bekommen, denken Sie zunächst einmal darüber nach, ob die folgenden Aussagen für Sie ebenso gelten wie für die meisten Teilnehmer an meiner Umfrage:

»Das Haus sauber und/oder aufgeräumt zu halten,
bedeutet für mich eine Herausforderung,
weil ich von Natur aus kein Talent für Hausarbeit habe.«

Saubermachen und Aufräumen stellen für jeden von uns eine Notwendigkeit dar, aber manche Glücklichen unter uns bringen auch ein Talent dafür mit – eine natürliche, instinktive Fähigkeit und Neigung. Diejenigen unter uns, denen der Haushalt nicht leicht von der Hand geht, meinen oft: »Ich muss mein Zuhause besser sauber halten«, oder: »Ich muss mich wirklich anstrengen, um in diesem Bereich meine Aufgabe zu erledigen« – als ob das nur eine Frage des Willens und der Disziplin wäre. Willen und Disziplin sind in vielerlei Hinsicht wichtig, aber ich behaupte, *dass Erfolg oder Versagen im Haushalt im Grunde sehr viel mit einer natürlichen angeborenen Begabung zu tun haben.* Wenn Sie jahrelang geglaubt haben, Ihr größtes Problem sei ein Mangel an Charakterstärke oder Selbstdisziplin, denken Sie noch einmal nach. Ihr größtes Problem ist vielleicht, dass Ihr Gehirn nicht die zum Saubermachen notwendige Verdrahtung besitzt.

Natürlich können Sie Ihr Zuhause makellos sauber bekommen, wenn es absolut notwendig ist. Doch wenn Sie Schwierigkeiten haben, es ständig sauber und ordentlich zu halten, sind Sie in dieser Hinsicht vielleicht einfach nicht begabt. Die gute Nachricht ist, dass das HDSSA-System Ihnen zeigen wird, wie sie einen Mangel an natürlichem Talent ausgleichen können, damit Ihr Heim trotzdem sauber bleibt.

1. *»Mein Zuhause sauber und/oder ordentlich zu halten ist für mich eine Herausforderung, weil man es mir nie richtig beigebracht hat.«*

Ich will damit nicht sagen, dass Ihnen niemals jemand gezeigt hat, wie man mit einem Schrubber arbeitet oder eine Toilette scheuert. Sie haben wahrscheinlich jede Menge theoretische Kenntnisse über den Hausputz im Kopf. Vielleicht haben Sie sogar Bücher darüber gelesen, Kurse besucht oder Experten um Rat gefragt. Wenn aber Sauberkeit und Ordnung zu Hause für Sie eine echte Herausforderung bedeuten, klafft eine Lücke zwischen dem, was Sie wissen, und dem, was Sie *tun.* Sehr wahrscheinlich geht diese Lücke darauf zurück, dass das, was Sie *gelernt* haben, sich grundlegend von dem unterschied, was Sie *gelebt* haben. Anleitung ohne Vorbild ist nicht genug, und Vorbild ohne Anleitung ist nicht genug. Wenn Ihnen in der Kindheit eine Anleitung *oder* ein Vorbild fehlten, besitzen Sie aller Wahrscheinlichkeit nach nicht all das an Wissen, was dieses Thema betrifft, selbst wenn Sie seitdem viel Kraft investiert haben, um die Arbeit zu meistern.

Als Julies Kinder noch klein waren, verbrachte sie viel Zeit damit, ihnen verschiedene Putz- und Aufräumtechniken beizubringen. Allerdings setzte sie diese vorbildlichen Techniken zu Hause nicht um; dort herrschte meistens Chaos. Zum Beispiel brachte Julie ihrer Tochter bei, eine Mahlzeit zu kochen, doch sie zeigte ihr nie als ein Vorbild, wie eine gute Essensplanung aussieht – sie dachte sogar nur selten daran, was sie zum Abendessen servieren sollte, bis die Kinder genervt waren, ihr Mann fast verhungerte und die Sonne schon lange untergegangen war. Sie leitete sie an, ohne mit gutem Beispiel voranzugehen.

Beth dagegen war mit der Hausarbeit viel zu beschäftigt, um sich Zeit zu nehmen, ihren Kindern Putzen und Aufräumen beizubringen. Auf der anderen Seite verhielt sie sich jeden Tag praktisch von morgens bis abends vorbildlich, indem sie ihr Zuhause makellos sauber und ordentlich hielt. Beth erwartete von ihren Kindern, ihre Pflichten zu erledigen, rief aber nur pauschale Befehle wie zum Beispiel: *»Geh und räum dein Zimmer auf!«,* ohne sich jemals die Zeit zu nehmen, ihren Kindern zu zeigen, wie man ein ganzes Zimmer in Angriff nimmt und in Ordnung bringt. In der Regel war sie von deren mittelmäßigen Ergebnissen so frustriert, dass sie es selbst erledigte. Sie war ein Vorbild, ohne ihre Kinder anzuleiten.

2. »Mein Zuhause sauber und/oder ordentlich zu halten ist für mich eine Herausforderung, weil das gesamte Thema Hausarbeit für mich emotional belastet ist.«

Ist Hausarbeit für Sie ein emotional belastetes Thema? Für Donna ganz gewiss. Sie wurde von einer äußerst kritischen Mutter erzogen und gab schon vor Jahren jeden Versuch auf, es besser zu machen. Ihr sträuben sich die Nackenhaare, wenn jemand andeutet, sie solle sich doch einmal zusammenreißen und ihr Zuhause in Ordnung bringen. *Warum sollte ich?,* fragt sie sich. *Welchen Sinn hat das? Dem Maßstab meiner Mutter werde ich niemals gerecht.*

Frank wuchs in einer sehr armen Familie auf, in der alles knapp war. Heute ist er erwachsen und hat eine gut bezahlte Stelle, kann es aber nicht über sich bringen, Krempel wegzuwerfen, der in jedem Winkel seines Zuhauses im Weg steht. Es scheint fast, als müssten diese Dinge offen herumliegen, damit er sich versichern kann, dass er niemals wieder ohne all das auskommen muss.

Es gibt eine Reihe von emotionalen und/oder physischen Gründen, warum wir an diesem Krempel hängen, uns gegen Veränderungen wehren und uns entschließen, das Chaos um uns herum zu ignorieren. Wenn Sie ernsthafte Probleme mit der Haushaltsführung haben, sollten Sie sich von Ihrem Arzt möglicherweise auf eine Aufmerksamkeitsdefizitstörung (ADS) oder Zwangsstörung untersuchen lassen. Oftmals reicht es jedoch auch aus, den Ursprung dieser Belastungen herauszufinden, die Sie mit sich herumschleppen, um einen neuen Weg einzuschlagen. Wenn Sie über die Emotionen nachdenken, die bei Ihnen im Zusammenhang mit Hausarbeit hochkommen, lassen Sie zu, dass Gott Ihnen neue Einblicke und Heilung schenkt. Mit solcher Hilfe können Sie die emotionalen Barrieren gegen ein sauberes und aufgeräumtes Zuhause überwinden, wenn Sie bereit sind, ehrlich zu sein und einen Wachstums- und Veränderungsprozess in Gang zu setzen.

Die erstaunliche Wahrheit (erstaunlich jedenfalls für die unter uns, die mit dem Haushalt zu kämpfen haben) ist, dass *Putzen und Aufräumen überhaupt keine emotionale Komponente beinhalten sollten.* Es ist schlicht kein emotionales Thema. Es handelt sich nur um eine Reihe von notwendigen Pflichten. Wenn der Gedanke an den Hausputz irgendeine andere Reaktion hervorruft als eine, die sich zwischen vager Erschöpfung und gelindem Vergnügen bewegt – wenn Sie ihn zum Beispiel hassen oder einen starken Drang danach verspüren –, ist es an der Zeit, dieses »Gepäckstück« zu öffnen und nachzusehen, was eigentlich drin ist. Es zieht Sie herunter und macht die Hausarbeit, die einfach ein notwendiger Teil des Lebens ist, sehr viel schwieriger als eigentlich notwendig.

Schlussfolgerungen

Die meisten Haushaltsratgeber erzählen Ihnen, dass Sie Ihr Verhalten ändern müssen, aber ich sage: Wenn Ihnen das Talent und/oder Know-how fehlt oder Sie von emotionalem Ballast nach unten gezogen werden, *wird sich Ihr grundlegendes Verhalten auf diesem Gebiet wahrscheinlich nicht viel ändern.* Meine Schlussfolgerung lautet daher: Ändern Sie nicht Ihr *Verhalten,* um es Ihrem *Zuhause* anzupassen, sondern ändern Sie Ihr *Zuhause,* um es Ihrem *Verhalten* anzupassen!

Ich meine damit nicht, dass Sie nie versuchen sollten, schlechte Gewohnheiten abzulegen oder Ihre Fähigkeiten im Haushalt zu verbessern. Ich meine nur, dass es eine Möglichkeit gibt, jetzt ein sauberes und ordentliches Zuhause zu bekommen, indem sie ein altes, vertrautes Problem auf neue, kreative Art anpacken.

Zusammen werden wir

- die Ursachen hinter Ihren Problemen bei der Hausarbeit herausfinden.
- Lösungen für diese Probleme finden und einen funktionierenden Plan für die Umsetzung erarbeiten.
- Ihren persönlichen Unzulänglichkeiten im Bereich der Hausarbeit nachgehen und sehen, wie man damit fertig wird.
- überflüssige Dinge entfernen und Ihr gesamtes Zuhause Zimmer für Zimmer in ein Haus verwandeln, das sich von selbst aufräumt.
- in Zukunft Chaos vermeiden, bevor es sich breit macht.
- einen einfachen Plan erarbeiten, mit dem Ihr Zuhause dauerhaft sauber und ordentlich bleibt.

Sind Sie bereit? Wir fangen gleich an, nachdem ich noch eine Geschichte weitergegeben habe, die mir jemand erzählt hat.

Meine peinlichste Messie-Geschichte

– Überraschung im Badezimmer –

Von Linda P.

Als ich frisch verheiratet war, glaubte ich, dass mein Ehemann genauso wie mein Vater hinter sich putzen und aufräumen würde, und deshalb stellte ich ihm Reinigungsmittel im Badezimmer hinter der Schmutzschleuse hin, wo er seine Arbeitskleidung für den Bauernhof aufbewahrte. Ich sah mir das Badezimmer kaum jemals an, in der Annahme, dass er sich schon darum kümmern würde.

An einem Herbsttag, etwa eine Woche, nachdem der Weizen ausgesät worden war, spähte ich hinein und bemerkte etwas Seltsames. Ich wagte mich hinein, um mir die Sache näher anzusehen, und begriff dann, dass die Weizenkörner aus dem Overall meines Mannes herausgefallen sein mussten, auf der warmen, feuchten Badematte gelandet waren und gekeimt hatten. Als ich das entdeckte, stand der Weizen fast zehn Zentimeter hoch!

Teil 1

Vorbereitungen treffen

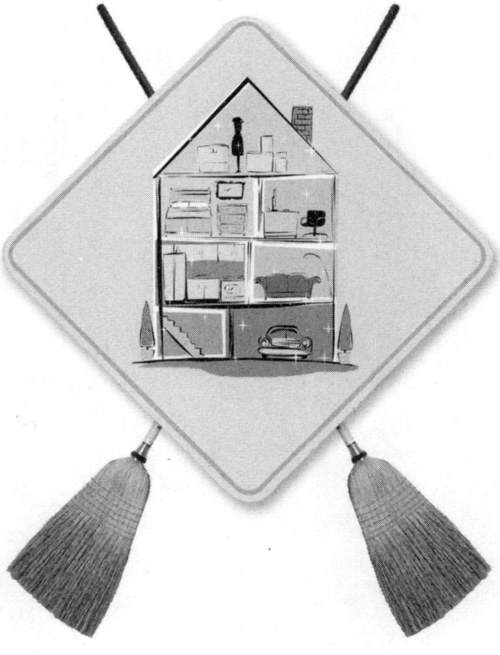

1. Zeichnen Sie einen Grundriss und legen Sie einen Fahrplan fest!

Es gibt viele Wohnungen im Haus meines Vaters, und ich gehe voraus, um euch einen Platz vorzubereiten.
Wenn es nicht so wäre, hätte ich es euch dann so gesagt?
Wenn dann alles bereit ist, werde ich kommen und euch holen, damit ihr immer bei mir seid, dort, wo ich bin.

JOHANNES 14,2-3

Der erste Schritt zur Umgestaltung ihres Zuhauses besteht darin, sich ein neues Notizbuch mit Spiralheftung zu kaufen. Sie werden diese Kladde im Laufe des gesamten Prozesses benötigen. Wählen Sie also eine in leuchtenden Farben, damit sie nicht im Chaos verloren geht. Mit einem Filzstift schreiben Sie »HDSSA« auf den Deckel. Von nun an ist dies Ihr »HDSSA«-Notizbuch.

Legen Sie den Filzstift erst einmal zur Seite und nehmen Sie Bleistift und Radiergummi zur Hand. Jetzt wird gezeichnet. (Wenn Sie die folgenden Skizzen lieber auf einem einfachen weißen Papier oder auf dem Computer anfertigen und später in Ihr Notizbuch heften wollen, ist das auch in Ordnung.) Ob Sie nun über künstlerische oder architektonische Fähigkeiten verfügen oder nicht, Sie sollten in der Lage sein, einen Grundriss Ihres Zuhauses und gegebenenfalls Ihres Grundstücks zu zeichnen. Versuchen Sie, so maßstabsgetreu wie möglich zu arbeiten (zum Beispiel zeichnen Sie das Badezimmer nicht doppelt so groß wie die Küche, außer wenn das wirklich der Fall ist), aber machen Sie sich nicht verrückt, wenn es nicht perfekt gelingt. Was Sie brauchen, ist eine *Arbeitsgrundlage,* die Sie durch den Veränderungsprozess leitet, kein Kunstwerk.

Sie sollten auch bereits grobe Skizzen der größten Möbelstücke wie Esstisch und Betten einfügen. Vergessen Sie nicht Fenster und

Türen einzuzeichnen. Falls Sie mehrere Stockwerke in Ihrem Zuhause haben, fertigen Sie für jedes Stockwerk Ihres Hauses eine eigene Skizze an. Denken Sie auch an Keller und Dachboden.

Wenn Sie mit der Zeichnung fertig sind, fügen Sie in die Skizze des Erdgeschosses die Außenbereiche ein, mit Auffahrt, Vorgarten, Garage, Schuppen, Terrasse, Garten und was sonst noch zu Ihrem Grundstück gehört. Pflanzen brauchen Sie dabei nicht zu berücksichtigen, bis auf die größten Bäume und Beete. Sie sollten darauf nicht allzu viel Zeit verwenden oder eine perfekte Skizze erstellen wollen. Hauptsache, Sie haben eine Skizze.

Jetzt zeichnen sie ein(ige) Rechteck(e), die Ihre Autos darstellen. Sie haben doch nicht etwa geglaubt, dass Ihr Auto dem System entwischen wird, oder?

So könnte ein Grundriss beispielsweise aussehen:

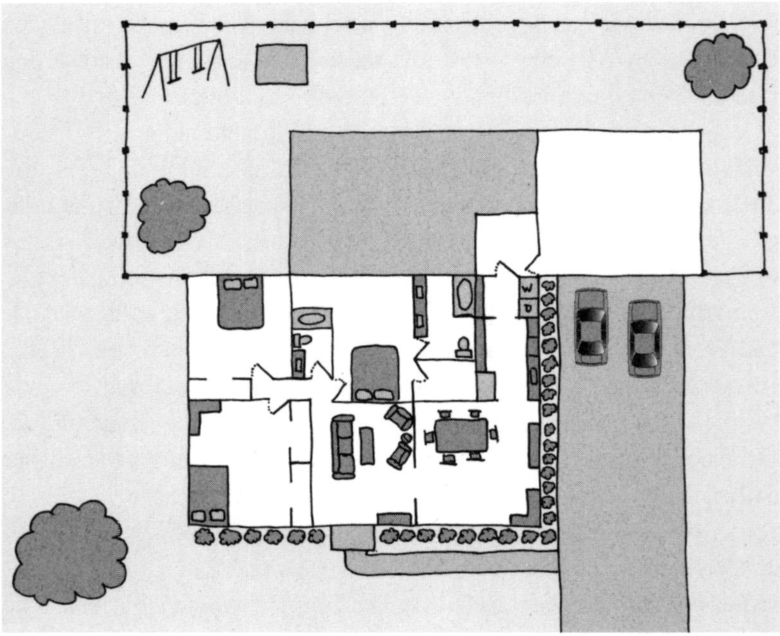

An dieser Stelle wäre es sinnvoll, wenn Sie Ihre Zeichnung fotokopieren, bevor Sie weitermachen, falls sie nach den nächsten Schritten allzu chaotisch aussieht.

Definieren Sie Räume!

Markieren Sie auf Ihrer Skizze den Eingang, der von der größten Anzahl an Menschen am häufigsten gebraucht wird. Sehr wahrscheinlich wird das die Haustür oder ein Seiteneingang sein. Nehmen Sie einen dicken Filzstift zur Hand und markieren Sie mit einem Kreis, einem Rechteck oder Ähnlichem den Bereich, in den Sie gelangen, wenn Sie das Haus betreten. Mit anderen Worten: Wenn der Eingang in einen eleganten Hausflur, einen Windfang, eine Schmutzschleuse, eine Küche, ein Wohnzimmer oder was auch immer führt, markieren Sie das Zimmer oder den Teil des Zimmers, den Sie als wichtigsten

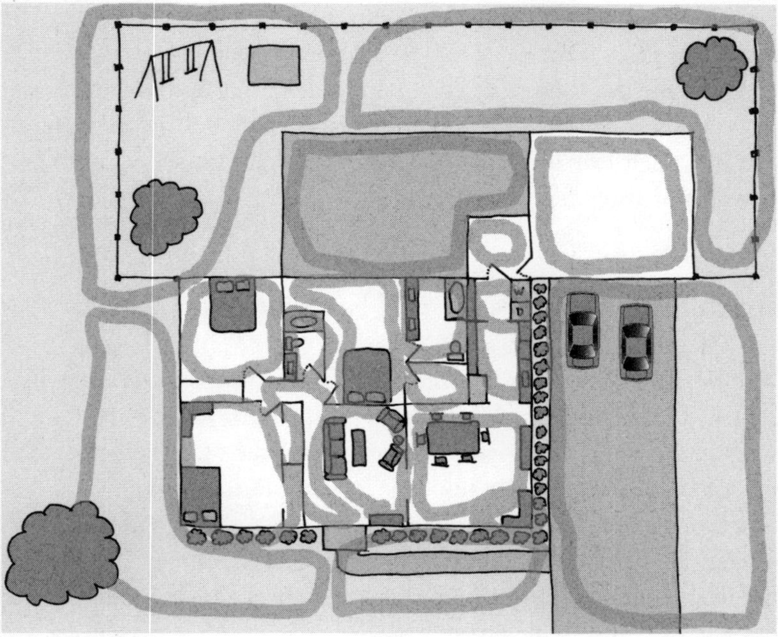

Ein- und Ausgangsbereich Ihres Zuhauses betrachten. Wenn Sie diesen Bereich definiert haben, schreiben Sie eine »1« hinein.

Zeichnen Sie nun mit dem Filzstift die Umrisse aller anderen Zimmer und/oder Bereiche nach, wie es die nächste Illustration zeigt. Zum Beispiel würden Sie die Wände Ihres Badezimmers nachziehen, ebenso die der Waschküche. Wenn in Ihrem Esszimmer ein Schreibtisch steht, den Sie als Heimbüro nutzen, würden Sie das Esszimmer auf der Skizze mit dem Filzstift in zwei Bereiche einteilen, nämlich in die eigentliche Essecke und den Bürobereich.

Sie brauchen dabei nicht allzu sehr ins Detail zu gehen; für die meisten Zimmer reicht ein Kringel aus, weil er hauptsächlich eine Funktion hat. Bei den größeren Außenbereichen denken Sie daran, wie der betreffende Raum genutzt wird. Vielleicht ziehen Sie eine Linie um die Terrasse, eine Linie um den Schuppen und eine um den eigentlichen Garten. Wenn der Garten häufig genutzt wird und deutlich voneinander unterscheidbare »Zonen« besitzt, sollten Sie vielleicht mehr ins Detail gehen und Schaukel und/oder Sandkasten, Ihre Gartenbeete und den Rasen einzeln umranden. Vergessen Sie nicht, um jedes Ihrer Autos ein Rechteck zu zeichnen.

Wenn Sie die Räume drinnen und draußen fertig markiert haben, ist es an der Zeit, die Reihenfolge festzulegen, in der sie diese Bereiche nach den Prinzipien des Hauses, das sich von selbst aufräumt, umwandeln möchten.

Legen Sie einen persönlichen Fahrplan fest!

Nur Sie können wissen, welche Teile Ihres Zuhauses am dringendsten in Ordnung gebracht werden müssen oder welche für Sie am wichtigsten sind. Ihren Haupteingangsbereich haben Sie bereits mit einer »1« gekennzeichnet, und hier fangen Sie auch an.

Bevor Sie die anderen Bereiche nummerieren, lesen Sie die Vor schläge und Gedanken in diesem und im nächsten Kapitel. Das Ziel bei der Nummerierung der Bereiche besteht darin, sich einen Fahrplan für das Putzen und Aufräumen zurechtzulegen, der für Sie sinnvoll ist.

Der gesamte HDSSA-Veränderungsprozess dauert in der Regel eine ganze Weile, sodass Sie sich wahrscheinlich zunächst auf die öffentlicheren Zonen wie die Küche und das Wohnzimmer konzentrieren möchten. Wenn es auf der anderen Seite eine weniger öffentliche Zone gibt, die Ihnen völlig aus der Hand geglitten ist und das Alltagsleben unmöglich macht, wie etwa das Elternschlafzimmer oder das Heimbüro, sollten Sie diesen Bereich auf jeden Fall mit einer »2« markieren. Denken Sie auch über die Außenanlagen nach. Wenn ein Wechsel der Jahreszeit bevorsteht, sollten Sie die Außenbereiche vielleicht vorziehen oder nach hinten schieben, je nachdem, ob es nun wärmer oder kälter wird. Das Gleiche gilt für Ihren Dachboden oder die Garage.

Bevor Sie die »Basiszone« Ihres Zuhauses in die Nummerierung integrieren, lesen Sie auf jeden Fall zuerst das nächste Kapitel, in dem Sie erfahren, was man unter »Basiszone« versteht und welche Besonderheiten zu beachten sind.

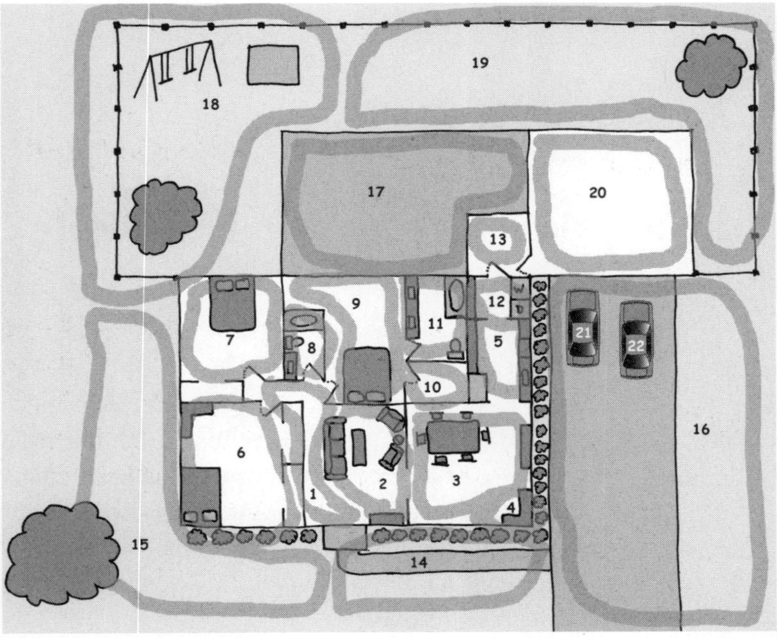

Ein letzter Gedanke zur Nummerierung dieser Bereiche: Wenn irgendwo eine *wirklich* große Aufgabe wartet, wie etwa ein völlig unaufgeräumter Keller oder Dachboden, und es besteht nicht die dringende Notwendigkeit, dort demnächst aufzuräumen, weisen Sie ihm die letzte Nummer zu. Unordnung ist Unordnung, ganz egal wo, doch wenn Sie die weniger Furcht erregenden und eher sichtbaren Bereiche zuerst in Angriff nehmen, hilft Ihnen das, mit dem Aufräumen bis zum Ende durchzuhalten, weil Sie Ihre Fortschritte besser sehen und spüren können.

Wenn Sie bereit sind, weisen Sie jetzt *jedem* Bereich, den Sie auf Ihrer Skizze umrandet haben, ob nun drinnen oder draußen, eine Nummer zu. Wenn Sie keiner besonderen Reihenfolge den Vorzug geben, nummerieren Sie die Bereiche in einer logischen Abfolge, sodass Sie sich effizient von Raum zu Raum bewegen können.

Herzlichen Glückwunsch! Nun sind Sie bereit für den nächsten Schritt.

Meine peinlichste Messie-Geschichte

– Mein nicht so geheimes Chaos –

VON BERNARD B.

In der Übergangszeit zwischen zwei Umzügen hatte ich ein Zimmer im großen Haus eines Freundes gemietet. Ich durfte die Küche und das Wohnzimmer mitbenutzen und achtete darauf, dort gut hinter mir aufzuräumen, vor allem, da der Hausbesitzer ein superpenibler Ordnungsfreak war. In meinem Zimmer hielt ich es allerdings mit der Ordnung nicht so genau. Dort entglitt mir einfach die Kontrolle.

Eines Tages kam ich etwas früher als erwartet nach Hause und bemerkte viele Nachbarn, die im Flur vor meiner Tür standen und in mein Zimmer hineinschauten. Der Hauseigentümer stand bei ihnen, doch als er mich entdeckte, sah er sehr schuldbewusst aus, als hätte ich ihn in flagranti ertappt.

»Was ist hier los?«, fragte ich.

Als niemand antwortete, ergriff schließlich ein kleines Mädchen von gegenüber das Wort. »Er zeigt den Leuten, wie unordentlich dein Zimmer ist. Das macht er immer.«

2. Bestimmen Sie Ihre Basiszone!

Ich hatte noch keinen Frieden, keine Rast, keine Ruhe,
da brach schon der nächste Sturm los.

Hiob 3,26

Vor vielen Jahren, als meine Kinder noch klein waren und das Geld knapp war, wohnten wir eine Zeit lang in einem alten Haus, in dem es fast keine Schränke, einen unbenutzbaren Keller und sehr wenig Stauraum gab. Meistens herrschte überall Chaos. Ich bekam meine Zeit, meine Organisation, meine Unordnung und meine Putzaktionen nicht in den Griff. Daher fühlte ich mich fast immer frustriert und entmutigt.

Zu dieser Zeit spürte eine weise Freundin meine Verzweiflung und gab mir einen Ratschlag, den ich bis heute befolge: *Wenn du in deinem Zuhause gar nichts in den Griff bekommst, finde den Ort heraus, der dich gefühlsmäßig am meisten beeinflusst, mach ihn sauber und halte ihn sauber, ganz egal, was kommt.* Sie meinte, dass jeder Mensch zu Hause irgendeinen Ort hat, der ihm auf einzigartige Weise wichtig ist. Wenn dieser Raum ordentlich aussieht, ist man außerordentlich zufrieden, und wenn er unaufgeräumt und dreckig ist, ist man außerordentlich gereizt und gestresst. Küchenarbeitsplatte

Wissen Sie, welcher Ort das für Sie sein könnte? [redacted]

Für Marta Cilley, die unter dem Namen »FlyLady« im Internet weise Haushaltsratschläge gibt, ist die Spüle in der Küche dieser Bereich (schauen Sie einmal unter www.flylady.net nach). Cilleys gesamte Haushaltsstrategie beginnt mit der Aufforderung, in die Küche zu gehen, die Spüle zu säubern und sie jederzeit funkeln zu lassen. Theoretisch bin ich mit ihr einer Meinung, möchte aber anmerken, dass das, was für eine Frau die Spüle ist, für eine andere die Toilette sein kann. Sie allein können wissen, was dieser eine Bereich in Ihrem Zuhause ist, der Ihnen innerlich Frieden bringt, wenn Sie ihn makellos sauber halten. Vielleicht ist es die Spüle, vielleicht aber auch etwas völlig anderes.

Ich entschied schließlich, dass es für mich das Badezimmer im Obergeschoss war. Aus irgendeinem Grund, den ich nie werde erklären können, überwältigte es mich jedes Mal auf unbegreifliche Weise, wenn nasse Handtücher und Schmutzwäsche auf dem Boden verstreut waren und dort gründlich gescheuert und gewischt werden musste. Wenn ich andererseits – in der Vergangenheit selten genug – dazu kam, das Badezimmer in Angriff zu nehmen und zum Glänzen zu bringen, fühlte ich mich seltsam ruhig und stolz. Manchmal, wenn es sauber war, stand ich sogar in der Tür, nur um mir das anzusehen und mich glücklich zu fühlen.

Meine weise Freundin hatte recht. Ich befolgte ihren Ratschlag und räumte diesem kleinen Badezimmer Priorität beim Putzen ein. Und es war wirklich so: Wenn das ganze Haus von oben bis unten im Chaos versank, wusste ich, dass noch nicht alles verloren war, solange das Badezimmer sauber und aufgeräumt war.

Als ich das HDSSA-System entwickelte und verfeinerte, nannte ich diesen Bereich, der Ihnen die geistige Gesundheit erhält, die »Basiszone«. Sie mögen es noch nicht bemerkt haben, aber solch eine Basiszone haben Sie auch in Ihrem Haus. Um herauszufinden, wo Sie sich befindet, denken Sie einmal darüber nach, wo es Sie am meisten stört, wenn etwas unordentlich und dreckig ist, und wo Sie am glücklichsten sind, wenn etwas sauber und aufgeräumt ist.

Linda schildert ihre Suche nach ihrer Basiszone so:

> Als ich von dem Basiszonen-Konzept hörte, dauerte es lange, bis ich die Basiszone in meinem Zuhause identifizieren konnte. Ich wusste, dass es bei mir nicht das Badezimmer im Obergeschoss war. Ich versuchte es mit Cilleys Ratschlag, aber ganz gewiss handelte es sich auch nicht um die Küchenspüle. Dann bemerkte eines Tages eine Freundin von mir, die von Natur aus ordentlich ist, dass sie sich selbst niemals erlauben würde, irgendetwas unter dem Bett oder auf dem Kleiderschrankboden abzustellen.

Ich war erstaunt. Nichts auf dem Schrankboden? Nichts unter dem Bett? Aber das war doch verschenkter Stauraum! Was sollte ich mit all den Dingen machen, die sonst nirgends einen Platz fanden?

Sie schlug mir vor, ich sollte doch selbst einmal einen Blick auf den Kleiderschrankboden in meinem Schlafzimmer werfen und unters Bett schauen. Die Chancen stünden gut, meinte sie, dass die wenigen Dinge, die ich dort absichtlich abgestellt hatte, um sie dort aufzubewahren, auf allen Seiten von Unordnung, Staub und Dreck umgeben seien.

Sie hatte zu hundert Prozent recht.

Ich wusste, dass ich jetzt meine Basiszone gefunden hatte. Mit einer eigenartigen Leichtigkeit verbrachte ich den nächsten Tag – und es dauerte wirklich den ganzen Tag – damit, im Kleiderschrank und unter dem Bett aufzuräumen. Ich sortierte alles aus, was ich nicht mehr brauchte – die Kleidungsstücke und Schuhe, die aus der Mode gekommen waren oder nicht mehr passten, und all die kleinen Dinge, die ich für »später« aufgehoben hatte. Das »Später« war jetzt da, und ich brauchte all das immer noch nicht. Die Aufbewahrungsboxen unter dem Bett? Verschwunden. In ihnen bewahrte ich die augenblicklich nicht benötigte Sommer- oder Winterkleidung auf, konnte sie also nicht ganz und gar loswerden. Ich gab ihnen allerdings einen anderen Platz in einem anderen Zimmer. Ja, ich habe Stauraum unter meinem Bett geopfert. Aber das Gefühl zu wissen, dass es unter dem Bett leer und ordentlich aussieht, ist diesen Tausch allemal wert.

Als ich meine Aufräumaktion und Neuorganisation abgeschlossen hatte, waren die einzigen Dinge, die noch keinen festen Platz hatten, meine Schuhe. Weil ich den Schrankboden freihalten wollte, kaufte ich mir im Supermarkt für je sieben Dollar zwei Schuhhalter zum Aufhängen und brachte alle meine Schuhe in den kleinen Fächern unter. Damit waren sie nicht nur vom Fußboden verschwunden, sondern ich hatte sie auch besser im Blick, konnte sie mir ohne Schwierigkeiten greifen, ohne in den dunklen Winkeln des Schranks herumzukramen und unter heruntergefallenen Kleidungsstücken und anderen Schuhen und Stiefeln nach dem zweiten Schuh eines Paars zu suchen.

Nach dem ich alles geputzt und neu organisiert hatte und nichts mehr auf dem Schrankboden oder unter dem Bett lag, wischte und saugte ich den Staub weg, der sich zu einer besorgniserregenden Höhe aufgetürmt hatte. (Unter dem Bett lag so viel Staub, dass ich tatsächlich erkrankte, nachdem ich ihn aufgewirbelt hatte. In der folgenden Woche erinnerten mich meine verstopfte Nase und der schwere Kopf daran, dass ich die ganze Zeit unmittelbar darüber geschlafen hatte, ohne mich je zu fragen, wie das meiner Gesundheit schaden könnte.)

Zum ersten Mal hatte ich meine Basiszone definiert, aufgeräumt und geputzt. Seitdem halte ich sie sauber und ordentlich. Ehrlich gesagt, spielt es für keinen Menschen auf dieser Erde außer mir eine Rolle, dass nichts, nicht einmal eine kleine Wollmaus, unter dem Bett ist. Doch dieses Wissen macht mir Freude, und das allein zählt. Bis es vollständig sauber und ordentlich war, hatte ich nie gemerkt, wie viel Stress mir der staubige Schrank und der Platz unter dem Bett unbewusst verursachten. Doch nun, da sie sauber sind, hat sich dieser Stress in einen eigenartigen und beruhigenden Frieden verwandelt.

Und nun zu Ihrer Zone!

Wie steht es mit Ihnen? Wo ist Ihre Basiszone in Ihrem Zuhause? Die Antworten können sich erheblich unterscheiden und reichen von einem einzelnen Regal bis zu einem ganzen Zimmer. Eine Online-Umfrage listete die folgenden Antworten auf:

- mein Bett – solange mein Bett gemacht ist, bin ich glücklich
- meine Küche

- die Arbeitsfläche an der Hintertür
- der Innenraum meines Wagens
- mein Schuppen
- ein Kellerraum, den wir als Speisekammer nutzen
- der Küchenfußboden – ich kann einen schmutzigen oder klebrigen Küchenfußboden nicht ausstehen
- mein Heimbüro
- die Toiletten in allen Badezimmern
- der Bereich um meinen Sessel
- der Bereich der Waschküche, wo jeder seine Sachen einfach fallen lässt, wenn er zur Hintertür hereinkommt

Wie Sie sehen, gibt es keine richtige Antwort, außer der Antwort, die für Sie richtig ist. Wenn Ihnen nicht einfällt, wo Ihre Basiszone sein könnte, bitten Sie Ihre Familie oder Freunde, ein paar Vermutungen zu äußern. Die Chancen stehen gut, dass sie Ihnen auf die Sprünge helfen können, wo Sie selbst nicht weiterkommen.

Putzen Sie Ihre Basiszone und räumen Sie sie auf!

Wenn Sie wissen, was und wo Ihre Basiszone ist, besteht der nächste Schritt darin, diese von allen unnötigen Dingen zu befreien. In einem späteren Kapitel werde ich Ihnen beibringen, wie Sie Ihr gesamtes Zuhause von überflüssigen Dingen befreien können. Im Augenblick reicht es aus, dass Sie alle unnötigen Gegenstände aus Ihrer Basiszone herausholen. Ich empfehle Ihnen, das ganze Zeug in einen Pappkarton zu packen und diesen in ein anderes Zimmer zu tragen. Der springende Punkt ist, dass Sie *jeden einzelnen Gegenstand, der nicht dorthin gehört,* aus dieser Zone entfernen.

Wenn alle überflüssigen Gegenstände verschwunden sind, räumen Sie alles, was wirklich dorthin gehört, aus dem Weg und putzen Ihre Basiszone, bis Sie glänzt. Und das meine ich wirklich ernst! In einem Buch, das Ihnen eigentlich erklären soll, wie Sie Ihr Zuhause dazu bringen, dass es sich von selbst in Ordnung hält, schlage ich

Ihnen vor, dass Sie auf die Knie gehen und einen altmodischen gründlichen Hausputz veranstalten. Abhängig davon, wo und was Ihre Zone ist, kann das staubsaugen, staubwischen, feucht wischen, mit dem Schlauch abspritzen und/oder scheuern bedeuten. Was auch immer, putzen Sie diese Zone so gründlich wie nur irgend möglich. Wenn Sie damit fertig sind, legen Sie alles, was dorthin gehört, wieder zurück, und zwar ordentlich. Nutzen Sie, wenn möglich, effektive, logische Aufbewahrungsmöglichkeiten. Wenn Sie neue Organisationshilfen kaufen, wie zum Beispiel Plastiktonnen oder Ablagen, messen Sie den verfügbaren Platz vorher genau aus, damit es passt. Kaufen Sie so etwas nur, wenn Sie damit einen speziellen Zweck verfolgen.

Nun, da Sie Ihre Basiszone definiert und alles hinausgeräumt haben, was nicht unbedingt dort bleiben muss, Sie diese auf Hochglanz gebracht und wieder eingeräumt haben, sind Sie auf einem guten Weg, Ihre Schuldgefühle wegen eines chaotischen Hauses abzulegen, mehr Freizeit zu genießen und Ihr Zuhause und Ihr Leben umzugestalten.

Verpflichten Sie sich, Ihre Basiszone sauber und ordentlich zu halten, selbst wenn alles andere bei Ihnen Zuhause so wirkt, als würde es auseinanderfallen. Ob Sie es nun glauben oder nicht, dieser innere Frieden und das Gefühl, alles in der Hand zu haben, werden bald auf die anderen Bereiche Ihres Zuhauses überspringen!

Meine peinlichste Messie-Geschichte

– Den Augenblick festhalten –

Von Corinne Z.

Als mein Kind Geburtstag feierte, bedeutete das für mich eine Menge Arbeit – ich putzte die Schränke, scheuerte die Böden, versteckte die überall herumliegenden Sachen. Stunden später hatte ich das Chaos besiegt. (Ich verspüre den bizarren Drang, überhaupt alles zu putzen, wenn ich erst einmal damit anfange.) Die Schränke, aufgeräumt und glänzend sauber, brachten mich vor Zufriedenheit fast zum Weinen.

Bis mein Vater hereinkam.

Seiner Meinung nach war dies ein so seltener Augenblick, dass er ihn im Bild festhalten wollte. Er lief zurück, holte die Videokamera und begann zu filmen. Wie erschlagen ging er von Zimmer zu Zimmer und hielt die Sauberkeit und Ordnung für die Nachwelt fest – und ließ die ganze Zeit sarkastische Kommentare vom Stapel.

Nun ja. Jedenfalls war ihm aufgefallen, dass es sauber war.

3. Informieren Sie Ihre Familie und kündigen Sie das Projekt an!

Mein Volk lebt dann an einem Ort des Friedens
und in sicheren Wohnungen, sorglos und ruhig.

JESAJA 32,18

Wenn Sie allein leben, können Sie diesen Schritt auslassen und beim nächsten Kapitel weiterlesen – obwohl Sie vielleicht der Katze oder dem Hund eine Warnung zukommen lassen möchten. Doch wenn Sie mit einem Ehepartner, Kindern, anderen Familienangehörigen und/oder Mitbewohnern zusammenleben, müssen Sie dieses Thema zur Sprache bringen. Reden Sie zunächst mit Ihrem Ehepartner (oder anderen Erwachsenen im Haus), und dann stehen Sie in einer geschlossenen Front zusammen, wenn Sie die Kinder zu einer Besprechung zusammentrommeln.

Fragen Sie sie, wie sie die gegenwärtige Unordnung, die Desorganisation, Aufgabenteilung und so weiter empfinden. Geben Sie nicht der Versuchung nach, sich zu verteidigen, und machen Sie sich auf einige barsche Worte gefasst. Ein unkontrolliertes Chaos übt einen größeren Einfluss auf die Familienangehörigen aus, als die meisten von uns wahrhaben wollen. Viele Jahre lang verstand niemand die Gefahren des Passivrauchens. In Büros wurde geraucht, in Restaurants, sogar in Flugzeugen. Nichtraucher mussten sich damit abfinden. Dann begannen Wissenschaftler eine Verbindung zwischen Rauchen und Krebs zu sehen, sogar zwischen Passivrauchen und Krebs. Je mehr sie forschten, desto deutlicher stellte sich heraus, dass man schon dadurch an Lungenkrebs erkranken konnte, dass man mit einem Raucher zusammenwohnte. Das Krebsgeschwür eines unordentlichen, chaotischen Zuhauses ist auf seine Weise ebenfalls schädlich, und nicht nur für denjenigen, der für dieses Chaos verantwortlich ist.

Hören Sie einmal auf den Schmerz von Erwachsenen, die in einem chaotischen Haushalt aufwachsen mussten:

»Ich durfte nie Freunde mit nach Hause bringen, weil das Haus nicht sauber genug war.«

»Unser Haus war immer dreckig, außer wenn wir Besuch von außerhalb bekamen. Dann machte sich meine Mutter verrückt und putzte überall! Sie putzte sogar die Rückwände in den Schränken, die niemals jemand zu Gesicht bekommen würde.«

»Ich habe mir einmal meine Hausaufgaben ruiniert, als ich sie auf dem Tisch ablegte und entdeckte, dass vom Abendessen am Tag zuvor noch eine Lache auf dem Tisch übrig geblieben war.«

»Meine Eltern stritten sich immer wegen der Unordnung.«

»Meine Mutter war dauernd mit Putzen beschäftigt, aber sie schien niemals voranzukommen.«

Ein Chaos im Haushalt lässt sich letzten Endes auf einen Mangel an Strukturen zurückführen. Menschen, die ohne Strukturen aufwachsen, neigen zur Kreativität und Spontaneität, was eine gute Sache ist. Doch sie können auch verantwortungslos, undiszipliniert und, wenn noch andere Faktoren ins Spiel kommen, für Süchte anfällig sein, weil sie von klein auf lernen, diese Sehnsucht nach Struktur mit etwas anderem auszufüllen.

Brauchen Sie noch mehr Beweise, dass der Zustand Ihres Zuhauses Ihre Kinder beeinflusst? Einer von der Universität von Michigan im Jahr 2001 vorgestellten Studie zufolge werden Kinder, die in einem sauberen und ordentlichen Haus aufwachsen, bessere Chancen auf einen höheren Schulabschluss und bessere Aussichten auf ein gutes Gehalt haben als Kinder, die in einem schmutzigen Zuhause aufwachsen. Das überrascht mich nicht. Der Stress, den Schmutz und/oder extreme Unordnung verursachen, kann auf jeden Menschen destruktiv wirken, der damit leben muss.

Wenn Sie Ihre Pläne mit den Kindern diskutieren, sollten Sie sich nicht elend fühlen, falls diese zu Begriffen wie »frustriert« oder »peinlich« greifen. Freuen Sie sich lieber! Denn Sie haben sie genau dort, wo Sie sie haben wollen. Unzufriedenheit mit dem gegenwärtigen Zustand ist ein wunderbarer Motivationsfaktor, um Veränderungen in Gang zu setzen. Erklären Sie ihnen, dass auch Sie wegen Ihres Zuhauses frustriert sind, dass sie aber gemeinsam eine Hundertachtzig-Grad-Wende bewirken können.

Was aber, wenn jeder außer Ihnen glaubt, Ihr Zuhause sei schon mehr als sauber? Dann denken Sie einmal darüber nach, ob es nicht Ihr Haus, sondern Ihre Maßstäbe sind, die Hilfe benötigen. Wenn das der Fall ist, schrauben Sie Ihre Ziele entsprechend herunter. Manchmal haben wir einen getrübten Blick, wenn es darum geht, wie sauber unser Zuhause sein soll. Wenn das der Fall ist, wird ein Plan, der ehrgeiziger ist als eigentlich notwendig, allen Beteiligten unnötige Arbeit machen und zu Spannungen führen.

Versuchen Sie auf jeden Fall, jedem im Haus Ihre Vision von einem veränderten Zuhause zu vermitteln oder sie zumindest zum Einverständnis zu bewegen, der Sache nicht im Weg zu stehen. Ganz egal, was sie Ihnen erzählen, unterschätzen Sie niemals, wie wichtig elementare Sauberkeit und Struktur für die Kinder und Ihren Ehepartner sind. Als Kind konnte ich nicht einmal genau sagen, was mich an Mary Poppins selbst aufräumendem Zimmer so sehr ansprach. Als Erwachsene habe ich nun verstanden, dass ich nicht nur von unordentlichen Schlafzimmern genug habe, sondern mir wünsche, dass dieses chaotische Gefühl, das das Leben im Chaos mit sich bringt, endlich aufhört.

Entschließen Sie sich, nicht mehr länger mit dem Chaos Ihres Zuhauses zu leben. Sie, Ihr Partner und Ihre Kinder haben weitaus Besseres verdient.

Was aber können Sie sagen oder tun, wenn Ihre Familie einfach keine Lust auf das HDSSA-System hat?

Wenn sich die Familie wehrt ...

Die meisten Einwände, die ich gehört habe, gehen auf das Konto von Einzelpersonen, gefolgt von Paaren und Kindern. Ich schlage Ihnen jeweils vor, was Sie auf diese Einwände, eventuell angepasst an Ihre Situation, erwidern können.

»Ich habe Angst, du verlangst zu viel von mir, und ich fühle mich bereits überlastet.«
Sagen Sie ihnen, dass Sie in erster Linie ihre emotionale Unterstützung und Mitarbeit brauchen. Lassen Sie sie wissen, dass Sie ihren Tagesablauf und ihre Verpflichtungen respektieren und sie nicht überfordern. Erinnern Sie sie daran, dass auf lange Sicht ein Haus, das sich von selbst aufräumt, die Belastung für alle *vermindern* wird und für mehr freie Zeit sorgt, manchmal sogar bedeutend mehr.

»Ich befürchte, du willst eine Menge Geld dafür ausgeben, Geld, das wir nicht haben.«
Das HDSSA-System kann ohne oder mit nur geringfügigen Ausgaben umgesetzt werden. Versprechen Sie, zunächst Veränderungen in Angriff zu nehmen, die nichts oder nur wenig kosten, und wenn Sie an einen Punkt kommen, wo Sie das Gefühl haben, dass eine bestimmte Ausgabe den Prozess entscheidend voranbringen würde, besprechen Sie das Thema und entscheiden dann gemeinsam, ob es das wert ist oder nicht.

Denken Sie daran, wie viel Geld aufgrund von falscher Organisation und Chaos vergeudet wird. Haben Sie jemals zusammengerechnet, was Sie die Strafgebühren von Videothek und Bücherei kosten; Rabatte, die Sie nicht in Anspruch genommen haben, weil Sie zu spät reagiert haben; Gutscheine, die Sie ausgeschnitten und niemals wiedergefunden haben; verschwundene Schecks und Bargeld – die verlorene Zeit gar nicht eingerechnet? Wenn Sie nicht gerade in Erwägung ziehen, einen Butler einzustellen, *kostet Sie ein chaotischer Haushalt viel mehr als ein ordentlicher*, vor allen Dingen dann, wenn

Sie jede Woche eine Haushaltshilfe ins Haus holen müssen, damit Ihnen die Situation nicht über den Kopf wächst.

»Dieser Plan wird sowieso nicht funktionieren.«
Wenn Sie Ihren Haushalt so organisieren, dass er besser in Ordnung zu halten ist, funktioniert das immer. Wenn der Einwand wirklich lautet, der Plan funktioniere nicht, dann bohren Sie weiter nach, um herausfinden, was wirklich dahintersteckt.

Als sich Janey entschloss, das HDSSA-System umzusetzen, war sie überrascht, dass sich ihre ganze Familie dagegen wehrte. Die Kinder glaubten einfach, es kämen noch mehr Pflichten auf sie zu. Doch als Janey ihre Ziele beschrieb und ihnen erklärte, dass es weniger Chaos, mehr Freizeit, Belohnung für Erfolge und weniger Stress für alle bedeute, begannen sie mitzumachen.

Wenn Ihre Kinder immer noch etwas dagegen haben, könnte es daran liegen, dass sie nicht richtig verstehen, wie das System funktioniert, oder sie befürchten, dass es für sie noch mehr Stress bedeutet. Lassen Sie sie ihre Gedanken aussprechen. Dann versuchen Sie ganz vorsichtig, sie für das HDSSA-System zu gewinnen und es ihnen angemessen zu erklären.

Was immer Sie auch tun, kündigen Sie den Plan nicht an und diktieren Sie auch nicht allen, wie sie sich dabei fühlen sollten. Stattdessen beschreiben Sie den Plan und gehen Sie dabei auf die Hoffnungen, Fragen und Bedürfnisse Ihrer Familie ein.

Zum Beispiel erinnern Sie sie an den Ausflug, an dem sie nicht teilnehmen konnten, weil Sie die Anmeldung verloren und nicht zurückgeschickt hatten. Sagen Sie ihnen, dass Sie in einem Haus, das sich von selbst aufräumt, alle Papiere besser im Blick behalten, sodass so etwas hoffentlich nicht noch einmal passiert.

Falls Sie eine Tochter im Teenageralter haben, erinnern Sie sie daran, wie sie sich fühlte, als ihre Freundinnen bei ihr übernachten wollten und einen Berg Schmutzwäsche unter dem Bett entdeckten oder sie ihren unaufgeräumten Kleiderschrank sahen. Sagen Sie ihr, dass Sie in einem Haus, das sich von selbst aufräumt, den Platz unter dem Bett mit einem Holzbrett vernageln würden, damit so etwas nicht wieder passieren kann, und der Kleiderschrank ein neues Aufräumsystem erhalten würde.

Sie sollten natürlich keine Verletzungen der Vergangenheit ansprechen, um Ihre Kinder zu manipulieren. Doch manchmal müssen Kinder an vergangene Schwierigkeiten erinnert werden, damit sie den wahren und fassbaren Wert Ihrer Zukunftspläne begreifen können. Wenn ein solches Gespräch sehr behutsam geführt wird, kann es sehr effektiv sein.

Was ihren Mann betraf, stieß Janey auf größere Probleme. Er hatte elf Ehejahre lang beobachtet, wie sie versuchte, ihr Heim sauber und ordentlich zu halten. In der Vergangenheit hatte sie immer versagt und auch dieses Mal hatte er wenig Hoffnung. Ich schlug ihr vor, sie solle ihn bitten, ihre Taten für sich sprechen zu lassen. »Sagen Sie ihm, er soll keine Gefühle in Ihren großen Plan investieren«, riet ich ihr. »Bitten Sie ihn zu kooperieren, vor den Kindern zu Ihnen zu stehen und Ihnen keine Steine in den Weg zu legen.«

Sie folgte meinem Ratschlag, und zähneknirschend gab er seine Einwilligung. Es dauerte eine Weile, doch nach etwa vier Monaten räumte er schließlich ein, dass sich im Haus viel verändert habe und alles besser unter Kontrolle sei. Nachdem er dieses kleine Hoffnungszeichen von sich gegeben hatte, war sie in der Lage, ihn durch das Haus zu führen und auf die Veränderungen hinzuweisen, die sie initiiert hatte, und ihm die dahinterstehenden Gründe zu erklären. Jetzt konnte sie ihm auch zeigen, wie diese kleinen Veränderungen die Zeit, die sie mit Putzen verbrachte, drastisch vermindert hatten. Danach begann er selbst eifrig bei dem Veränderungsprozess zu helfen und machte sich sogar daran, einige ihrer größeren Änderungswünsche in die Tat umzusetzen. Gemeinsam verlegten sie Teppichböden, stellten einen Raumteiler als Sichtschutz auf und brachten sogar Wandlampen an. Zu guter Letzt hatte er sich völlig zum HDSSA-Lebensstil bekehrt. Er hatte es kaum zu hoffen gewagt, doch schließlich wurde seine Hoffnung Realität. Zum Schluss war er von diesem System überzeugter als seine Frau.

Was immer Ihre Familie einwenden mag – bedenken Sie, dass Sie hier und da gute Ratschläge und Informationen aus diesem Buch umsetzen können, ohne sofort Ihr gesamtes Zuhause umzukrempeln. Wenn Ihre Familie nicht nachgeben will, hören Sie nicht auf, Ideen aus diesem Buch umzusetzen. Viele kleine Akzente in Ihrem Haus machen zusammengenommen eine Menge aus und vermindern für Sie und Ihre Familie die Last der Hausarbeit.

Hängen Sie Schilder auf!

Einer meiner Lieblingssprüche lautet: »Wer einen Kuchen backen will, muss eine Menge Eier zerschlagen.« Sie sind dabei, einige Eier zu zerschlagen. Eine Weile, vielleicht einen Monat oder auch länger, wird Ihr Zuhause schlimmer aussehen als jetzt. Glauben Sie, Sie können das aushalten? Glauben Sie, Sie werden vor Scham sterben, wenn jemand vorbeischaut, während Sie noch bei der Arbeit sind?

Darum habe ich für Sie ein Schild vorbereitet, das Sie herausreißen oder fotokopieren können. Es warnt Besucher vor Arbeiten am Haus. Wenn Sie auch nur ein kleines bisschen zögern, einige dieser Änderungsvorschläge in die Tat umzusetzen, stellen Sie Kopien dieses Schilds am Eingang und Ausgang des Bereichs auf, an dem Sie gerade arbeiten.

Fangen Sie an. Hängen Sie die Schilder auf. Wenn Sie Kinder haben, lassen Sie sie helfen, damit sie sich von Anfang an beteiligt fühlen.

Wenn Ihre neue Nachbarin vorbeischaut, um sich eine Packung Zucker zu borgen und Sie bis zu den Knien im Chaos versinken, das Sie gerade aus dem großen Schrank im Flur zutage gefördert haben, werden Sie es mir danken.

Bitte entschuldigen Sie dieses Chaos!

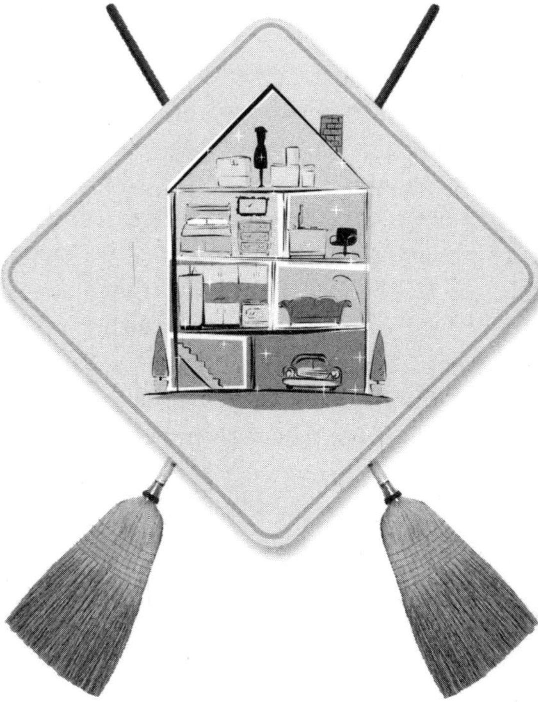

Hier wird gerade gearbeitet.
Unser Haus wird nach dem
HDSSA-System
umgestaltet.

Meine peinlichste Messie-Geschichte

– Urlaub vom Putzen –

Von Justine M.

Unsere Freunde überließen uns manchmal ihr Ferienhaus in den Bergen. Oft verbrachten wir dort ein langes Wochenende mit unseren Kindern. Als ein solches Wochenende einmal zur Hälfte vorbei war, hatte ich keine Lust mehr, jeden von Kopf bis Fuß zu bedienen, und verkündete, dass ich in Streik getreten sei. Schließlich war das auch mein Urlaub. Weder kochte ich noch wusch ich ab. Bald stapelte sich in der Spüle das schmutzige Geschirr, das ganze Haus versank von oben bis unten im Chaos und überall lagen Spielsachen und Kleidungsstücke herum.

An unserem letzten Abend entschlossen wir uns, zu essen und dann zeitig ins Bett zu gehen und gleich am nächsten Morgen das Chaos in Angriff zu nehmen. Am nächsten Tag wollten wir ohnehin nach Hause fahren, und eine Nacht mehr mit diesem Chaos würde niemandem schaden ... zumindest glaubten wir das.

Leider hatte es Unklarheiten mit den Terminabsprachen gegeben. Die Eigentümer glaubten, wir wären bereits am Nachmittag abgefahren, und hatten sich entschlossen, ihren eigenen Urlaub ein paar Tage früher anzutreten.

Sie trafen ein, während wir im Restaurant saßen, und als wir nach Hause kamen, stand ihr Auto vor der Tür. Ich wäre fast gestorben. Es ist eine Sache, sein eigenes Heim verkommen zu lassen, aber eine völlig andere Sache, im Haus von anderen Leuten nicht aufzuräumen – und sie das dann auch noch sehen zu lassen, bevor wir in der Lage waren, alles wieder in Ordnung zu bringen.

Sie waren unglaublich großmütig und schienen nicht zu bezweifeln, dass wir das Haus wieder in den vorherigen makellosen Zustand versetzen könnten, was wir natürlich auch sofort und so schnell wie möglich taten. Aber ich habe niemals die Scham überwunden, mitten in solch einem Chaos ertappt worden zu sein.

4. Stellen Sie Gott in den Mittelpunkt!

Vertraue dein Vorhaben dem Herrn an, dann werden deine Pläne gelingen.

SPRÜCHE 16,3

An diesem Punkt des Prozesses sollten Sie ein HDSSA-Notizbuch haben, einen Grundriss mit nummerierten Bereichen, eine Familie, die bereit ist mitzumachen, ein Schild im Eingang mit dem Hinweis, dass Sie sich in einer Umbauphase befinden, und eine makellos saubere Basiszone. Vielleicht haben Sie schon ein wenig Hoffnung geschöpft und sind sogar ein bisschen aufgeregt! Sind Sie bereit, sich mit Leib und Seele darauf einzulassen?

Ein wesentlicher Schritt allerdings fehlt noch, bevor Sie das HDSSA-System umsetzen können. Wir sollten uns einen Augenblick Zeit nehmen, um die bevorstehende Umgestaltung unseres Zuhauses in Gottes Hände zu legen, und ihn zum Mittelpunkt unserer Anstrengungen machen. Es klingt vielleicht etwas merkwürdig, aber ein »Gebetsspaziergang« bei Ihnen zu Hause wird Ihnen helfen, sich zu konzentrieren, Kraft zu tanken und sich Mut zusprechen zu lassen, um mit dem HDSSA-System anzufangen, es durchzuhalten und abzuschließen.

Ein Gebetsspaziergang in Ihrem Zuhause

Haben Sie schon einmal von einem »Gebetsspaziergang« gehört? Sie gehen dabei durch Ihr Viertel oder Ihre Stadt und beten im Vorbeigehen für die Menschen in jedem Haus oder Geschäft. Meine Gemeinde unterstützt Gebetsspaziergänge sehr, weil wir so für ein großes Gebiet beten können. In unserer Gemeinde hängt sogar eine Karte von unserem ganzen Bezirk, auf der wir die Straßen, die wir während unserer regelmäßigen Gänge passieren, mit einer Stecknadel markieren können.

Ich habe in meiner Nachbarschaft schon sehr viele Gebetsspaziergänge gemacht, doch erst, als ich mich entschloss, die Unordnung zu Hause in Angriff zu nehmen, kam mir der Gedanke, einmal einen Gebetsspaziergang bei mir zu Hause zu machen. Ich möchte Sie ermutigen, den HDSSA-Prozess mit solch einem Gebetsspaziergang unter Ihrem eigenen Dach einzuleiten. Er hilft Ihnen, sich auf Ihr Ziel zu konzentrieren und Ihre Prioritäten zu bestätigen, und er schenkt Ihnen die Möglichkeit, Gott in ganz konkreten Fragen um seinen Segen für Sie und Ihre Familie zu bitten. Wenn Sie noch nie einen Gebetsspaziergang gemacht haben, kommt Ihnen das vielleicht zuerst ein wenig eigenartig vor, aber tun Sie es trotzdem. Bald werden Sie sich ganz und gar auf das Beten konzentrieren können, und Ihre Schüchternheit wird verfliegen.

Vergessen Sie nur nicht, in diesem Fall mit offenen Augen zu beten, damit Sie nicht über herumliegende Dinge stolpern, die Sie nachher aufräumen.

Vorbereitungen für den Gebetsspaziergang

Bevor Sie anfangen, sollten Sie sich noch über ein paar Dinge Gedanken machen.

Sollte ich alleine beten oder zusammen mit meiner Familie?
Zunächst dachte ich, dass sich die ganze Familie am Gebetsspaziergang beteiligen sollte, doch als ich es eines Abends beim Essen erwähnte, starrten mich alle an und zuckten unbehaglich mit den Achseln. Meine Familie ist normalerweise nicht schüchtern, was das Beten betrifft, aber irgendetwas an dem Gedanken, durch unser Haus zu gehen und nacheinander für jedes Zimmer zu beten, sprach sie nicht so sehr an wie mich. Sie fanden, das sei irgendwie ... nun ja, seltsam.

Zu guter Letzt kam ich zu dem Schluss, dass Putzen nicht nur eine Aufgabe war, die in meinem Verantwortungsbereich lag, sondern eine Mission. Ich musste diesen Gebetsspaziergang machen, um Gott in den Mittelpunkt dieser Putz- und Aufräummission zu stellen. Ich habe ihn dann schließlich allein gemacht. Wie sich herausstellte, erlebte ich diese Zeit intensiver, ich war konzentrierter, niemand hetzte mich, und es war schöner, als wenn meine Familie diese Erfahrung mit mir geteilt hätte.

Sprechen Sie mit Ihrer Familie und finden Sie heraus, was sie will. Ob Sie diesen Gebetsspaziergang nun allein oder zusammen mit Ihrer Familie unternehmen, er wird Sie näher zu Gott bringen und Ihnen Mut machen.

Wählen Sie einen Zeitraum, in dem man Sie nicht stört oder unterbricht

Nehmen Sie den Telefonhörer von der Gabel, schalten Sie alle Handys aus und sorgen Sie dafür, dass Sie mindestens eine halbe Stunde Ruhe und Frieden haben. Wenn Sie kleine Kinder zu Hause haben, sollten sie nicht herumkrabbeln. Schicken Sie sie mit einem Babysitter, Verwandten oder Freund auf einen Ausflug. Wenn das nicht möglich ist, warten Sie zumindest, bis sie fest schlafen.

Nehmen Sie sich die Worte aus Matthäus 5,23-24 zu Herzen

»Wenn ihr also vor dem Altar im Tempel steht, um zu opfern, und es fällt euch mit einem Mal ein, dass jemand etwas gegen euch hat, dann lasst euer Opfer vor dem Altar liegen, geht zu dem Betreffenden und versöhnt euch mit ihm. Erst dann kommt zurück und bringt Gott euer Opfer dar.« Wenn Sie wissen, dass es etwas in Ihrem Leben gibt, das Sie in Ordnung bringen müssen, tun Sie das, bevor Sie den Gebetsspaziergang anfangen, damit es nicht Ihrer Zeit mit Gott im Wege steht.

Benutzen Sie Ihren Grundriss

Der Grundriss mit den nummerierten Zimmern, den Sie im ersten Kapitel angefertigt haben, soll Ihren Ausgangspunkt und die Reihenfolge, in der Sie durch die Zimmer gehen, bestimmen. Sie sollten Ihr gesamtes Zuhause und die Außenbereiche in Ihr Gebet einschließen. Wenn Sie sich an die vorgegebene Reihenfolge halten, lassen Sie nichts versehentlich aus.

Bitten Sie Gott bei Ihrem Gebetsspaziergang, Ihnen den besten Ort zu zeigen, an dem Sie Ihre Stille Zeit halten können

Wenn Sie bereits einen festen Ablauf für Ihre Stille Zeit haben, der für Sie funktioniert, überspringen Sie diesen Punkt. Aber wenn die Stille Zeit immer wieder auf Ihrer To-Do-Liste auftaucht (oder regelmäßig zu Ihren guten Vorsätzen zum neuen Jahr gehört), sie es aber trotzdem nicht schaffen, sie regelmäßig zu halten, ist dieser Schritt lebenswichtig. In Schritt 4 des HDSSA-Systems werden Sie lernen, die von mir so genannten »Kaninchenpfade« – alle Orte, die Sie aufsuchen müssen, um eine bestimmte Aufgabe zu erledigen – zu identifizieren und zu eliminieren, doch hier handelt es sich um den wichtigsten Kaninchenpfad, den Sie eliminieren müssen. Irgendwo bei Ihnen zu Hause gibt es einen Ort, an dem Sie für einige Augenblicke zur Ruhe kommen können, um Gottes Wort zu lesen und zu beten. Wenn Sie Ihren Gebetsspaziergang beendet haben, besteht der nächste Schritt darin, diese Ecke für Ihre Stille Zeit einzurichten, damit Sie sich diese neue Gewohnheit zu eigen machen und an jedem einzelnen Tag Ihre Stille Zeit halten können.

Wie Sie einen Gebetsspaziergang zu Hause durchführen können

Wenn Sie noch nie einen Gebetsspaziergang gemacht haben, fragen Sie sich vielleicht, wie das geht. Ein Gebetsspaziergang draußen ist eine sehr diskrete Angelegenheit, bei dem Sie ein stilles Gebet sprechen, während Sie durch Ihr Viertel oder eine Straße in der Innenstadt gehen. Ein Gebetsspaziergang durch Ihr Haus kann allerdings völlig anders aussehen. Weil Ihnen niemand zuhört oder zusieht, können Sie sich die Freiheit nehmen, laut zu beten, Bibelverse aufzusagen, ja sogar ein Lied zu singen oder zu tanzen. Befürchten Sie, Sie könnten sich dumm vorkommen? Bitte nicht! Das ist eine Sache zwischen Ihnen und Gott, und er weiß Ihre Offenheit und Bereitschaft, ihm zu begegnen, zu schätzen.

Bewegen wir uns zunächst zu dem Ort, den Sie auf Ihrem Grundriss mit einer »1« markiert haben und der sich unmittelbar am Haupteingang befinden sollte. Halten Sie dort inne, schließen Sie die Augen und lassen Sie zu, dass die Stille Sie einhüllt. Sie verbringen nun Zeit mit dem Herrn. Lassen Sie sich nicht hetzen.

Beginnen Sie einfach, indem Sie Gott loben. Sagen Sie einen Lobpsalm auf, singen Sie ein Anbetungslied oder sprechen Sie einfach ehrfürchtig und anbetend mit Gott. Vielleicht lesen Sie einige Psalmen oder andere Bibelstellen wie etwa diesen Vers aus Offenbarung 4,11: »Du bist würdig, unser Herr und Gott, Herrlichkeit und Ehre und Macht entgegenzunehmen. Denn du hast alle Dinge geschaffen, weil du es wolltest, sind sie da und wurden geschaffen.«

Als Nächstes bekennen Sie, während Sie immer noch am selben Ort stehen, jede Sünde, die zwischen Ihnen und Ihrem Schöpfer stehen könnte. Bitten Sie Gott um Vergebung und lassen Sie zu, dass er Ihr Herz reinigt. Ist Gottes Gnade nicht wunderbar? Freuen Sie sich darüber!

Sagen Sie Gott, wie sehr Sie ihn mit Ihrer Haushaltsführung ehren wollen. Bitten Sie ihn, Ihr Heim zu segnen und alle, die darin wohnen. Beten Sie namentlich für jeden Familienangehörigen und lesen Sie vielleicht den Vers aus Josua 24,15 dazu: »Wenn ihr aber nicht bereit seid, dem Herrn zu dienen, dann entscheidet euch heute, wem ihr dienen wollt ... Ich und meine Familie werden jedenfalls dem Herrn dienen.« Bitten Sie Gott, dass sein Licht durch Sie und Ihre Familie hindurchscheinen möge auf alle, die durch diese Tür hereinkommen.

Öffnen Sie nun die Augen, schauen Sie sich diesen Bereich an und beten Sie für besondere Anliegen im Hinblick auf Ordnung und Sauberkeit in diesem Bereich. Zum Beispiel könnten Sie sagen: »Bitte hilf mir, eine Möglichkeit zu finden, allen abzugewöhnen, ihre Sportsachen genau hier auf den Fußboden fallen zu lassen«, oder: »Bitte hilf mir, mich nicht zu ärgern, wenn mein Mann seine Aktentasche genau hier auf der Arbeitsfläche ablegt«. Sie müssen keine genaue Liste von dem anfertigen, was in diesem Bereich alles nicht stimmt, aber wenn Ihnen etwas Bestimmtes in den Sinn kommt, machen Sie das zu einem Gebetsanliegen. Der Gott, der die genaue Anzahl der Haare auf Ihrem Kopf kennt, freut sich, wenn er von Ihren Sorgen wegen des Haushaltes, die Ihnen vielleicht banal erscheinen, erfährt und Ihnen helfen kann.

Beten Sie weiter, während Sie zum nächsten in Ihrem Grundriss angezeigten Bereich gehen. Neben speziellen Anliegen können Sie Gott auch um Hilfe bitten, Ihr Zuhause sauber zu halten, Ihr Ziel nicht aus den Augen zu verlieren, gute Gewohnheiten nicht abreißen zu lassen und Ihre Selbstdisziplin aufrechtzuerhalten. Bitten Sie den Herrn auch, dass er Ihnen hilft, mögliche Probleme zu erkennen und Ihnen Ideen zu schenken, wie Sie damit am besten umgehen können. Bitten Sie um Geduld, Respekt und Urteilsvermögen im Umgang mit Ihren Familienangehörigen, wenn sie sich Ihrer Putz- und Aufräumaktion anschließen.

Wenn Sie einen Bereich betreten, ohne dass Ihnen bestimmte Worte in den Sinn kommen, singen Sie stattdessen ein Lied oder sagen Sie Bibelverse auf. Sind die Außenanlagen wie Garten, Schuppen oder Auto an der Reihe, die keine Privatsphäre bieten, bleiben Sie vielleicht lieber drinnen und sehen beim Beten aus dem Fenster. Wenn Sie aber nach draußen gehen und ihren Gebetsspaziergang leise fortsetzen können, ohne aus dem Rhythmus zu kommen, sollten Sie das auf jeden Fall tun.

Wenn Sie zu Hause von Station zu Station gehen und jeden Bereich mit Ihrem Gebet umhüllen, vergessen Sie nicht, Gott mit dankbarem Herzen für alle materiellen Segnungen zu loben. Dass wir mit einem Zuhause und Besitztümern gesegnet sind, ohne die solch ein Chaos ja gar nicht entstehen kann, vergessen wir oft.

Schließlich sollten Sie Gott darum bitten, Sie Ihre wichtigste Priorität nicht vergessen zu lassen, dass Sie nämlich das Chaos hinter sich lassen wollen, damit Sie die Freiheit haben, der Mensch zu werden, den Gott aus Ihnen machen möchte. Beschließen Sie Ihren Gebetsspaziergang, indem Sie Gott bitten, Ihnen Begeisterung und Kraft für den HDSSA-Prozess zu schenken und Ihnen zu zeigen, wie Sie ihm besser dienen können, wenn Sie Ihr Zuhause unter Kontrolle haben. Mit dieser Vision im Hinterkopf wird es Ihnen leichter fallen, sich nicht von der vor Ihnen liegenden Arbeit entmutigen zu lassen.

Warum sollte ich einen Gebetsspaziergang machen?

Sie bringen nicht nur Ihre Bitten vor unseren Herrn, sondern ich hoffe auch, dass dieser Gebetsspaziergang Sie verändern wird, indem er sie daran erinnert, dass Gott Ihr ganzes Zuhause – sei es nun ordentlich oder unordentlich, unter Kontrolle oder außer Kontrolle – in der Hand hält und dass der Plan, den er mit uns hat, all unsere Unvollkommenheit wettmacht. In Römer 8,31 fragt Paulus: »Wenn Gott für uns ist, wer kann da noch gegen uns sein?« Gott ist wirklich und wahrhaftig für Sie und will Ihnen helfen, dem Hausputz den richtigen Stellenwert zuzuordnen – nicht wichtiger und nicht weniger wichtig, als er sein sollte.

Meine peinlichste Messie-Geschichte

– Maiskolben –

Von Betty R.

Ich hatte mir die Mühe gemacht, einige Maiskolben zu kochen und die Körner abzulösen, um damit eine große Schüssel köstlichen Mais mit Butter zuzubereiten. Weil die Mitglieder unseres Hauskreises erst in einer halben Stunde zum Abendessen eintreffen würden, stellte ich die Schüssel mit dem Mais in die Mikrowelle, um sie warm zu halten. Dann kam unsere kleine Gruppe zum Essen zusammen. Wir genossen das Hähnchen mit Kartoffelbrei und Soße, die Kekse, einen Gemüsetopf und den Nachtisch.

Erst als ich das nächste Mal die Mikrowelle benutzte – *fünf Tage später* –, entdeckte ich die Schüssel mit dem Mais. Ich hatte mir die Arbeit gemacht, die Maiskörner von den kochend heißen Kolben zu lösen, und dann vergessen, sie zu servieren. Meine Vergesslichkeit machte mich wütend – von dem Gestank, den fünf Tage alter Mais verbreitet, ganz zu schweigen!

5. Stellen Sie Werkzeuge bereit und sammeln Sie Beweise!

Mein Sohn, achte auf meine Worte und behalte meine Gebote im Gedächtnis. Höre auf die Weisheit und versuche, sie mit dem Herzen zu verstehen. Bitte um Verstand und Einsicht, und suche sie, wie du nach Silber suchen oder nach verborgenen Schätzen forschen würdest. Dann wirst du verstehen, was es heißt, den Herrn zu achten, und wirst die Erkenntnis Gottes gewinnen. Denn der Herr schenkt Weisheit! Aus seinem Mund kommen Erkenntnis und Einsicht.

SPRÜCHE 2,1-6

Jahrelang habe ich geglaubt, dass die Neuorganisation eines Haushalts damit beginnt, jede Menge cooler Kisten und Kästen, Boxen und Tonnen zu kaufen, und dann würde das Zeug fast von selbst hineinspringen und sich selbst organisieren. Ich wusste nicht, dass man nie irgendeine Organisationshilfe kaufen sollte, wenn sie nicht einem bestimmten Zweck an einem bestimmten Ort dient. Und selbst dann sollte man den Kauf erst tätigen, wenn man den Platz ausgemessen und sich über die genaue Form und Größe des betreffenden Behälters im Klaren ist. Erst als ich mich ernsthaft mit Fragen der Haushaltsführung beschäftigte, lernte ich, dass *die meisten Organisationshilfen mehr Chaos anrichten, als sie verhindern.*

Denken Sie zum Beispiel an Ihren Schreibtisch, dort, wo Sie Ihren Papierkram erledigen. Wie viele Schreibtisch-Organizer besitzen Sie? Ich rede hier von multifunktionalen Behältnissen, die Stifte, Büroklammern und so weiter aufnehmen sollen, damit sie, hübsch sortiert, immer in Reichweite sind. Sieht Ihr Schreibtisch im Augenblick so aus wie auf dem Foto auf der Packung, in der sich der Organizer befand?

Wahrscheinlich nicht. Es ist doch so, dass wir Messies all die Behälter, Sammler und Sortierer entweder mit allem möglichen Müll füllen, der das Chaos nur noch vergrößert, oder dass wir die verschiedenen Sortierfächer komplett ignorieren und dann Schuldgefühle empfinden, weil wir sie nicht so gebrauchen, wie wir sollten.

Gestatten Sie mir, Sie von Ihren Schuldgefühlen zu befreien. Ich möchte Ihnen dringend nahelegen, die meisten Schreibtisch-Organizer völlig zu vermeiden. In jedem Organisationsprozess ist es der allerletzte Schritt, Stiftehalter oder irgendwelche anderen benötigten Produkte zu kaufen. Zuerst sortieren Sie, misten aus, messen aus und schauen nach, ob Sie irgendetwas anderes benutzen können, das Sie bereits zur Hand haben. Falls Sie in den nächsten Tagen also einen Shopping-Ausflug geplant haben, um alle möglichen Behälter zu besorgen, möchte ich Sie beruhigen. Die Werkzeuge, die Sie am Anfang benötigen, sehen völlig anders aus, als Sie es erwartet haben.

Zunächst einmal brauchen Sie die folgenden Gegenstände:

- eine Leiter oder einen Hocker, den Sie von Zimmer zu Zimmer tragen können
- eine Kamera, am besten digital, damit Sie sich die Fotos gleich ansehen können
- einen Stift und Ihr HDSSA-Notizbuch, das den Verlaufsplan enthält, den Sie im ersten Kapitel anfertigt haben

Sammeln Sie Beweise!

Wenn Sie ganz und gar aufhören, Ihr Haus zu putzen und aufzuräumen – und damit meine ich, dass Sie nicht einmal eine herumliegende Socke aufheben –, wie lange würde es dauern, bis es nicht mehr auszuhalten ist? Wie lange würde es dauern, bis sich die Rückstände des Alltagslebens auf Fußböden und Tischen ablagern? Wie lange, bis die Arbeitsflächen und Böden so vollgestellt sind, dass man sie nicht mehr benutzen kann? Oder versinkt Ihr Zuhause bereits so sehr in Dreck und Unordnung, dass Sie jede Minute halbwegs mit dem Besuch des Gesundheitsamtes rechnen?

Wie auch immer, hier handelt es sich um eine der wenigen Gelegenheiten im Leben, bei denen es sich als Vorteil erweist, einen Messie-Haushalt zu haben. Wenn sich der größte Teil Ihres Hauses *im Augenblick* in einem solch chaotischen Zustand befindet, springen Sie einfach zum nächsten Absatz, »Dokumentieren Sie das Chaos«, und lesen Sie dort weiter. Wenn Ihre Wohnung im Augenblick mehr oder weniger aufgeräumt ist, lesen Sie erst einmal diesen Absatz, denn mein nächster Vorschlag klingt ein wenig merkwürdig.

Hören Sie auf sauber zu machen. Wenn Ihr Haus heute sauber und ordentlich ist, will ich tatsächlich genau das von Ihnen. Hängen Sie, falls notwendig, das Schild aus Kapitel 3 auf, und enthalten Sie sich *jeglicher Hausarbeit,* außer dass Sie die Mahlzeiten für Ihre Familie zubereiten und zusehen, dass das schmutzige Geschirr nicht überhandnimmt. Sie dürfen eine Ladung Wäsche waschen, wenn es absolut notwendig ist. Doch ansonsten führen Sie Ihr normales Alltagsleben, ohne das Haus in Ordnung zu bringen, ohne zu putzen und vor allen Dingen, ohne hinter irgendjemandem herzuräumen. Sie sollen sich nicht ganz bewusst auf die faule Haut legen, und nur weil es Spaß macht, nichts tun, doch räumen Sie nicht besser auf, als Sie es an Ihrem schlimmsten oder faulsten oder hektischsten Tag tun würden.

Höchstwahrscheinlich werden ein oder zwei Tage Verzicht auf Putzen und Aufräumen ausreichen, und dann können Sie zum nächsten Schritt weitergehen. (Wenn Sie andererseits zehn Tage so weitermachen und die Wohnung immer noch toll aussieht, räumt entweder jemand anderes hinter Ihnen ohne Ihr Wissen auf, oder Sie haben schon ein so wunderbares System eingesetzt, dass Ihnen dieses Buch nur ein paar neue Vorschläge zu Putztechniken bieten kann.) Wenn Ihr Haus den Zustand erreicht hat, den Sie als »völlig chaotisch und heruntergekommen« bezeichnen würden, sind Sie bereit, das Chaos zu dokumentieren.

Dokumentieren Sie das Chaos!

Wollten Sie jemals Polizist oder Privatdetektiv werden? Hier ist Ihre Chance. Sie haben nun den Auftrag, in Ihrem Zuhause Beweise zu sammeln. Sie suchen nach Hinweisen, wo, wann und warum sich alles mögliche Zeug so ansammelt, wie es das eben tut.

In erster Linie müssen Sie sich auf die problematischen Bereiche und Gewohnheiten in Ihrem Zuhause stürzen. Vielleicht erwarten Sie, dass sich das Gerümpel an bestimmten Orten türmt – Schuhe an der Wohnungstür, Illustrierte und Zeitungen neben dem Sofa, Kleidungsstücke auf einem Stuhl im Schlafzimmer. Doch ich möchte, dass Sie darüber hinaus auch auf Dinge achten, die Sie nicht erwarten. Höchstwahrscheinlich machen sie einen großen Teil dessen aus, was Ihnen die tägliche Hausarbeit schwer macht.

Es liegt in der menschlichen Natur, blind für die Dinge zu werden, die uns dauernd vor Augen sind. Darum sollen Sie nun einen Hocke oder eine Leiter und eine Kamera benutzen, um vertraute Orte aus einer neuen Perspektive zu sehen. Nehmen Sie Ihr Notizbuch zur Hand, um Ihre Entdeckungen aufzuschreiben.

Beginnen Sie mit dem Bereich, den Sie in Ihrem Verlaufsplan mit einer »1« bezeichnet haben. Schauen Sie sich um und notieren Sie jeden Gegenstand aus Ihrem Haushalt, den Sie dort bemerken. Zum Beispiel könnte in Ihrem Notizbuch Folgendes stehen:

Bereich 1

- Schuhe liegen auf dem Boden herum.
- Arbeitsbögen für die Schule türmen sich auf dem Tisch.
- Autoschlüssel befinden sich in einem Haufen auf der Ablage.
- Bibliotheksbücher und DVDs aus der Videothek stapeln sich neben der Tür.
- Überall fliegen Rucksäcke und Sporttaschen herum.
- Sportsachen sind auf dem Fußboden verstreut.
- Handschuhe und Schals liegen auf dem Tisch.

Wenn Sie alles aufgeschrieben haben, was Sie sehen, steigen Sie auf den Hocker oder die Leiter und schauen sich alles aus der Vogelperspektive an. Vielleicht bemerken Sie noch mehr, zum Beispiel:

- Fußabdrücke im Türbereich
- eine verrutschte, dreckige Fußmatte
- Fingerabdrücke auf dem Spiegel neben der Tür
- eine verwelkte Grünpflanze in der Ecke

Wenn Sie auf der Leiter stehen, schießen Sie ein oder zwei Fotos, um den gesamten Bereich im Bild festzuhalten. Steigen Sie nun herunter und gehen Sie in den Bereich, den Sie auf Ihrem Verlaufsplan mit einer »2« gekennzeichnet haben.

Wiederholen Sie den Prozess und vergessen Sie dabei nicht, dass Sie nicht nur eine Liste der Gegenstände erstellen, die das betreffende Zimmer oder den Bereich im Augenblick unordentlich erscheinen lassen, sondern dass Sie allgemein nach typischen Problemen Ausschau halten, die hier entstehen. Zum Beispiel wird es aus den oben aufgeführten Listen sofort ersichtlich, dass es in diesem Haus kein System für die Ver- und Entsorgung von Dingen gibt, die von den verschiedenen Bewohnern auf dem Weg nach drinnen oder draußen irgendwo abgestellt werden. Das Haus aufzuräumen würde bedeuten, jeden dieser verstreuten Gegenstände an seinen richtigen Platz zu bringen. Aber ein Haus zu einem Haus zu machen, das sich von selbst aufräumt, würde auch die Aufgabe umfassen, einen logischen und gut erreichbaren Ort in der Nähe zu finden, wo diese Gegenstände dauerhaft eine Heimat finden.

Arbeiten Sie sich so durch den gesamten Verlaufsplan durch, klettern Sie auf den Hocker oder die Leiter, machen Sie Fotos und schreiben Sie Ihre Entdeckungen auf. Noch eine kleine Vorsichtsmaßnahme: Lassen Sie zwischen zwei Einträgen jeweils drei oder vier Zeilen frei, ebenso jeweils zwei oder drei Seiten zwischen jedem Bereich. Bei den folgenden Schritten werden Sie noch das ein oder andere hinzufügen.

Wenn Sie sich so durch das ganze Haus gearbeitet haben, sind Sie bereit für den nächsten Schritt.

Meine peinlichste Messie-Geschichte

– Ein Schelm, wer Böses dabei denkt –

VON JENNY R.

Ich entschloss mich, meinen Mann zu überraschen, indem ich vor ihm zu Hause zur Mittagspause eintraf ... und eine Spur aus Kleidungsstücken bis hin zum Schlafzimmer hinterließ, wo ich nackt auf ihn wartete. Doch er brachte seinen Chef mit und entschuldigte sich für die Unordnung im Haus, weil er meine Botschaft nicht verstand. Der Chef allerdings schon ... und er verabschiedete sich sehr schnell!

Der Chef meines Mannes geht in dieselbe Gemeinde wie wir und lächelt mich seitdem immer mit zwinkernden Augen an. Außerdem sagte er meinem Mann, dass er alles dafür geben würde, wenn seine Frau so etwas auch einmal machen würde.

6. Werten Sie die Ergebnisse aus!

Denn Weisheit wird in dein Herz kommen,
und die Erkenntnis wird dich mit Freude erfüllen.

SPRÜCHE 2,10

Wenn Sie im ganzen Haus – die Außenbereiche eingeschlossen – Spuren und Beweise gesammelt haben, ist es an der Zeit, sich hinzusetzen und die Ergebnisse auszuwerten. Laden Sie Ihre Fotos auf den Computer oder lassen Sie sie entwickeln. Setzen Sie sich damit an den Tisch und nehmen Sie auch Ihr HDSSA-Notizbuch mit. Schauen Sie sich nacheinander alle Fotos aufmerksam an. Höchstwahrscheinlich werden Ihnen jetzt noch mehr Einzelheiten im Chaos auffallen als zu dem Zeitpunkt, da Sie die Fotos gemacht haben. Nutzen Sie die Extraseiten in Ihrem Notizbuch, die Sie zwischen den einzelnen Bereichen freigelassen haben, um jeden einzelnen Gegenstand zu notieren, der Ihnen vorher nicht aufgefallen ist.

Als Beverley diesen Schritt erreichte, war sie überrascht, dass sie auf vielen Fotos mindestens eine Getränkedose entdeckte. Leere Dosen bewahrt sie bis zur Entsorgung in der Waschküche auf. Doch die Fotos zeigten, dass es ein Problem damit gab: Bis die Dosen es in die Waschküche schafften, machten sie sich überall im Haus breit. Beverley hatte gute Vorsätze (zumindest warf sie die Getränkedosen nicht in den Müll), aber sie dachte nicht jedes Mal, wenn sie in die Waschküche ging, daran, die leeren Dosen mitzunehmen. Um dieses Problem zu lösen, war es lediglich notwendig, kleine Recycling-Behälter zur Zwischenlagerung in gewissen Schlüsselbereichen, jedoch außer Sichtweite, aufzustellen (sie benutzte dafür Plastikschüsseln). Sobald einer dieser kleineren Behälter voll ist, trägt sie ihn nun zum eigentlichen Recycling-Behälter, wirft die Dosen hinein und stellt dann die Plastikschüssel wieder an ihren Platz. Diese simple Lösung schaffte Beverleys Dosenproblem aus der Welt.

Worauf Sie achten können

Wenn Sie Ihre Fotos und Notizen durchgehen, könnten typische Beispiele für Gegenstände, die Unordnung verursachen, folgendermaßen aussehen:

- Lebensmittel, vor allen Dingen unhandlich verpackte, auf dem Küchentresen;
- Mäntel und Jacken, die immer noch an der Garderobe hängen, obwohl der Winter schon lange vorbei ist;
- unfertige Hand- oder Bastelarbeiten auf dem Tisch;
- unzählige und überflüssige Magnete und Zettel an der Kühlschranktür;
- Kabelsalat bei Computern und Elektrogeräten;
- einmal getragene Kleidungsstücke über der Stuhllehne;
- Gegenstände in provisorischen Behältern, die besser in einem Schrank, auf einem Regal oder in einer Schublade aufgehoben wären;
- DVDs, Videos und Videospiele auf dem Fußboden vor dem Fernseher;
- Reinigungsmittel, die dort abgestellt werden, wo sie zuletzt gebraucht wurden;
- Kram, der in Haufen auf dem Fußboden liegt, weil er keinen festen Platz hat;
- Kram, der unten an der Treppe abgestellt wird, weil er nach oben gebracht werden soll, oder Kram, der oben abgestellt wird, weil er nach unten gebracht werden soll;
- »Zweitexemplare« von augenblicklich im Gebrauch befindlichen Gegenständen: Portemonnaie, Lockenstäbe, Uniformen, Jacken;
- Sport- und Fitnessgeräte wie Bälle, Schläger oder Knieschoner;
- Müll, der es nicht bis zum Mülleimer geschafft hat;
- Gegenstände, die weggeworfen werden sollen: leere Medikamentenschachteln, Pappkartons, Verpackungsmaterial;
- Schmutzwäsche, die in die Waschküche gehört;
- nasse Handtücher, die niemand benutzt haben will;

- Bücher und Illustrierte, die Sie bereits durchgelesen haben;
- Dinge, die Sie weitergeben oder spenden möchten;
- Gartenschläuche, die Sie auf dem Rasen vergessen haben;
- bis zum Rand gefüllte Klappboxen, die Sie in der Garage untergebracht haben, um sie später zu sortieren;
- Telefon- und Adressbücher, die offen dort herumliegen, wo sie zum letzten Mal gebraucht wurden;
- Oster- oder Weihnachtsschmuck, den Sie beim letzten (oder vorletzten) Abschmücken übersehen haben;
- welke Blätter auf der Terrasse, die Sie eigentlich zusammenharken müssten.

In jedem Fall ist der nächste Schritt der, die eigentliche Ursache jedes Problems herauszufinden und auf den frei gebliebenen Zeilen zwischen den einzelnen Einträgen aufzuschreiben. Denken Sie dabei nicht zu lange nach, sondern notieren Sie den ersten Gedanken, der Ihnen durch den Kopf schießt, wenn Sie sich jeden Gegenstand anschauen, den Sie in Ihrem Notizbuch aufgelistet haben. Ausgehend von der Liste oben könnte dort zum Beispiel stehen:

- Lebensmittel, vor allen Dingen unhandlich verpackte, bleiben auf dem Küchentresen liegen – *Zu müde, um sie gleich wegzuräumen, nachdem ich die ganzen Einkäufe erledigt habe, und dann hatte ich gleich etwas anderes zu tun.*
- Mäntel und Jacken, die immer noch an der Garderobe hängen, obwohl der Winter schon lange vorbei ist – *Die Zeit ist mir davongeflogen, habe gar nicht gemerkt, dass sie noch da sind.*
- unfertige Hand- oder Bastelarbeiten auf dem Tisch – *Habe geglaubt, ich würde bald daran weiterarbeiten.*
- Kabelsalat bei Computern und Elektrogeräten – *Habe ich noch nie bemerkt.*
- unzählige und überflüssige Magnete und Zettel an der Kühlschranktür – *Die Zettel sind wichtige Erinnerungshilfen und müssen irgendwo hängen, wo wir sie immer im Blick haben.*

- einmal getragene Kleidungsstücke über der Stuhllehne – *Ich mag sie nicht zu den sauberen Kleidungsstücken in den Schrank hängen, aber sie gehören auch noch nicht in die Wäsche.*

Sie verstehen die Grundidee. Für jeden unaufgeräumten Bereich bei Ihnen zu Hause haben Sie automatisch eine Antwort zur Hand, warum das so ist. Gehen Sie Ihr gesamtes Notizbuch durch und schreiben Sie Ihre Reaktion auf jedes einzelne Problem auf Ihrer Liste nieder.

Nun haben Sie schon eine ganze Menge Spuren und Beweise gesammelt, und vielleicht denken Sie schon daran, wie Sie manche dieser Ursachen ein für alle Mal aus der Welt schaffen können. Möglicherweise sind Ihnen auch schon einige schlechte Gewohnheiten aufgefallen, die Sie ablegen sollten, wenn auch vielleicht nicht genau so, wie Sie es erwarten würden.

Vergessen Sie nicht, dass dieses System das Ziel hat, zunächst das Haus zu verändern, und dass Ihr Verhalten nur dann an der Reihe ist, wenn es absolut notwendig ist.

Andere Arten von Chaos

Wenn Sie Ihre Beweisstücke analysieren und katalogisieren, sollten Sie wissen, dass es noch drei andere Arten von Chaos gibt, die Sie möglicherweise noch nicht bemerkt haben.

Das Seepocken-Syndrom

Diesen Begriff haben mein Mann und ich vor Jahren geprägt, als wir bei uns die Tendenz beobachteten, jede verfügbare horizontale Oberfläche zu benutzen, um irgendetwas darauf abzulegen, manchmal nur Sekunden, nachdem sie gerade frei geworden war. Alles vom Beistelltisch bis hin zu einer alten Truhe – mit anderen Worten alles, was eine waagerechte Oberfläche besaß – wird in kürzester Zeit von irgendetwas bedeckt. Wie ein Schiffsrumpf Seepocken anzieht, die sich dort niederlassen und bleiben, neigen wir im ganzen Haus zu diesem Seepockensyndrom.

Leidet Ihre Familie auch darunter? Wenn ja, notieren Sie die horizontalen Oberflächen bei Ihnen zu Hause, die frei bleiben sollten, und schreiben Sie auch auf, was Sie normalerweise darauf ablegen.

Kleinigkeiten

Damit meine ich all diese kleinen Gegenstände, die sich in großen Mengen überall im Haus finden – in Schubladen, Kisten, Körben und anderen Behältern. Denken Sie einmal an Kugelschreiber, Buntstifte, Filzstifte, Knöpfe, Büroklammern, Haargummis, Legosteine, Barbie-Schuhe, Haarklammern, Sicherheitsnadeln, Dichtungsringe, Schrauben, Bilderhaken, Münzen – all diese kleinen Dinge, die man leicht in den nächstbesten Behälter wirft, um sie später an einem besseren Ort unterzubringen.

Manche Organisationsexperten werden Ihnen sagen, dass Sie solche Kleinigkeiten (bis auf die Münzen) sofort wegwerfen sollten, wenn Sie darüber stolpern. Ich dagegen würde Ihnen raten, solche Dinge an einem Ort zu sammeln. Wenn Sie mit Ihrer großen Aufräumaktion beginnen, werden Sie eine Schachtel dabei haben, in der Sie Ihre Kleinigkeiten sammeln. Zu dem Zeitpunkt werde ich Ihnen auch erklären, wie Sie damit weiter verfahren sollen.

Chaos aufgrund von Chaos

Vor etwa zehn Jahren, als Olga versuchte, die Unordnung bei sich zu Hause in den Griff zu bekommen, kaufte sie sich einige Garderobenständer auf Rollen. In jedem ihrer drei Gästeschlafzimmer stellte sie einen auf, sodass ihre Kinder und Enkel dort ihre Kleidung ablegen konnten, wenn sie zu Besuch kamen. Ganz allmählich begann Olga zwischen ihren Besuchen allerdings, diese Garderoben zu benutzen, um ihre Kleidungstücke dort zu lagern: überflüssige Kleidungsstücke; Kleidung, die in der betreffenden Jahreszeit nicht benutzt wurde; Kleidung, die sie spenden wollte; Kleidung, die ihr nicht mehr passte. Schließlich waren die Garderoben voll.

Die meisten Messies haben Probleme mit der Kleidungsfrage, aber in diesem Fall war wirklich Ironie im Spiel. Olga hatte die Kleiderständer ursprünglich aufgestellt, weil die Schränke schon voll waren. Mit dem Versuch, eine neue Aufbewahrungsmöglichkeit zu schaffen, legte sie unabsichtlich die Grundlage zum Chaos aufgrund von Chaos.

Vielleicht finden Sie auch bei sich zu Hause dafür Beispiele, besonders im Hinblick auf geflochtene Körbe und nett aussehende Behältnisse. Wie viele davon benutzen Sie, weil der eigentliche Aufbewahrungsort bereits aus allen Nähten platzte?

Achten Sie also bei sich zu Hause auf das Seepocken-Syndrom, die Kleinigkeiten und das Chaos aus dem Chaos und dokumentieren Sie diese Fälle in Ihrem Notizbuch.

Meine peinlichste Messie-Geschichte

– Das Weizenflocken-Drama –

Von Marti T.

Die Arbeitsplatte in der Küche war mit schmutzigem Geschirr, der Abendzeitung und einem Stapel Post übersät, als ich in großer Eile das Abendessen zubereitete. Wir erwarteten Besuch, und wie das bei mir üblicherweise der Fall ist, geriet ich in Hektik. Ich schälte die Kartoffeln, putzte die Möhren, häutete ein paar große Zwiebeln und schnappte mir dann einen leeren Weizenflockenkarton, um die Abfälle dort loszuwerden. Ich legte den Karton in der Absicht beiseite, ihn später in den Mülleimer zu werfen. Beim hektischen Aufräumen allerdings dachte ich überhaupt nicht mehr an die Abfälle im Karton und stellte ihn an seinen angestammten Platz zurück – in den Schrank.

Eine volle Woche später saß ich im Wohnzimmer und blätterte in einer Illustrierten, als mein Mann noch Lust auf einen kleinen abendlichen Snack hatte – eine Schüssel mit Zerealien. Leider war er gerade in der Stimmung für Weizenflocken, und so schüttete er sich eine große Portion ... einer stinkenden, faulen Masse ein.

Er wird nicht müde, mir diese Geschichte immer wieder zu erzählen.

7. Finden Sie überflüssige Dinge!

Verkauft, was ihr habt, und gebt es den Bedürftigen.
Auf diese Weise sammelt ihr euch Schätze im Himmel!
Und die Geldbörsen des Himmels haben keine Löcher.
Dort ist euer Schatz sicher – kein Dieb kann ihn stehlen
und keine Motte ihn zerfressen.
Wo immer euer Reichtum ist, da wird auch euer Herz sein.

LUKAS 12,33-34

Ich hoffe, dass eine der wichtigsten Entdeckungen, auf die Sie bei Ihren Beobachtungen stoßen, diejenige ist, *dass Sie zu viele Dinge besitzen.* Ich könnte falsch liegen, doch die Chancen stehen gut, dass der Hauptgrund, warum Ihr Zuhause nur schwer in Ordnung zu halten ist, darin besteht, dass dort einfach zu viele Sachen herumliegen.

In einem späteren Kapitel werde ich Ihnen helfen, einmal gründlich auszumisten, doch im Augenblick ist es einfach wichtig, die Gründe zu verstehen, warum sich überhaupt so viel angesammelt hat. Den Experten nach zu urteilen, gibt es eine Vielzahl von Gründen, warum wir uns an so viele Dinge klammern. Die gebräuchlichsten Entschuldigungen lauten folgendermaßen:

- Man könnte es eines Tages noch einmal gebrauchen.
- Man hängt gefühlsmäßig an ihnen.
- Man bekam es als Geschenk.
- Man hat es geerbt.
- Man hat es damals zu einem echten Schnäppchenpreis bekommen.
- Man hat noch nie darüber nachgedacht, dass man zwei (oder drei) davon hat.
- Es verspricht Spaß oder Abenteuer.
- Vielleicht könnte man noch etwas daraus machen.
- Man bekommt vielleicht noch mehr Geld dafür, wenn man einmal die Zeit findet, es bei eBay® zu verkaufen.

- Die Kinder könnten es eines Tages haben wollen.
- Irgendjemand könnte es brauchen.

Zu viel des Guten ist immer noch zu viel. Schauen Sie sich einmal kritisch Ihr eigenes Heim an. Denken Sie daran, wie es vom Hocker oder der Leiter aus betrachtet aussah! Wenn Ihre Wohnung voll von unnötigen Dingen ist, kann daraus niemals ein Haus werden, das sich von selbst aufräumt. Wie denn auch, wenn viel zu viel herumliegt, um überhaupt Platz zu finden?

Bevor Sie irgendetwas anderes in Angriff nehmen, schlagen Sie eine neue Seite in Ihrem Notizbuch auf und schreiben Sie auf, was Sie mit all den Dingen tun werden, die Sie sehr bald ausmisten werden. Dann tragen Sie die Informationen zusammen, die Sie brauchen, um das alles in Gang zu setzen. Wenn Sie die nicht mehr benötigten Sachen einer gemeinnützigen Organisation spenden oder einem Second-Hand-Laden verkaufen wollen, erkundigen Sie sich, ob die Sachen bei Ihnen zu Hause abgeholt werden und was Sie tun müssen, wenn Sie einen Termin dafür gemacht haben. Wenn die Sachen nicht abgeholt werden können, fragen Sie nach, ob es irgendwelche Regeln und bestimmte Anlieferungszeiten gibt. Fragen Sie auch, welche Dinge angenommen werden und welche nicht, und ob es bestimmte Richtlinien, vor allen Dingen hinsichtlich der Verpackung, gibt. Möglicherweise werden Sie schließlich verschiedenen Organisationen etwas spenden, insbesondere, wenn Sie gebrauchte Artikel haben, die manche Organisationen annehmen und andere nicht. Notieren Sie die Telefonnummern und andere Informationen in Ihrem Notizbuch, sodass Sie das ganze Zeug direkt aus dem Haus schaffen können, sobald Sie mit den Vorbereitungen fertig sind. Legen Sie sich auf eine Übergangslösung (und zwar eine *sehr* provisorische) fest, wo Sie die Sachen unterbringen werden, die Sie loswerden wollen. Wenn Sie Ihre alten Sachen selbst anliefern müssen, denken Sie einmal darüber nach, den Kofferraum Ihres Autos als provisorischen Speicher zu nutzen. Jedes Mal, wenn er voll ist, fahren Sie zum Second-Hand-Laden oder zur Kleiderkammer.

Wenn Sie Ihre Sachen auf dem Flohmarkt verkaufen wollen, räumen Sie dafür einen Platz frei, wo sie nicht stören, zum Beispiel in einem Schuppen oder hinten in der Garage, um die betreffenden Dinge dort zu sammeln. Nehmen Sie Pappkartons oder große Müllbeutel, um alles darin zu verstauen. Überlegen Sie sich, ob es Ihnen hilft, wenn Sie beim Aufräumen selbstklebende Etiketten an jedem Gegenstand anbringen, den Sie loswerden wollen. Wenn Sie allerdings den Eindruck haben, dass Sie dadurch langsamer vorwärts kommen, lassen Sie es sein. Wenn das Anbringen eines Etiketts es Ihnen auf der anderen Seite leichter macht, sich von einem Gegenstand zu trennen, sollten Sie das auf jeden Fall tun. Das Ziel besteht darin, alles zu tun, was Ihnen dabei hilft, den betreffenden Gegenstand für immer loszuwerden.

Planen Sie den Verkauf bereits, bevor Sie ausmisten. Setzen Sie sich auf jeden Fall zwei Grenzen: 1) ein Zeitlimit, innerhalb dessen Sie den Flohmarkt besuchen; danach werden Sie alle Sachen spenden, und 2) das Versprechen, dass Sie alles, was Sie an diesem Tag nicht verkaufen, einer wohltätigen Organisation spenden oder direkt auf den Müll werfen.

Wenn Sie beim Aufräumen Schwierigkeiten mit dem Loslassen haben, schauen Sie sich nach einer stärkeren Motivation um. Als ich bei mir entrümpelte, schenkte mir Gott einen ganz besonderen Anreiz: Gerade als ich die Küche in Angriff nahm und all die überzähligen Töpfe, Pfannen, Teller und Kleingeräte, die ich nur selten brauchte, hinauswerfen wollte, erfuhr ich durch meine Gemeinde von einer Frau mit geringem Einkommen, die endlich in eine eigene Wohnung ziehen wollte, nachdem sie jahrelang mit ihrer Tochter zusammengelebt hatte. Sie besaß überhaupt keine Küchenausrüstung und hatte auch nicht die Mittel, sich etwas zu besorgen. Also sorgte ich dafür, dass sie all meine überflüssigen Dinge bekam. Als ich meine Besitztümer durchging und die Unordnung beseitigte, fiel mir die Aufgabe viel leichter und lohnenswerter, weil ich wusste, dass es einen ganz bestimmten Menschen gab, der von jedem einzelnen Gegenstand, auf den ich verzichtete, profitieren würde. Das hat Spaß gemacht!

Wenn Sie mit dem Aufräumen anfangen und es Ihnen schwerfällt,

Dinge loszulassen, bitten Sie Gott, dass er Ihnen die Empfänger Ihrer Spenden noch deutlicher vor Augen stellt. Gibt es in Ihrer Stadt vielleicht ein Frauenhaus? Rufen Sie an und erkundigen Sie sich, ob die Bewohnerinnen Kleidung, Spielzeug oder Haushaltsartikel brauchen können. Sie könnten auch Kontakt mit dem Leiter einer örtlichen Suchtberatungs- oder Selbsthilfegruppe aufnehmen und nachfragen, ob einige ihrer Mitglieder gerade einen neuen Anfang wagen und das ein oder andere für ihren neuen Haushalt brauchen könnten. Wenn dann die Zeit gekommen ist, wissen Sie, dass Ihre Spenden bei Leuten ankommen, die sie wirklich brauchen, selbst wenn die betreffende Organisation sie an Ihrer Stelle weitergibt und Sie nicht die Möglichkeit haben, die Empfänger persönlich kennenzulernen.

Wenn Sie immer noch Schwierigkeiten haben, eine ausreichende Menge Ihrer Besitztümer loszulassen, setzen Sie das von mir sogenannte »Vielleicht«-System ein. Packen Sie alles, von dem Sie wissen, dass Sie es loswerden *sollten,* aber noch nicht dazu in der Lage sind, in Pappkartons, die Sie mit »Vielleicht« beschriften. Dann stapeln Sie diese Kartons irgendwo, wo Sie Ihnen nicht dauernd unter die Augen kommen, zum Beispiel auf dem Dachboden. Kreuzen Sie in Ihrem Kalender ein Datum in etwa sechs Monaten an (oder sogar in einem Jahr, falls Sie sich damit sicherer fühlen) und notieren Sie dazu: »Vielleicht-Kartons vom Dachboden holen«. Wenn der große Tag herangekommen ist, ist es an der Zeit, eine endgültige Entscheidung zu treffen. In der Zwischenzeit sollten Sie hoffentlich gemerkt haben, dass Sie den Inhalt der Kartons eigentlich nicht brauchen und dass ein Haus, das sich von selbst aufräumt, eine so wunderbare Sache ist, dass Sie nicht bereit sind, das alte Gerümpel wieder ins Haus zu holen. Wenn das der Fall ist, gucken Sie in die Kartons nicht einmal hinein. Bringen Sie sie einfach auf den Weg.

Wie Sie die Fotos verwenden

Es gibt drei Gründe, warum in Kapitel 3 auch vorgeschlagen wird, Fotos von der Unordnung in Ihrer Wohnung zu machen. Der erste und wichtigste ist der, den Sie bereits gesehen haben: Die Fotos zu machen und anzuschauen kann Ihnen helfen, die vor Ihnen liegenden Beweisstücke besser zu sehen und zu analysieren.

Der zweite Grund besteht darin, dass Sie damit Ihre Fortschritte dokumentieren können. Wie die »Vorher-Nachher-Fotos« bei einer Diät geben Sie Ihnen die Möglichkeit, zurückzuschauen und zu sehen, wie weit Sie bereits gekommen sind.

Als ich den HDSSA-Prozess ernsthaft in Angriff nahm, war mein Zuhause in einem wirklich schrecklichen Zustand. Bevor ich anfing, nahm ich tapfer meine Kamera zur Hand und begann die Fotos zu machen. Ich besitze sie immer noch, und gelegentlich schaue ich sie mir an, um mich daran zu erinnern, wo ich einmal stand und wo ich heute stehe. Seltsamerweise hüte ich diese Fotos wie einen Schatz, weil sie mir beweisen, dass das HDSSA-System wirklich funktioniert.

Heute bin ich erstaunt, dass ich selbst dann, wenn ich den Haushalt hin und wieder längere Zeit vernachlässigt habe (weil ich einen Abgabetermin für ein Manuskript einhalten muss, ausgedehnte Reisen unternommen habe oder schlicht und einfach zu viele Aufgaben anstehen), nur gründlich staubsaugen oder wischen muss, das Haus aber nicht mehr im Chaos versinkt. Nichts liegt auf dem Boden herum, die Küche ist in Ordnung. Dann fühle ich mich wie der erfolgreiche Konstrukteur eines feuersicheren Tresors oder ein Dammbauer nach dem Sturm. Der Tresor ist heil geblieben! Der Damm hielt stand! Das System funktioniert.

Wie Sie Überforderungen verhindern können

Der letzte Grund, warum ich Sie aufgefordert habe, Fotos von Ihrem Haus zu machen, ist der, dass ich Ihnen helfen wollte, das Ausmaß Ihres Problems mit den richtigen Augen zu sehen. Wenn Sie an das gesamte Haus denken und an die Entrümpelung, die Ihnen bevorsteht, kann die vor Ihnen liegende Aufgabe riesig wirken. Doch wenn Sie an die begrenzten Bereiche denken, so wie sie auf jedem Foto zu sehen sind, erscheint die Aufgabe nicht mehr ganz so furchterregend.

Vielleicht glauben Sie, weder Kraft noch Zeit zu haben, um ein ganzes Haus zu entrümpeln, aber den Bereich, den ein Foto zeigt, bekommen Sie doch in den Griff, oder?

Dieses Gefühl, überfordert und überwältigt zu werden, war Beatrices größtes Problem, was das Durcheinander bei ihr zu Hause betraf. Sie lebte allein in einem Haus, in dem sie auf 250 Quadratmetern ein Leben lang Dinge angesammelt hatte, die sie nun alle durchgehen und aussortieren musste. Allein der Gedanke, Zimmer für Zimmer nach ihren Besitztümern zu durchforsten, war so kräftezehrend, dass sie es gar nicht erst versuchte.

Manche Leute sehen den Wald vor lauter Bäumen nicht, doch die arme Beatrice sah die Bäume vor lauter Wald nicht. Fotos vom ganzen Haus aufzunehmen half ihr, sich auf die kleineren Bereiche zu konzentrieren, die sie in Angriff nehmen musste. Solange sie immer nur so viel in Angriff nahm, wie auf einem Foto zu sehen war, konnte sie weitermachen, ohne den Wunsch zu verspüren, aufzugeben. Zu guter Letzt hatte sie sich durch das ganze Haus gearbeitet. Sie bewahrte viel mehr auf, als ich es tun würde (Beatrice muss sich noch einmal mit ihrem Zwang beschäftigen, Dinge zu horten), doch sie schaffte es, fünf Minivan-Ladungen mit Kartons und Möbeln zum örtlichen Second-Hand-Laden zu fahren.

Wenn Ihnen die vor Ihnen liegende Aufgabe übermächtig erscheint, um sie überhaupt in Angriff zu nehmen, schlage ich vor, dass Sie diese Foto-Idee noch etwas weitertreiben. Kleben Sie Abzüge der Fotos in ein eigenes Album ein, und zwar in der Reihenfolge, in der Sie sich durch Ihre Wohnung arbeiten wollen. Benutzen Sie die Fotos als Leitfaden und konzentrieren Sie sich darauf, lediglich den im Bild gezeigten Bereich zu entrümpeln. Wenn Sie beim Fotografieren nichts vergessen haben, sollten Sie mit dem Ende des Fotoalbums auch den letzten Winkel Ihres Hauses erreicht haben. Dann können Sie sich zurücklehnen, um den Wald und die Bäume zu genießen ... vom Wohnzimmer ganz zu schweigen.

Meine peinlichste Messie-Geschichte

– Laufen wie auf Wolken –

Von Karla P.

Als ich zu Hause auszog, um das College zu besuchen, sank mein Engagement für Hausarbeit, ohnehin eher bescheiden, vollends auf Null. Ich teilte mir mit einer Freundin eine Zweizimmerwohnung, und obwohl wir die Bereiche, die wir gemeinsam nutzten, recht sauber hielten, versank mein eigenes Zimmer im Chaos. Überall lag etwas herum – und natürlich auch auf dem Boden.

Eines Abends veranstalteten wir eine Party, und ich hielt die Tür zu meinem Zimmer verschlossen. Wenn ich etwas aus meinem Zimmer brauchte, stahl ich mich hinein, kletterte über das herumliegende Zeug, holte mir, was ich brauchte, und kam wieder heraus, ohne irgendjemanden sehen zu lassen, was sich hinter dieser Tür verbarg. Tolle Strategie ... jedenfalls glaubte ich das.

Leider war mir entgangen, dass auf dem Boden neben vielem anderen auch eine neue Packung mit Binden lag, die sich geöffnet hatte, sodass der Inhalt herausgefallen war. Ich trat auf eine Binde, bei der sich der Schutz vom Klebestreifen gelöst hatte, sodass sie an meinem Schuh haften blieb.

Haben Sie schon einmal von Leuten gehört, die mit Toilettenpapier am Schuh einen Raum betreten? Und jetzt stellen Sie sich vor, mit einer Binde unterm Schuh auf eine Party zu kommen.

In meinem ganzen Leben war mir noch nie etwas so peinlich.

8. So verstehen Sie sich selbst, Ihr Gehirn und das Chaos!

Erforsche mich, Gott, und erkenne mein Herz,
prüfe mich und erkenne meine Gedanken.

Psalm 139,23

Bevor Sie damit beginnen, all diese Schritte in die Tat umzusetzen, ist es wichtig, einige grundlegende Erkenntnisse über sich selbst zu gewinnen, über die Art, wie Ihr Gehirn arbeitet, und über die Probleme, die es im Hinblick auf Putzen und Aufräumen verursacht. Nur wenn Sie die Gründe hinter Ihren Handlungen verstehen, können Sie sich Möglichkeiten einfallen lassen, diese Handlungen zu kompensieren und zu umgehen. Wenn Sie mit einem Menschen verheiratet sind, der von Natur aus ordentlicher ist als Sie, sprechen Sie mit ihm über die Charaktereigenschaften, die auf Sie zutreffen. Manchmal kann es den Schmerz lindern, einfach die Ursache eines bestimmten Verhaltens zu verstehen, und so den Weg zu Kooperation, Teamwork und einer dauerhaften Veränderung ebnen.

Lesen Sie die folgenden Aussagen über manche Eigenschaften durch, die vielen Menschen, die mit dem Haushalt zu kämpfen haben, gemeinsam sind.

♠ *Problem: Sie vergessen leicht, innezuhalten, nachzudenken und zu handeln, wenn es um Alltagsdinge geht.* Ihr Gehirn beschäftigt sich in der Regel mit Vorgängen außerhalb Ihres Körpers, und daher nehmen Sie viele Körperbewegungen nicht bewusst wahr. Zum Beispiel richten Sie beim Zähneputzen Ihr Wohnzimmer ein, planen eine Romanhandlung oder pflanzen einen Garten an – zumindest in Gedanken.

Weil Ihr Gehirn sich die meiste Zeit mit anderen Dingen beschäftigt, wird jede körperliche Handlung, die ebenfalls ein gewisses Maß an gedanklicher Arbeit verlangt (wie zum Beispiel eine herumliegende Socke aufzuheben, ein Handtuch auf dem Handtuchhalter zurechtzurücken oder ein Jackett ordentlich aufzuhängen, statt es einfach auf einen Stuhl zu pfeffern), nicht erledigt. Körperlich mögen Sie sich zu Hause aufhalten, doch ihr Gehirn ist woanders. Sie neigen dazu, jede Handlung, die Sie zwingt, Ihren Gedankengang zu unterbrechen, zu ignorieren. So sind Ihre Gehirnwindungen angelegt. Sind Sie deswegen ein Faulenzer? Überhaupt nicht. Unglücklicherweise wirken Sie auf Menschen, die anders angelegt sind, unordentlich und sogar rücksichtslos.

♦ *Lösung:* Wie können Sie dieses Handicap kompensieren? Drei Möglichkeiten gibt es:

1. Richten Sie Ihr Zuhause so ein, dass Ordnung ebenso wenig gedankliche Arbeit erfordert wie Unordnung. Zum Beispiel ersetzen Sie den Stuhl, auf den Sie gewöhnlich Ihre Jacke fallen lassen, einfach durch einen Kleiderständer.
2. Zwingen Sie sich, täglich fünf Minuten durch das ganze Haus zu gehen und sich auf das zu konzentrieren, was vor Ihnen liegt. Bei diesem Rundgang heben Sie die besagten Socken auf und streichen die Handtücher glatt. Stellen Sie einen Wecker, wenn notwendig. Auf diesem Rundgang sollen Sie keinen Großputz veranstalten, sondern nur kleinere Arbeiten verrichten und dabei aufpassen, dass Sie in Gedanken nicht abschweifen. So schwierig das zu Anfang zu sein scheint, kann daraus ein ziemlich schmerzfreier Prozess werden, wenn Sie den täglichen Rhythmus einhalten.
3. Benutzen Sie überall Etiketten, damit Sie nicht mehr darüber nachdenken müssen, wo etwas hinkommt. Meine Familie rollt zwar mit den Augen, weil ich überall, vom Schrankfach mit den Laken bis hin zu fast jedem Regal in meinem Büro, Etiketten angebracht habe. Aber sie haben auch nicht dieses »Aus den Augen, aus dem Sinn«-Problem und verstehen darum auch nicht, dass ich ohne Eti-

ketten eine Unmenge Zeit verliere, weil ich vor einem Schrank stehe, mich mit meinem Gehirn krampfhaft in das Hier und Jetzt zu versetzen suche, bewusst darauf achte, was ich gerade in der Hand halte und mich dann daran zu erinnern versuche, wo ich mich entschlossen hatte, den betreffenden Gegenstand hinzutun. Ohne Etiketten macht der Hausputz so viel Arbeit, dass ich ihn eher gar nicht erledige.

♠ *Problem: Wenn Sie etwas nicht sehen können, vergessen Sie es.* Weil das mit der Unordnung zusammenhängt, handelt es sich um ein viel größeres Problem, als die meisten Leute begreifen. Neigen Sie dazu, etwas zu vergessen, wenn Sie es nicht direkt vor Augen haben? Könnte das einer der Gründe sein, warum Ihr Haus so unordentlich ist? Weil Sie sich unbewusst im Klaren darüber sind, dass Sie einen bestimmten Gegenstand nie mehr wiederfinden oder sogar vergessen werden, dass Sie ihn besitzen, wenn Sie ihn erst einmal weggeräumt haben? Vielleicht haben Sie dieses Problem weniger mit Gegenständen als vielmehr mit Papieren und Dokumenten. Wenn sich auf Ihrem Schreibtisch die Papiere stapeln, wage ich zu behaupten, dass dieses Thema Sie betrifft. Lassen Sie irgendeinen Bogen Papier verschwinden (oder schlimmer noch, heften Sie ihn in einen Ordner ein), und Sie vergessen mit Sicherheit, dass er jemals existiert hat.
♦ *Lösung:* Wenn Sie so ein Mensch sind, müssen Sie sich das Ziel setzen, in Ihrem Haushalt ein System einzuführen, das nicht nur nützlich, sondern Ihnen auch immer vor Augen ist. Denken Sie gläsern: durchsichtige Ablagen, durchsichtige Tonnen, durchsichtige Boxen.

Es machte einen riesigen Unterschied, nachdem ich mich entschieden hatte, nur noch durchsichtige Ablagesysteme zu benutzen. Ein Tipp zum Geldsparen: Kaufen Sie durchsichtige Aufbewahrungsbehälter nach Weihnachten. Im restlichen Verlauf des Jahres kosten durchsichtige Behälter meist mehr als undurchsichtige, doch die Boxen mit durchsichtigem Boden und roten oder grünen Deckel (zum Aufbewahren von Weihnachtsschmuck) kann man im Ausverkauf zu einem sehr vernünftigen Preis erstehen.

Sie müssen außerdem im ganzen Haus so viele Erinnerungshilfen wie möglich platzieren, wie zum Beispiel Pinnwände, große Schilder, Etiketten und kleine Zettel. Achten Sie darauf, dass sie sich gut in das restliche Dekor Ihres Hauses einfügen, damit Sie sie leicht verbergen können, wenn Sie aufräumen wollen.

Schließlich könnten sie auf normale Aktenordner fast völlig verzichten und eine andere Ablagemöglichkeit finden. Es ist nicht leicht, ein aktenordnerfreies Leben zu führen, doch Sie können diese Idee sogar auf die Spitze treiben und stattdessen Boxen und Schubladen verwenden.

♠ *Problem: Wenn Sie organisieren, neigen Sie dazu, es zu übertreiben, indem Sie zu viele Unterkategorien einführen.* Selbst wenn Sie ein gutes, einfaches Ablagesystem einführen, das sich jemand anderes ausgedacht hat, stehen Sie vielleicht verwirrt da, wenn Sie es tatsächlich nutzen wollen, weil Sie sich fragen, in welche Unterkategorie das betreffende Schriftstück am besten passt. Und selbst wenn Sie einen passenden Ort dafür finden, können Sie sich später nicht daran erinnern, für welche Kategorie Sie sich entschieden haben, und müssen deshalb alle in Frage kommenden Ordner durchforsten, um das fehlende Dokument zu finden.

Wenn Sie nicht wissen, ob die Quittung für die Klimaanlage unter den Quittungen für größere Anschaffungen zu finden ist (sie *kostete* schließlich 250 Euro), unter den Quittungen für die Steuer (ich *benutze* sie in meinem Heimbüro) oder für Geräte (ist eine Klimaanlage technisch gesehen ein Gerät?), dann betrifft Sie dieses Thema.

♦ *Lösung:* Um dieses Problem in den Griff zu bekommen, denken Sie daran, dass eine gröbere Gliederung in diesem Fall besser ist. Benutzen Sie lieber Boxen oder Ablagen aus Plastik statt Ordner, und denken Sie sich allgemeinere und umfassendere Unterkategorien aus (zum Beispiel könnte die Quittung für die Klimaanlage in einer Box mit der Bezeichnung »Papiere, die mit Dingen zu tun haben, die mir gehören« landen). Dieses System wirkt auf andere Leute vielleicht nicht sehr effizient, für Sie aber könnte es die Antwort auf Ihr lebenslanges Problem sein, alles allzu sehr zu analysieren.

Wenn Sie ein neues System einführen, vom Gewürzregal bis hin zu Ihrer CD-Sammlung, überlegen Sie sich erst einmal, ob Sie es nicht schon wieder übertreiben, wenn Sie dazu neigen, alles zu sehr zu analysieren. Dann fragen Sie jemand anderes! Seine oder ihre Reaktion wird Ihnen helfen einzuschätzen, ob Sie es mit dem Organisieren nicht übertreiben und damit mehr Probleme schaffen, als Sie lösen.

♠ *Problem: Wenn Sie sauber machen, verlieren Sie sich so sehr darin, dass Sie Ihre Aufgabe nicht beenden können, weil Sie so viel Zeit verloren haben.* Es ist ein eigenartiges Phänomen, dass die meisten Menschen, die sich in puncto Haushalt für minderbegabt halten, sich in die entgegengesetzte Richtung bewegen, wenn sie erst einmal in Schwung gekommen sind. Ohne es zu merken, sortieren sie ihre CD-Sammlung alphabetisch oder rutschen auf Knien und Händen herum, um mit einer Rasierklinge einen Fleck von der Rückseite der Küchentür abzukratzen.

Das stellt ein weiteres großes Problem für mich dar. Ich weiß nicht, wie oft ich mich darangemacht habe, das ganze Haus von oben bis unten gründlich zu putzen, und es nie über das zweite Zimmer hinaus geschafft habe. Wenn Sie Schwierigkeiten haben, die Zeit richtig einzuschätzen – und zwar zu schätzen, wie lange Sie für eine Aufgabe brauchen werden, aber außerdem auch nicht zu merken, wie die Zeit vergeht, wenn Sie sie tatsächlich erledigen –, verschlimmert das das Problem nur noch.

♦ *Lösung:* Ich habe drei Vorschläge für Sie:

1. Schauen Sie immer auf das »große Ganze«. Machen Sie zunächst eine schnelle Inventur in einem Zimmer und zwingen Sie sich, mit den wichtigsten Bereichen anzufangen. Wenn zum Beispiel in der Küche schmutziges Geschirr in der Spüle liegt und der Tisch mit Zeitungen übersät ist, fangen Sie nicht damit an, die Fenster zu putzen.

2. Benutzen Sie beim Putzen einen Wecker. Teilen Sie die Minuten, die Sie mit Putzen verbringen müssen, durch die Anzahl der Bereiche, die Sie putzen wollen. Das Ergebnis gibt an, auf wie viele Minuten Sie den Wecker für jedes Zimmer einstellen müssen. Wenn er klingelt, gehen Sie zum nächsten Zimmer, egal ob Sie schon fertig sind oder nicht. Stellen Sie den Wecker erneut auf die errechneten Minuten. So lange Sie sich nach ihm richten, sorgt diese Technik dafür, dass Sie sich durch das ganze Haus arbeiten.

3. Putzen Sie zusammen mit anderen. Vereinbaren Sie mit einer Freundin, dass Sie ihr am Dienstag zwei Stunden helfen und sie Sie dafür am Donnerstag zwei Stunden unterstützt. Oder versuchen Sie es einmal mit der von mir sogenannten »Zimmer-für-Zimmer«-Methode, die in Teil 3 dieses Buches im Kapitel »Wie Sie ein Haus putzen, das sich von selbst aufräumt« beschrieben wird. Wenn ich diese Putzmethode anwende, weiß ich, dass ich bei der Stange bleiben muss, weil zwei Leute darauf warten, dass ich fertig werde, damit sie weitermachen können.

♠ *Problem: Sie sind ein Perfektionist oder ein »Alles-oder-nichts«-Typ.* Sie putzen nur, wenn Sie alles richtig und/oder vollständig machen können. Das Problem ist nur, dass das Leben Ihnen oft nicht den Luxus zugesteht, so viel Zeit am Stück zu haben, ohne unterbrochen zu werden.

Meine Mutter erzählt oft eine Geschichte, als sie jung verheiratet war und unbedingt das begehrte Zertifikat für »Gute Haushaltsführung« gewinnen wollte, das einmal im Jahr von der Verwaltung des Wohnungsblocks verliehen wurde, wo sie und mein Vater damals wohnten. Eines Tages traf der Preisrichter ein, um ihre Wohnung zu inspizieren. Sie war makellos sauber, alles lag am rechten Platz. Der Preisrichter war beeindruckt, und es sah so aus, als würde meine Mutter das Zertifikat bekommen ... bis er die obere Platte des Gasherdes an einer Ecke lüpfte und man eine fettige Masse darunter sehen konnte. (Meine Mutter hatte vorher noch nie mit einem Gasherd gearbeitet, und weil die Scharniere nicht zu sehen waren, wusste sie nicht, dass man diese Platte anheben konnte und sich der Dreck darunter absetzte.) Trotz harter Arbeit hatte sie sich nicht für das Zertifikat qualifiziert.

Die perfektionistische Ader hatte meiner Mutter nicht zum perfekten Heim verholfen, obwohl sie ihr Bestes gegeben hatte. Sie wusste einfach nicht alles ... und wer weiß das schon?

Wenn ich an diese Geschichte denke, bin ich froh, dass wir nicht mehr in den 1950er-Jahren leben. Ich kann mir einfach nicht vorstellen, dass jemand in meine Wohnung kommt und meine Bemühungen kritisch beurteilt. Selbst im bestmöglichen Zustand würde mein Haus keinen Preis gewinnen. Ich muss selbst gegen meine Neigung zum Perfektionismus ankämpfen und habe einen Großteil der letzten Jahre damit verbracht, den Maßstab dessen, was Sauberkeit für mich bedeutet, herabzusetzen, was in der seltsamen Mathematik des Perfektionismus auf ein sehr viel saubereres Haus hinausläuft.

Sind Ihre Maßstäbe so verdreht, dass Sie ein täglich durchschnittlich sauberes Haus gegen gelegentliche perfekte Ordnung und Sauberkeit eintauschen würden? Dieser »Alles-oder-nichts«-Ansatz funktioniert einfach nicht in der Realität des Alltagslebens. Wie man kein Gewicht verlieren kann, wenn man sechs Tage wie ein König isst und am siebten Tag fastet, kann man die Unordnung auch nicht besiegen, wenn man sechs Tage überhaupt nicht putzt und sich dann am siebten damit verrückt macht, das ganze Haus von oben bis unten gründlich sauber zu machen.

♦ *Lösung:* Um dieses Problem zu bekämpfen, muss man einsehen, dass es sich wirklich um ein Problem und nicht nur um eine persönliche Marotte handelt. Perfektionisten und »Alles-oder-nichts«-Typen können sich selbst vollkommen lähmen, wenn sie völlige Untätigkeit einer unvollkommen oder unvollständig gelösten Aufgabe vorziehen. Folglich entgeht ihnen eine ganze Menge im Leben, weil sie es vermeiden, Menschen zu sich nach Hause einzuladen, wenn dort nicht alles makellos sauber ist. Wenn diese Beschreibung auf Sie zutrifft, habe ich keine Tipps für Sie, wie Sie diesen Mangel mit irgendwelchen Tricks ausgleichen können. Sie müssen ihm geradewegs begegnen, indem Sie einfach nicht zulassen, dass diese Neigung Ihr Putzverhalten irgendwie beeinflusst.

Als ich das zum ersten Mal begriff, hatte ich mein Haus noch nicht zu einem Haus umgestaltet, das sich von selbst aufräumt, sodass es nicht jederzeit in einem gleich sauberen Zustand war. An manchen

Tagen funkelte es und war makellos sauber, an anderen Tagen dreckig und unordentlich und manchmal auch irgendwo dazwischen. Als ich einsah, dass meine perfektionistischen Neigungen zu diesem Problem beitrugen, entschloss ich mich, das zu ändern. Diese Veränderung begann damit, *meine niedrigsten Maßstäbe hochzusetzen und meine höchsten Maßstäbe etwas zu lockern*, in der Hoffnung, dass sie sich nun öfter in der Mitte treffen würden. Ich entschloss mich auch, mich nicht mehr damit verrückt zu machen, das Haus perfekt zu putzen, wenn ich Besuch erwartete. Das fand ich schwierig, besonders zu Anfang, doch ich zwang mich, regelmäßig Leute einzuladen, ob das Haus nun makellos sauber war oder nicht. Ein Haus, das sich von selbst putzt und aufräumt, ist eins, das *sauber genug* ist. Wenn Sie auch Schwierigkeiten mit dem Putzen und Aufräumen haben, ist es ein sicherer Weg ins Chaos, wenn Sie sich noch höhere Ziele als »sauber genug« stecken.

Ich ließ mir einen Spruch einfallen, der mir helfen sollte, meinen Perfektionismus zu besiegen: »Meine Gäste sind nicht hier, um ein sauberes Haus zu sehen, sie sind hier, um uns zu sehen.« Das sagte ich mir, wenn Freunde auf einen Kaffee hereinschneiten und die Frühstücksteller noch nicht im Geschirrspüler verschwunden waren. Das sagte ich mir, wenn mich mein Vater besuchte und wir einige Kartons aus dem Gästezimmer verschwinden lassen mussten, damit er einen Platz zum Schlafen hatte. Doch während ich gegen diese Tendenzen ankämpfte, begann ich ganz allmählich eine erstaunliche Veränderung wahrzunehmen. Nachdem das Haus zu dieser oder jener Gelegenheit nicht mehr perfekt aussehen musste, war es immer öfter in einem annehmbaren Zustand. Die saubersten Tage waren nicht mehr ganz so sauber, aber die unordentlichen auch nicht mehr ganz so unordentlich.

Der Tag, an dem ich wusste, dass ich meinen Perfektionismus im Wesentlichen besiegt hatte, war der, als ich eine Überraschungsparty für meine Töchter gab. Ich forderte alle Gäste auf, sich im Esszimmer zu verstecken, obwohl ich vor der Party keine Zeit mehr gefunden hatte, einige Papierstapel wegzuräumen oder den Teppichboden zu saugen. (Nachdem wir unseren Töchtern die Überraschungsgäste präsentiert hatten, sollte die Party auf der Terrasse weitergehen, die wir vorher vorbereitet hatten und die darum sauber und festlich geschmückt war.) Obwohl sich fünfzehn Leute im nicht ganz perfekt geputzten Esszimmer drängten, begriff ich, dass sie wirklich nicht gekommen waren, um ein sauberes Haus zu sehen. Sie waren um unseretwillen hier, um mit meiner älteren Tochter zu feiern, die gerade die achte Klasse hinter sich gebracht hatte, und um mit meiner jüngeren Tochter zu feiern, die sich in der vorhergehenden Woche hatte taufen lassen. Als ich auf dem Teppich hockte, in dem sich immer noch einige Krümel fanden, meinen Mann hörte, der die völlig ahnungslosen Kinder ins Haus bat, den Atem anhielt in der letzten Sekunde, bevor wir alle »Überraschung« brüllten, da merkte ich, wie weit ich schon gekommen war. Wie mein Haus aussah, war nicht mehr wichtiger als die Menschen, die darin zusammenkamen.

Das sollte das Ziel jedes Perfektionisten sein: es nicht mehr nötig haben, perfekt zu sein. Bitten Sie Gott, dass er eine solche Veränderung in Ihnen bewirkt.

♠ *Problem: Aufgrund von früheren Problemen und Versagen haben Sie eine Abneigung gegen konventionelle Organisationshilfen und -methoden entwickelt, wie zum Beispiel Papiere in einem Aktenordner abzuheften.* Wenn Sie ein Leben lang Schuldgefühle haben oder sich dumm vorkommen, weil diese konventionellen Organisationshilfen und -methoden bei Ihnen nicht funktionieren, sollten Sie jetzt damit aufhören, sich deswegen Vorwürfe zu machen.

♦ *Lösung:* Sagen Sie diesen Konventionen Lebewohl und greifen Sie zu Methoden, die bei Ihnen funktionieren. Geben Sie sich selbst die Chance, neue Lösungen auszuprobieren. Querdenken ist angesagt. Zum Beispiel weiß ich selbst nicht, warum ich es nicht mag, Papiere von vorne in eine Ablagebox zu schieben, es mir aber Spaß macht, sie in einen oben offenen Behälter fallen zu lassen. Ich habe es aufgegeben, nach dem »Warum« zu fragen, und mich stattdessen entschlossen, mich auf das »Was« zu konzentrieren: Was für mich funktioniert, wenn ich das Haus sauber halten, alles organisieren und mich durch die Stunden leiten lassen möchte, die mir pro Tag zur Verfügung stehen.

Vergessen Sie Formulierungen wie »ich sollte eigentlich«. Wer sagt, dass man eine bestimmte Aufgabe auf diese oder jene Weise lösen sollte? Machen Sie es so, dass Ihre Lösung bei Ihnen funktioniert. Geben Sie nicht auf, bis Sie Ihren eigenen Weg gefunden haben, der funktioniert.

♠ *Problem: Weil konventionelle Methoden bei Ihnen versagt haben, machen Sie sich fieberhaft auf die Suche nach unkonventionellen oder komplizierten Organisationshilfen in der Hoffnung, dass sie schließlich all Ihre Probleme lösen werden.* Manche unkonventionellen Hilfsmittel können sehr hilfreich sein, doch viele solcher Organisationshilfen stehlen Ihnen Ihre Zeit und verschlimmern das Chaos nur noch.

Wenn konventionelle *und* unkonventionelle Methoden versagen, sollten Sie nicht hektisch versuchen, noch weitere Organisationshilfen ausfindig zu machen, sondern sich das zunutze machen, was Sie über sich selbst und Ihre Probleme gelernt haben. Dann können Sie mit einer besseren, einfacheren Möglichkeit aufwarten, solche Fragen anzugehen.

Terri glaubte, sie habe endlich das perfekte Organisationswerkzeug gefunden, um Rabattgutscheine zu sortieren und zu benutzen. Sie brachte in der Waschküche eine Pinnwand an, die sie senkrecht nach Kategorien und waagerecht nach Ablaufdatum einteilte. Etwa einen Monat lang heftete sie sorgfältig jeden Coupon in das richtige Quadrat auf der Pinnwand und freute sich, dass sie endlich in der Lage war, die großartigen Schnäppchen zu nutzen, die ihr diese Gutscheine versprachen.

Das Problem war nur, dass Terri meistens vergaß, die richtigen Gutscheine mitzunehmen, wenn sie zum Einkaufen ging. Und selbst wenn sie daran dachte, war sie vor der Kasse vom Auspacken des Einkaufswagens, Wiedereinpacken und Bezahlen so abgelenkt, dass sie vergaß, die Coupons aus dem Portemonnaie zu nehmen und einzulösen. Ihre Begeisterung ließ schnell nach, und zu Hause gab sie sich nicht mehr so viel Mühe, die Coupons zu sortieren. Schließlich hatte sie eine zur Hälfte gefüllte Pinnwand und vier Schachteln mit Coupons, die sie noch sortieren musste und höchstwahrscheinlich niemals benutzen würde. Terri war frustriert.

♦ *Lösung:* Ich sagte ihr, sie solle darüber nachdenken, was sie aus dem Versagen ihres Systems gelernt hatte, statt sich selbst Vorwürfe zu machen. Ihre Schlussfolgerung: Sie gab das Sammeln von Rabattgutscheinen überhaupt auf. Für Menschen, auf die das Motto »Aus den Augen, aus dem Sinn« zutrifft, verursachen diese Rabattcoupons mehr Probleme, als sie wert sind. Sie warf alle mitsamt der Pinnwand hinaus und ließ nie wieder Schuldgefühle zu, weil sie sich alle diese Sparmöglichkeiten entgehen ließ. Stattdessen konzentrierte sie sich auf andere Möglichkeiten zur Kostensenkung, wie zum Beispiel bei einem Billiganbieter zu kaufen oder ihr Gemüse bei einem Bauern am Ort zu besorgen.

Wenn konventionelle *und* unkonventionelle Methoden versagen, sollten Sie nicht hektisch versuchen, noch weitere Organisationshilfen ausfindig zu machen, sondern sich das zunutze machen, was Sie über sich selbst und Ihre Probleme gelernt haben. Dann können Sie mit einer besseren, einfacheren Möglichkeit aufwarten, solche Fragen anzugehen. Es geht nicht um die Werkzeuge und Hilfsmittel, sondern um Ihr Verhalten und Ihr Gehirn. Es geht darum herauszufinden, was Sie tun können, damit sich Putzen und Haushaltsorganisation nicht mehr so anfühlen, als würden Sie mit voller Kraft gegen den Strom schwimmen, sondern so, als würden sie lässig in einem Kanu den Fluss stromabwärts paddeln.

Vergessen Sie Sätze wie: »Ich sollte Gutscheine ausschneiden und einlösen.« Wer sagt das? Lassen Sie es sein, wenn es bei Ihnen nicht funktioniert.

♠ *Problem: Wenn Sie sich entschließen, etwas zu verändern, gehen Sie zu weit, handeln zu schnell, zu enthusiastisch ... und sind ausgebrannt, bevor Sie alle Pläne in die Tat umgesetzt haben.* Im Laufe der Jahre haben die Leute, die mich am besten kennengelernt haben, gelernt, nicht allzu viel auf meinen Enthusiasmus zu geben, weil sie wissen, dass der größte Teil verpufft, bevor ich eine wirkliche Veränderung erreicht oder mein Projekt fertiggestellt habe. Gilt das für Sie auch?

Das ist nicht nur eine Frage der Persönlichkeit. Im Grunde ist es eine geistliche Frage. Wenn wir einen mit Rosen übersäten Pfad mit Volldampf bergab laufen, sind wir Gott voraus – wir greifen seiner Zeitplanung vor, und er bleibt mit seinem Segen zurück. In Psalm 25,4-5 lesen wir: »Herr, zeige mir die Wege, die ich gehen soll, und weise mir die Pfade, denen ich folgen soll. Führe mich und lehre mich, nach deiner Wahrheit zu leben, denn du bist der Gott, der mich rettet. Auf dich hoffe ich zu jeder Zeit.« In unserer Hektik lassen wir ihm keinen Raum, damit er uns führen oder uns etwas lehren kann. Wir setzen unsere Hoffnung nicht auf Gott, sondern auf unsere eigenen Ideen und unsere eigene Begeisterung. Psalm 46,11 sagt: »Seid stille und erkennt, dass ich Gott bin« (LUT). Wir schwer fällt es manchen von uns, still zu sein. Doch das ist genau der Charakterzug, den Gott in uns entwickeln will.

♦ *Lösung:* Widerstehen Sie dem Drang, jedes Mal vorschnell loszulaufen, wenn Sie glauben, eine ganz neue und bessere Möglichkeit gefunden zu haben, das Chaos zu besiegen. Wenn Ihr Vorhaben Gottes Willen entspricht, wird er das Ihnen zu seiner Zeit zeigen. Fassen Sie den Entschluss, keine Veränderungen und Aufräumaktionen in Angriff zu nehmen – nicht einmal die in diesem Buch beschriebenen –, ohne sich zunächst über das volle Ausmaß der vor Ihnen liegenden Aufgabe im Klaren zu sein. Ob Sie sich nun für das HDSSA-System oder etwas völlig anderes entscheiden: Sie sollten sich festlegen und es bis zum Ende durchhalten.

Jesaja 40,29 erinnert uns daran, dass Gott »den Erschöpften neue Kraft [gibt]; er gibt den Kraftlosen reichlich Stärke.« Statt wie früher aufzugeben, wenn Sie sich erschöpft fühlen, nehmen Sie dieses Mal seine Verheißung (Jesaja 40,31) in Anspruch, dass »die, die auf den Herrn warten, neue Kraft [gewinnen]. Sie schwingen sich nach oben wie die Adler. Sie laufen schnell, ohne zu ermüden. Sie gehen und werden nicht matt.« Wenn Sie frustriert oder müde sind, entspannen Sie sich, legen Sie ein langsameres Tempo ein oder machen Sie eine

Pause, indem Sie sich zunächst eine kleinere Aufgabe vornehmen, die Sie schneller bewältigen können. Dann wenden Sie sich wieder Ihrem ursprünglichen Vorhaben zu.

Ja, es könnte länger dauern, als Ihnen lieb ist, wenn Sie Ihre Wohnung von Dingen befreien wollen, die sich ein Leben lang dort angesammelt haben. Ja, es kann langwierig und frustrierend sein, Ihr Zuhause in ein Haus zu verwandeln, das sich von selbst aufräumt. Ja, Sie könnten dabei müde werden. Aber Ihre Müdigkeit darf nicht als Entschuldigung herhalten, diesen zerbrochenen Teil Ihres Lebens nicht in Ordnung zu bringen. Wenn Sie am Ende Ihrer Kraft sind, werfen Sie sich mit all Ihrer Müdigkeit und Ihrer verpufften Begeisterung in die Arme dessen, der Sie zu einem neuen Menschen machen möchte. Seien Sie still. Hören Sie auf ihn. Beten Sie ihn an. Ehren Sie ihn.

Dann machen Sie sich wieder an die Arbeit. Und dessen dürfen Sie gewiss sein: Adlerflügel sind die besten Haushaltshilfen, die Sie jemals finden werden.

Meine peinlichste Messie-Geschichte

– Mausefallen –

Von Jessie R.

Wenn man wie wir in einem Bauernhaus lebt, hat man Mäuse. Jede Menge. Obwohl unsere Katze eine hervorragende Mäusefängerin ist, entgeht ihr doch hier und da eine. Eine dieser Mäuse hatte sich entschlossen, es sich in unserem Backofen häuslich einzurichten. Ich entschloss mich, eine neue Klebstofffalle auszuprobieren. Weil ich vermutete, dass die Maus noch einige Freunde eingeladen hatte, kaufte ich eine für Ratten dimensionierte Falle. Schon beim ersten Versuch fing ich einige Mäuse. Vom Erfolg schwindlig geworden, stellte ich eine zweite im Ofen auf.

Leider dachte ich nicht mehr daran, als ich den Ofen einige Zeit später vorheizte. Der Klebstoff kochte über, der Plastikbehälter schmolz, das Haus füllte sich mit Rauch, und der Feuermelder wollte gar nicht mehr aufhören, Alarm zu schlagen. Wir mussten alle Türen und Fenster öffnen und statt Abendessen im Haus ein Picknick im Freien veranstalten. Als der Backofen abgekühlt war, musste ich den Klebstoff mit einem Spachtel abkratzen.

Wenigstens war die Falle leer gewesen. Es schaudert mich daran zu denken, wie es gewesen wäre, den Dreck mitsamt einem Mäusebraten zu entfernen.

9. Schätzen Sie sich selbst ein, verpflichten Sie sich und planen Sie eine Party!

Das Ende einer Sache ist besser als ihr Anfang.
Geduld ist besser als Selbstherrlichkeit.

PREDIGER 7,8

Wie schlimm steht es wirklich um Ihr Zuhause? Ich frage das, weil es nun an der Zeit ist, die Karten auf den Tisch zu legen. Schätzen Sie einmal mit offenen Augen ein, wie unordentlich es ist, wie viele Ihrer Systeme nicht funktionieren und wie schnell Ihr Haus wieder im Chaos versinkt, nachdem Sie es geputzt haben. Es gibt ein weites Spektrum zwischen einer Wohnung, die nur hier und da etwas unaufgeräumt ist, sodass kaum Hilfe nötig ist, und einer, die von oben bis unten einem Katastrophengebiet gleicht. Das Problem ist, dass Menschen, die ihren Haushalt nicht in den Griff bekommen, oft auch zu wenig Zeit haben. Weil sie nicht in der Lage sind, die Zeit richtig einzuschätzen, die sie für die meisten Aufgaben benötigen, stürzen sie sich hinein und arbeiten hart, verlieren dann aber die Hoffnung, wenn sie das Ausmaß der damit zusammenhängenden Folgen begreifen. Um zu verhindern, dass dies auch dieses Mal geschieht, ist es wichtig, die Zeit zu berechnen, die Sie benötigen, um aus Ihrem Zuhause ein Haus zu machen, das sich von selbst aufräumt.

Zunächst wollen wir einen schnellen Überblick gewinnen. Kreisen Sie auf einer Skala von eins bis zehn (wobei eins für den schlechtesten und zehn für den höchsten Wert steht) die Zahl ein, die Ihrer Meinung nach am nächsten an die Wahrheit herankommt.

1. Schätzen Sie Ihre Fähigkeiten beim Putzen und Aufräumen ein, die Sie von Natur aus mitbringen.

1 2 3 4 5 6 7 8 9 10

Um sich richtig einzuschätzen, denken Sie über die folgenden Fragen nach:

- Waren Sie als Kind ordentlich oder unordentlich?
- Bemerken Sie Unordnung oder sehen Sie darüber hinweg?
- Was passiert mit Ihrem Wohnumfeld, wenn Sie viel zu tun haben oder nicht richtig darauf achten? Bleibt es sauber, versinkt es im Chaos oder verändert es sich nicht?
- Welche Gefühle verbinden Sie mit dem Hausputz? Sind sie positiv, negativ oder neutral?
- Hat Ihnen jemals jemand gesagt, dass Ihre Art, den Haushalt zu organisieren, unlogisch ist?
- Machen Sie sich das Putzen und Aufräumen selbst schwieriger durch die Art, wie Sie Ihre Zeit oder Ihr Hab und Gut organisieren?
- War Ihnen der Zustand Ihres Autos, außen oder innen, jemals peinlich?
- Fragen Sie sich, warum andere Leute ihre Aufgaben mit links erledigen, während Sie sich damit abkämpfen?

2. Wie viel wissen Sie über Haushaltsführung?

1 2 3 4 5 6 7 8 9 10

Um sich richtig einzuschätzen, denken Sie über die folgenden Fragen nach:

- Wie oft war Ihr Zuhause sauber und ordentlich, als Sie noch ein Kind waren?
- Hat man Ihnen beigebracht, wie man putzt und aufräumt?
- Hat man Ihnen durch Vorbilder gezeigt, wie ein sauberes, aufgeräumtes Haus aussieht?
- Wissen Sie, wie oft die unterschiedlichen Reinigungsarbeiten durchgeführt werden sollten?
- Wissen Sie, welche Arbeiten im Haus nur ein- oder zweimal im Jahr durchgeführt werden müssen?

3. *Wie sauber und aufgeräumt sieht es bei Ihnen die meiste Zeit zu Hause aus?*

1 2 3 4 5 6 7 8 9 10

Um sich richtig einzuschätzen, denken Sie über die folgenden Fragen nach:

- Wie sauber und aufgeräumt sieht es im Augenblick bei Ihnen zu Hause aus?
- Wenn jetzt unerwarteter Besuch einträfe, wie würden Sie sich fühlen, was die Sauberkeit und Ordnung betrifft?
- Wenn Sie in letzter Minute erführen, dass jemand vorbeikommen wollte, wie viele Zimmer würden Sie ihn sehen lassen?
- Haben Sie die Kunst des Wegräumens in letzter Sekunde vervollkommnet – schmutziges Geschirr in den Backofen, Spielzeug in den Trockner und alles andere hinter das Sofa?
- Welche Zahl würden Ihr Ehepartner und Ihre Kinder auf dieser Skala ankreuzen? Ist Ihr Zuhause für alle Menschen außer Ihnen, die hier leben, zufriedenstellend sauber?
- An wie vielen Tagen jedes Monats (oder Stunden jedes Tages) würden Sie sagen, dass Sie die Kontrolle über den Haushalt verloren haben und dringend aufgeräumt und geputzt werden muss?

Addieren Sie nun diese drei Zahlen. Der höchstmögliche Wert ist 30.

Ihre Punktzahl: ______

Auswertung

21 oder mehr Punkte:
Sie lesen dieses Buch vielleicht nur, um einige neue Tipps zu erfahren oder einer nicht ganz so befähigten Freundin oder einem Verwandten zu helfen. Wenn Sie die Höchstzahl von 30 Punkten erreicht haben, müssen Sie Ihre Maßstäbe vielleicht überdenken – oder zumindest selbst einen Reinigungsservice eröffnen und Ihre erstaunlichen Fähigkeiten im Umgang mit Dreck und Unordnung zu klingender Münze machen.

11 bis 20 Punkte:
Sie sind in guter Gesellschaft; die meisten Menschen erreichen eine Punktzahl in diesem Bereich. Sie bringen von Natur aus manche Fähigkeiten und manches Wissen mit. Bei Ihnen zu Hause ist es zumindest manchmal zufriedenstellend sauber. Beim Durcharbeiten dieses Buches sollten Sie offen dafür sein, darüber nachzudenken, wie Sie es sogar noch besser machen könnten.

10 oder weniger Punkte:
Wahrscheinlich schlagen Sie sich schon Ihr ganzes Leben mit Unordnung, Schuldgefühlen und einem geringen Selbstwertgefühl herum, was Ihre Fähigkeiten im Putzen und Aufräumen betrifft. Ich weiß aus erster Hand, wie sehr einen ein Messie-Haus herunterziehen kann. Geben Sie nicht die Hoffnung auf und geben Sie nicht sich selbst auf! Das Haus, das sich von selbst aufräumt, wird sich für Sie als enorm hilfreich erweisen!

Schätzen Sie den Zeitbedarf ab!

Auf der Grundlage der von Ihnen errechneten Punktzahl folgt nun eine grobe Einschätzung des Zeitrahmens, in dem Sie Ihren Haushalt dauerhaft umstellen können:

21 oder mehr:
Ihr Haus in ein Haus zu verwandeln, das sich von selbst aufräumt, könnte eine Woche bis einen Monat dauern.

11 bis 20:
Ihr Haus in ein Haus zu verwandeln, das sich von selbst aufräumt, kann einige Wochen bis einige Monate dauern.

10 oder weniger:
Ihr Haus in ein Haus zu verwandeln, das sich von selbst aufräumt, kann sechs Monate oder länger dauern. Aber nicht verzweifeln! Ihr

Haus ist nicht über Nacht zu dem geworden, was es ist, und Sie können es ebenso wenig auf die Schnelle wieder in Ordnung bringen. Seien Sie einfach sorgfältig und fleißig, und schließlich wird sich Ihre Mühe zehnfach auszahlen.

Denken Sie daran, dass es sich nur um Schätzungen handelt. Wenn Sie Ihr Zuhause in ein Haus verwandeln, das sich von selbst aufräumt, kann das mehr oder weniger Zeit in Anspruch nehmen. Ich habe diese Schätzwerte angeführt, weil ich möchte, dass Sie ganz und gar verstehen, worauf Sie sich einlassen, wenn Sie mit diesem Prozess beginnen. Bei diesem System handelt es sich nicht um eine schnelle Lösung. Im Gegensatz zu anderen Plänen, die Sie vielleicht schon ausprobiert haben, wird dies allerdings Ihre Probleme *endgültig* lösen.

Verpflichten Sie sich!

Wenn Sie verstanden haben, wie viel Zeit dieser Prozess in Anspruch nehmen könnte – sind Sie bereit, sich den anstehenden Aufgaben zu verpflichten? Ihr Haus in ein Haus zu verwandeln, das sich von selbst aufräumt, könnte Ihr Chaos zu Beginn sogar noch schlimmer aussehen lassen, aber warten Sie nur ab. Sie brauchen Hingabe und Begeisterung. Ich möchte Sie ermutigen, sich auf diese Aufgabe einzulassen. Sie werden es nicht bereuen!

Planen Sie eine Party!

Wenn Sie einen zusätzlichen Motivationsschub benötigen, um bei der Stange zu bleiben, könnten sie eine Party oder ein anderes Fest planen. Nehmen Sie Ihren Kalender heraus, planen Sie nach Abschluss der »geschätzten Umbauzeit« noch einen zusätzlichen Puffermonat ein und wählen dann ein Datum, an dem Sie sich Gäste einladen. Ob Sie ein Abendessen mit Freunden veranstalten, ein Brunch oder ein Familientreffen, ist egal. DieHauptsache ist, dass Sie sich auf ein Datum festlegen und jetzt schon dazu einladen.

Ich habe diesen Trick vor vielen Jahren gelernt, als wir die Familie meines Mannes zu Thanksgiving zu uns einluden. Als wir uns bemühten, das Haus für eine Gesellschaft von mehr als zwanzig Teilnehmern schön herauszuputzen, fiel mir auf, wie viele Extraaufgaben im Haushalt wir aufgrund dieses zusätzlichen Motivationsschubs erledigen konnten. Mein Mann arbeitete sogar noch eifriger als ich und erledigte all die kleinen Reparaturarbeiten, um die ich ihn schon ein ganzes Jahr lang gebeten hatte. Als wir schon die Tage bis Thanksgiving zählten, legte er sich wirklich ins Zeug und konnte jeden einzelnen Punkt auf der Liste abhaken.

Heute bieten wir uns fast jedes Jahr als Gastgeber für die Thanksgiving-Party an, weil wir die Familie meines Mannes gerne bei uns haben, die gemeinsame Zeit genießen und weil wir wissen, dass es uns hilft, größere Arbeiten am Haus endlich zu erledigen. Ich schlage Ihnen vor, dass Sie auch bei sich zu Hause jedes Jahr eine ähnliche Zusammenkunft einplanen, damit Sie motiviert weiterarbeiten, wenn Sie in Versuchung geraten, die Dinge schleifen zu lassen.

Eine Einschränkung möchte ich hier allerdings machen: Nur Sie wissen, ob eine anstehende Einladung einen zusätzlichen Energie- und Motivationsschub freisetzt oder Ihren Stress nur noch vergrößert. Wenn der Gedanke, ein Datum festzulegen, an dem Sie alle Arbeiten erledigt haben wollen, und dann eine Einladung auszusprechen, unguten Druck oder Stress verursacht, lassen Sie es sein! Sich selbst unter negativen Stress zu setzen ist das Letzte, was Sie wollen. In diesem Prozess können wir nur positiven Stress gebrauchen.

Die zehn Prinzipien des HDSSA-Systems

Durch Nachforschungen, Versuche und Irrtümer und zahllose Interviews mit Menschen, die mit dem Haushalt zu kämpfen haben, habe ich zehn Prinzipien entwickelt, die als Grundlage des HDSSA-Systems dienen:

1. *Verändern Sie das Haus, um es Ihrem Verhalten und dem Verhalten Ihrer Familie anzupassen.* Je mehr Ihr Haus so verändert werden kann, dass es Ihrem und dem Verhalten Ihrer Familie entgegenkommt, umso eher wird es sauber und aufgeräumt bleiben.
2. *Verändern Sie Ihr Verhalten, um es dem Haus anzupassen, jedoch erst, wenn Sie das Haus so weit wie möglich verändert haben.* Weil sich nicht jedes Problem durch Veränderung Ihres Hauses lösen lässt, ist es manchmal notwendig, das Haus *und* Ihr Verhalten zu verändern.
3. *Behalten Sie die Bereiche, in denen Sie erfahrungsgemäß mit Unordnung rechnen müssen, sowie die Bereiche, die sofort ins Auge fallen, immer unter Kontrolle.* Lassen Sie sich clevere Lösungen einfallen, Bereiche zu verbergen, die auf einen Außenstehenden unordentlich wirken könnten, in Wirklichkeit aber eine bestimme Funktion haben, wie zum Beispiel die Pinnwand für Mitteilungen und Notizen oder der Eingangsbereich. In einem späteren Kapitel werden Sie auch lernen, wie man Sichtzonen einrichtet, sodass Ihr Zuhause sogar noch ordentlicher wirkt.
4. *Denken Sie wie in einem Hotel.* Weil ein großer Teil der Betriebskosten eines Hotels auf das Personal entfällt, gestaltet man die Reinigungsarbeiten so effizient wie möglich. Teppiche, Lampen, Bettdekken und so weiter werden im Hinblick auf die Bequemlichkeit des Gastes und auf Reinigungsfreundlichkeit ausgesucht. Die Position der Betten (von drei Seiten offen, um den Wäschewechsel zu erleichtern), die Wahl von Bettzeug und Handtüchern (einfarbig, weil Wäsche und Fleckentfernung so einfacher sind) und selbst die Rollwagen mit dem Putzmaterial (alles notwendige Putzmaterial kann einfach von Zimmer zu Zimmer gefahren werden) sind eigens so gewählt, um das Leben einfacher zu machen. Die Wände sind in der Regel tapeziert und nicht gestrichen (weil sich darauf keine Fingerabdrücke abzeichnen), Fernsehgeräte werden in einem Schrank versteckt, und Kaffeemaschinen finden mit dem notwendigen Zubehör auf einem Tablett Platz. In Hotels wird vieles, so weit möglich, auch an der Wand montiert, anstatt auf einer horizontalen Oberfläche abgestellt zu werden.

Sie möchten natürlich nicht in einer sterilen Umgebung wohnen, sollten aber daran denken, wie viel einfacher Putzen und Staubwischen ist, wenn Sie vorher nichts wegräumen und hinterher wieder hinstellen müssen.

5. *Denken Sie wie ein Reinigungsunternehmen.* Wenn es ans Putzen geht, hilft Ihnen eine gewisse geschäftsmäßige Distanz, den Hausputz aus der richtigen Perspektive zu betrachten. Ihr Zuhause sollte ein Schutzhafen sein, ein Segen und ein Privileg, ja, aber es steht doch nicht für Ihren Wert als Mensch. Außerdem ist es kein Lebewesen mit Gedanken oder Gefühlen. Ein Haus ist ein unbelebtes Objekt, in dem Sie wohnen und das Ihnen Schutz bietet.
6. *Achten Sie auf Einfachheit.* Dieses Prinzip lässt sich auf drei Aspekte anwenden:
   - *Weniger überflüssige Dinge bedeutet auch weniger Unordnung,* also misten Sie einmal gründlich aus!
   - *Schlichte Gegenstände bedeuten einfachere Reinigung,* also vermeiden Sie, wo immer das möglich ist, Möbel und andere Gegenstände mit komplizierten Ornamenten.
   - *Einheitlichkeit macht das Putzen einfacher.* Je weniger unterschiedliche Oberflächen (Holz, Lack usw.) sich bei Ihnen zu Hause finden, desto weniger Reinigungsmittel und Arbeitseinsatz brauchen Sie, um sie sauber zu halten.
7. *Nutzen Sie die Neigung zur Bequemlichkeit aus.* Wie ein Kampfsportler, der das Körpergewicht und die Kraft seines Gegners ausnutzt, um ihn zu Boden zu zwingen, sollten Sie sich die natürliche Neigung Ihrer Familie zur Bequemlichkeit zunutze machen, um Ihr Haus sauber zu halten.
8. *Nutzen Sie die Macht der Schönheit.* Je ästhetischer ein Zimmer wirkt, desto wahrscheinlicher wird es sauber und aufgeräumt bleiben.
9. *Tarnen Sie, wo immer das möglich ist.* Von den Eigenschaften langlebiger Einrichtungsgegenstände wie etwa dem Muster auf dem Linoleum oder der Teppichfarbe bis hin zu Bettzeug oder Lackierung sollten Sie der Fähigkeit eines Materials, Schmutz und Flecken nicht allzu deutlich hervortreten zu lassen, Priorität einräumen, wenn Sie die Kaufentscheidung treffen.

10. *Treffen Sie jede Entscheidung im Hinblick auf die Pflegeleichtigkeit.* Ganz egal, wie erfolgreich Sie Ihr Zuhause auf Hochglanz bringen können, Sie lassen sich auf eine nie endende Schlacht ein, wenn Sie diesen Zustand nicht aufrechterhalten können. Wenn Sie die Reinigungsarbeiten in Ihren Plan integrieren, ist der Erfolg garantiert.

Meine peinlichste Messie-Geschichte

– Aufgeflogen? –

Von Alicia R.

Als diese Geschichte passierte, hatte ich gerade mein drittes Baby in fünf Jahren bekommen und half meinem Mann jeden Tag, die Kühe zu melken. Unnötig zu erwähnen, dass ich mit einem Neugeborenen, zwei Kleinkindern und einem Bauernhof manches schleifen ließ. Eines Tages klopften zwei freundliche junge Männer mit Dienstausweisen und Klemmbrett an die Tür. »Guten Morgen«, begrüßte mich der eine. »Wir kommen vom Gesundheitsamt.«

Mir schoss nur ein Gedanke durch den Kopf: *Wer hat euch von unserem Haus erzählt?*

Offensichtlich war dem anderen mein Gesichtsausdruck nicht entgangen, denn er beeilte sich zu erklären: »Es ist schon in Ordnung. Wir prüfen nur die Brunnen.«

10. Richten Sie sich einen Platz für Ihre Stille Zeit ein!

*Macht diese Worte zu eurer Herzensangelegenheit.
Bindet sie zur Erinnerung auf eure Hand
und tragt sie auf eurer Stirn. Bringt sie euren Kindern bei
und redet über sie, ob ihr zu Hause oder unterwegs seid,
ob ihr euch hinlegt oder aufsteht.*

5. Mose 11,18-19

Der letzte Vorbereitungsschritt sieht vor, dass Sie sich einen Platz einrichten, an dem Sie täglich Ihre Stille Zeit haben können. (Wenn es bei Ihnen mit der täglichen Stillen Zeit gut klappt, sorgen Sie dafür, dass der betreffende Platz ordentlich aussieht und Ruhe ausstrahlt. Dann gehen Sie zum nächsten Kapitel weiter. Wenn Sie keinen festen Platz oder festen Ablauf für Ihre Stille Zeit haben, bringen Sie zunächst diesen Schritt zu Ende, bevor Sie mit dem HDSSA-Prozess weitermachen.) Es ist wichtig, dass Sie jeden Tag Zeit mit Gott verbringen. Wenn Sie den HDSSA-Prozess fortsetzen, ohne zuerst einen festen Ablauf für Ihre Stille Zeit festzulegen, wird Sie der Haushalt so gefangen nehmen (ja, das kann passieren), dass Ihre Stille Zeit dabei unter die Räder kommt. Doch täglich Gottes Gegenwart zu suchen und ihn zum Mittelpunkt Ihres Lebens und Ihres Zuhauses zu machen, ist der Schlüssel zu dauerhafter Veränderung. Nehmen Sie sich also vor, jeden Tag Zeit mit Gott, und zwar an einem festen Platz, zu verbringen.

Zunächst einmal: Zu welcher Tageszeit – und zwar täglich – sind Sie in der Lage, einige Zeit allein mit Gott zu verbringen? Es muss gar nicht lange sein. Wenn Sie kleine Kinder haben und nur fünf Minuten täglich abknapsen können, dann widmen Sie diese fünf Minuten Gott. Er kennt Ihr Herz und Ihre Situation.

Wenn Sie wissen, zu welcher Tageszeit Sie Ihre Stille Zeit halten wollen, können Sie sich auch besser einen geeigneten Platz suchen. Zum Beispiel:

- Wenn Sie früh aufstehen, möchten Sie Ihre Andacht vielleicht nicht in einem Zimmer halten, das ein Weilchen braucht, um warm zu werden.
- Wenn Sie Ihre Stille Zeit machen, während die anderen schlafen, möchten Sie die anderen nicht mit Ihrer Leselampe oder mit raschelnden Buchseiten stören.
- Wenn Sie Zeit mit Gott verbringen wollen, während sich andere im Haus aufhalten, brauchen Sie ein Zimmer mit einer verschließbaren Tür.

Idealerweise sollten Sie sich einen bequemen Sessel neben einer Leselampe suchen (oder aufstellen). Achten Sie nur darauf, dass der Sessel nicht so bequem ist, dass Sie darin einschlafen! Außerdem brauchen Sie Folgendes:

- *Eine Bibel.* Ich liebe meine Studienbibel in einer modernen Übersetzung. Benutzen Sie die Übersetzung und das Format, das Ihnen am besten gefällt.
- *Buntstifte,* wenn Sie Bibelverse markieren möchten.
- *Einen Kugelschreiber oder Bleistift und ein Notizbuch oder Gebetstagebuch.* Sie können Ihr Gebetstagebuch so ausführlich oder so knapp führen, wie Sie wollen, doch zumindest sollte es eine Liste mit Dingen und Menschen, für die Sie beten, enthalten sowie Gottes Antworten. Bringen Sie die Liste regelmäßig auf den neuesten Stand. Nichts fördert unser Verständnis von erhörten Gebeten so sehr wie eine Liste unserer Gebetsanliegen und Gottes Antworten. Wenigstens einmal im Jahr, etwa um den Neujahrstag herum oder an Ihrem Geburtstag, sollten Sie Ihr Gebetstagebuch durchblättern und über Gottes Treue und Einfallsreichtum staunen, mit dem er Ihre Gebete erhört hat.
- *Eine Tabelle oder ein Buch mit Ihrem Bibelleseplan,* falls Sie so et-

was benutzen. Viele von Ihnen haben schon einmal Pläne zu Gesicht bekommen, mit denen man die Bibel in einem Jahr durchlesen kann, aber haben Sie gewusst, dass es auch mehrjährige Bibellesepläne gibt (zum intensiven Studium einzelner Bibeltexte) oder sogar 90-Tage-Pläne (um einen schnellen Überblick zu gewinnen)? Die Bibel auf verschiedene Arten durchzulesen kann Ihnen helfen, jedes Mal neue Wahrheiten zu entdecken.

- *Einige gute Andachtsbücher.* Früher habe ich geglaubt, ich müsste ein Jahr lang beim selben Andachtsbuch bleiben. Doch dann begriff ich, dass ich unterschiedliche Bücher zur Hand nehmen und nach Belieben wechseln konnte. An manchen Tagen verzichte ich völlig auf ein Andachtsbuch und konzentriere mich allein auf den Bibeltext. Meistens jedoch gefällt mir der Rahmen, den ein Andachtsbuch vorgibt, und welches ich lese, entscheidet sich daran, wie wach ich mich fühle, wie tief ich in den Bibeltext einsteigen möchte und wo ich Hilfe brauche. Folglich achte ich immer darauf, ein Andachtsbuch zur Hand zu haben, das komplexe und tiefe Wahrheiten darstellt, eins, das für meinen Alltag relevant ist, und eins, das sich leicht und schnell lesen lässt.
- *Eine gemütliche Atmosphäre, die Sie zur Andacht führt.* Manche Leute finden eine nüchterne, herbe Atmosphäre wie in einem kalten Kloster oder ein kleines Gebetszimmer hilfreich. Sie gehören jedoch vielleicht zu den Menschen, die sich besser und länger in die Andacht vertiefen können, wenn Sie Ihren Platz für die Stille Zeit gemütlich gestalten. Gott will, dass Sie zu ihm kommen – ganz egal, wie Sie kommen! Vielleicht legen Sie dort eine Wolldecke hin, Kerzen und Streichhölzer, einen kleinen CD-Spieler mit einer Anbetungs-CD, Papiertaschentücher, einen Schal und ein Kissen auf dem Boden, wenn Sie sich zum Beten hinknien möchten. Der springende Punkt ist, dass Sie sich Ihre Andachtsecke so einrichten, dass Sie sie jederzeit nutzen können.
- *Eine günstige Küchenuhr.* Ja, Sie brauchen einen Wecker, wenn Sie: 1) der täglichen Stillen Zeit eher aus dem Weg gehen, weil Sie wissen, dass Sie dann die Zeit vergessen, obwohl Sie sich das nicht leisten können, oder 2) Sie sich nicht auf die Stille Zeit kon-

zentrieren können, weil Sie dauernd auf die Uhr schauen müssen, um rechtzeitig Schluss zu machen, und dadurch abgelenkt werden. Wann immer es möglich ist, sollten Sie Gott nicht in ein festes Zeitschema pressen, sich nicht zu wenig Zeit für die Begegnung mit ihm nehmen oder das Drängen des Heiligen Geistes ignorieren, wenn Sie spüren, dass mehr Gebet angesagt ist. Doch wenn Sie gänzlich auf die Stille Zeit verzichten, weil Sie Angst haben, zu viel Zeit zu investieren, kann Ihnen das Stellen eines Weckers die Freiheit schenken, Gott öfter zu begegnen.

Welche Dinge auch immer Sie in Ihre Andachtsecke integrieren wollen, der Sinn besteht darin, sie dort zu lassen und sie nicht zu einem anderen Zweck an einen anderen Ort zu transportieren.

Wie Sie die Stille Zeit-Ecke einrichten

Nachdem Sie sich entschlossen haben, wo Sie Ihre Ecke für die Stille Zeit einrichten wollen, und die notwendigen Gegenstände zusammengesucht haben, müssen Sie sich entscheiden, wie Sie sie aufbewahren wollen. Die beste Wahl ist im Augenblick ein Beutel oder ein Korb (oder auch ein abschließbares Kästchen, wenn Sie Ihr Gebetstagebuch vor fremden Blicken schützen wollen). Stellen Sie ihn in Griffweite Ihres Sitzplatzes ab. Sie werden die Bücher und anderen Utensilien später hin- und hertragen müssen, wenn der HDSSA-Prozess erst einmal richtig in Gang gekommen ist, und daher kommt es im Augenblick vor allem darauf an, dass sie *dort greifbar sind, wo Sie sie brauchen werden, und dass Sie sie zusammen in einem Behälter oder Korb aufbewahren.*

Diesen Utensilien werden Sie im Laufe des HDSSA-Prozesses einen festen Platz zuweisen.

Machen Sie sich die Stille Zeit zur Gewohnheit!
Gehen Sie morgen zu der Zeit, die Sie festgelegt haben, an diesen Platz und halten Sie mindestens fünf Minuten Stille Zeit. Sie werden

auf jeden Fall im Laufe des Tages fünf Minuten Zeit zum Beten und Bibellesen finden, ganz egal, wie beschäftigt Sie sind. Am nächsten Tag versuchen Sie es ein wenig länger, sagen wir einmal zehn Minuten. Nehmen Sie sich jeden Tag ein wenig mehr Zeit, doch gestehen Sie sich immer die Freiheit zu, nur fünf Minuten Andacht zu halten, wenn Sie wirklich keine Zeit haben. Früher hätten Sie wahrscheinlich schon doppelt so lange gebraucht, nur um Ihre Bibel zu finden und die benötigten Dinge zusammenzusuchen.

Auf welches Ziel sollten Sie im Hinblick auf die Stille Zeit-Dauer hinarbeiten? Das hängt von Ihren anderen Verpflichtungen und sogar von Ihrer Aufmerksamkeitsspanne ab, doch bei den meisten Menschen dauert die Stille Zeit zwischen fünf Minuten und einer Stunde, wobei der Durchschnittswert zwischen fünfzehn und dreißig Minuten liegt. In dieser Zeit können Sie die angegebenen Bibelverse und den entsprechenden Abschnitt in Ihrem Andachtsbuch lesen, in Ihrem Gebetstagebuch schreiben und beten.

Vergessen Sie nicht, dass es ein Vorrecht und eine Freude ist, Gott zu begegnen! Es stimmt, man muss es sich zunächst einmal vornehmen, täglich Stille Zeit zu halten, doch wenn Sie nach einigen Wochen immer noch das Gefühl haben, Sie tun es nur aus Pflichtbewusstsein, läuft irgendetwas schief. Sprechen Sie mit Ihrem Pastor oder einem weisen christlichen Freund, um herauszufinden, was Ihrer Zeit, die Sie mit Gott verbringen, im Weg steht. Denken Sie auch daran, dass eine Sünde, die Sie nicht bekannt haben, zwischen Ihnen und Gott stehen kann, wenn Sie Schwierigkeiten mit dem Beten haben und es Ihnen eher wie eine Last denn als Chance vorkommt.

Zu guter Letzt: Nehmen Sie sich jeden Tag Zeit, um in der Bibel zu lesen und zu beten, doch vergessen Sie auch nicht, einfach still zu werden und auf Gottes Führung zu hören. Ein unordentliches Haus kann geistlich gesehen vom Lärm erfüllt sein, und je mehr Sie die Lautstärke herunterdrehen und sich auf Gott konzentrieren, umso besser werden Sie in der Lage sein, seine Stimme zu hören und seine Pläne mit Ihnen zu verstehen.

Fangen Sie an!

Vergessen Sie nicht: Sie haben hier eine Verabredung zu der von Ihnen festgelegten Zeit, jeden Tag der Woche, und Sie fangen morgen damit an.

Halten Sie diesen Termin ein. Und zwar regelmäßig.

Es wird größere Auswirkungen auf Sie, Ihr Leben und Ihr Zuhause haben, als Sie sich das vorstellen können.

Da Sie nun in der Lage sind, jeden Tag zu Hause Zeit mit Gott zu verbringen, ist es an der Zeit, die nächste Phase in Angriff zu nehmen, um Ihr Haus in ein Haus, das sich von selbst aufräumt, zu verwandeln.

Sind Sie bereit? Es ist höchste Zeit, ORDNUNG zu schaffen.

Meine peinlichste Messie-Geschichte

– Der Rand sagt alles –

Von L.W.

Als ich jung verheiratet war, hatte ich damit zu kämpfen, meine drei Kinder und den Haushalt zu versorgen. Manches ließ ich schleifen. Aber ich wusste, dass ich zu weit gegangen war, als einer der Freunde meiner Kinder mit schreckerfülltem Gesicht unsere Badewanne betrachtete.

»Igitt«, rief das sechsjährige Mädchen aus, als sie auf den dunklen Ring innen in der Wanne deutete. »Meine Mama würde mich da drinnen niemals ein Bad nehmen lassen.«

»Oh«, antwortete meine Tochter, »der ist nur da, damit wir wissen, wir weit wir das Wasser einlaufen lassen sollen.«

Ich schlich mich von dannen, und seit diesem Tag hatten wir niemals wieder einen Schmutzrand in der Badewanne.

Teil 2

Das ORDNUNG-System

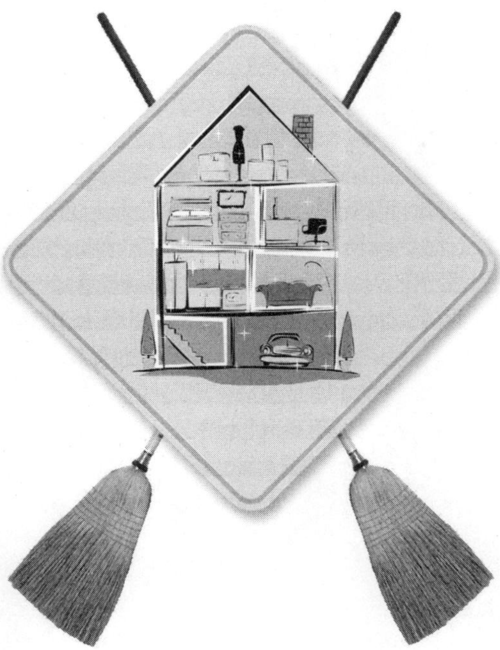

Einführung ins ORDNUNG-System

Denn seine Augen wachen über die Wege des Menschen,
er sieht alle seine Schritte.

Hiob 34,21

Sind Sie bereit anzufangen? Dann sammeln Sie die folgenden Gegenstände zusammen, und los geht's:

- Ihr Notizbuch und den (eventuell eingehefteten) Grundriss
- einen Kugelschreiber oder Bleistift
- eine Rolle großer schwarzer Mülltüten
- eine Rolle großer weißer Mülltüten
- zwei funkelnagelneue Mülleimer ohne Deckel, am besten groß
- einen Wäschekorb oder eine große Plastikbox mit Griffen
- Pappkartons mit abgeschnittenen Deckellaschen in verschiedenen Größen zum Sortieren
- noch mehr Pappkartons (mit Deckel), auf denen außen in großen Buchstaben „VIELLEICHT" steht
- ein Paket mit Einwegplastikbechern
- einen nicht wasserlöslichen dicken Filzstift
- einige unbeschriebene Etiketten
- ein Maßband
- eine Decke
- Reinigungsutensilien wie Putztücher, Allzweckreiniger, Glasreiniger, Staubsauger, Eimer, Schrubber

Der HDSSA-Prozess ist nicht kompliziert, aber Sie müssen sich wirklich klarmachen, dass Ihr Haus in einer Umbauphase steckt, denn der Prozess wird eine Weile dauern. Sie beginnen mit dem Bereich, den Sie auf Ihrem Grundriss mit einer »1« gekennzeichnet haben, und arbeiten sich dann in numerischer Reihenfolge durch das ganze Haus und Grundstück durch, wobei Sie das Tempo einlegen, das für Sie am besten ist.

Achten Sie darauf, dass Sie nicht zu viele Stunden am Tag oder zu viele Tage am Stück arbeiten, sodass Sie ausgebrannt sind, bevor Sie Ihre Aufgabe erledigt haben. Denken Sie an die geschätzte Dauer aus Kapitel 9 und gleichen Sie Ihre Erwartungen daran an. Egal, ob Sie nun zweimal in der Woche eine Stunde oder sechsmal in der Woche fünf Stunden daran arbeiten, irgendwann werden Sie den Umgestaltungsprozess in Ihrem Haus abschließen. Wenn Sie damit fertig sind, werden Sie eine stolze und überhaupt nicht mehr überlastete Bewohnerin eines Hauses sein, das sich von selbst aufräumt. Ihre Mühe wird sich auszahlen und Sie werden die Früchte ernten: weniger Stress und mehr Zeit.

ORDNUNG in Ihren vier Wänden

In jedem Bereich auf Ihrem Grundriss werden Sie Folgendes tun:

O rdentlich ausmisten
R einigen und putzen
D as ganze Haus neu organisieren und Problemzonen analysieren
N ervtötende Kaninchenpfade überprüfen und Stationen einrichten
U ntersuchung der Sichtzonen
N euanschaffungen planen
G edanken über Instandhaltung machen

Um die schnellste Wirkung zu erzielen, gehen Sie alle sieben Schritte in einem Bereich durch, bevor Sie den nächsten Bereich in Angriff nehmen. Das mag nicht die effizienteste Methode zum Ausmisten oder Putzen sein, doch es stellt die beste Methode dar, Ihr Haus in ein Haus, das sich von selbst aufräumt, zu verwandeln, und zwar aus vier Gründen:

- Sobald Sie die Arbeit in einem Bereich abgeschlossen haben, bleibt er aufgeräumter und sauberer und nimmt weniger Zeit zur Instandhaltung in Anspruch.
- Sie werden bei der Arbeit Neues lernen und merken, was funktioniert und welche Methoden noch verfeinert werden müssen. Das trägt dazu bei, Ihre Arbeit in den nachfolgenden Bereichen noch zu verbessern.
- Wenn Sie von einer Aufgabe zur nächsten springen, können Sie damit einige Probleme überwinden, die Sie von Natur aus mit der Hausarbeit haben, wie zum Beispiel Entscheidungen treffen oder sich auf eine Aufgabe zu konzentrieren, weil sie diese Dinge in kurzen Schüben erledigen können, statt sich lange damit herumzuquälen.
- Wenn Sie einen Bereich abgeschlossen haben, wird Sie das anspornen, sich dem nächsten zuzuwenden. Für ein so großes Projekt müssen Sie sich zwischendurch immer solche Teilerfolge gönnen.

Jedes Mal, wenn Sie Ihre Arbeit an Ihrem Zuhause beendet haben, decken Sie die Kartons und Beutel mit Decken ab und verkünden laut, dass alles darunter jetzt nicht mehr angefasst werden darf. Dadurch wird alles so ordentlich bleiben wie irgend möglich und jeden davon abhalten, darin herumzukramen, um irgendeinen Gegenstand zu »retten« oder ihn an einen anderen Ort zu bringen.

Meine peinlichste Messie-Geschichte

– Der nächtliche Räuber –

Von Tommy L.

Als ich in den Zwanzigern war, kam ich eines Abends von einer Verabredung zurück und entdeckte eine Überraschung in meinem Zimmer. Ich wohnte im zweiten Stock eines alten Mietshauses in einer städtischen Gegend und hatte darum das Fenster offengelassen, denn ich hätte mir niemals träumen lassen, dass ein Waschbär hineinklettern und sich auf meinem Schreibtisch häuslich einrichten würde.

Ich rief die Polizei, die auch gleich kam. Sie hatten keine Ahnung, was sie tun sollten, und warfen daher von der Schwelle aus Gegenstände auf das Tier, bis es schließlich keine Lust mehr hatte und auf dem gleichen Weg, auf dem es gekommen war, das Zimmer wieder verließ. Dann schlossen wir das Fenster hinter ihm.

Als die Polizisten gehen wollten, dankte ich ihnen für ihre Mühe. Sie antworteten, das sei doch selbstverständlich, aber es sei doch schade, dass ich erst nach Hause gekommen sei, nachdem der Waschbär das ganze Zimmer verwüstet habe.

Ich wurde rot, hatte aber nicht die Nerven ihnen zu erzählen, dass der Waschbär überhaupt nichts angerichtet hatte. Mein Zimmer hatte schon so ausgesehen, bevor der Waschbär hineingekommen war!

1. Schritt

Ordentlich ausmisten

(ORDNUNG)

Alles hat seine Zeit, alles auf dieser Welt hat seine ihm gesetzte Frist: ... Suchen hat seine Zeit, wie auch das Verlieren. Behalten hat seine Zeit, wie auch das Wegwerfen.

PREDIGER 3,1.6

Viele hervorragende Bücher wurden bereits über Ausmisten und Entrümpeln geschrieben, und deshalb werde ich mich hier nicht seitenlang darüber auslassen. Ich möchte Ihnen allerdings einige Hinweise geben, die Ihnen helfen, jeden Bereich in Angriff zu nehmen und die Spreu vom Weizen zu trennen.

Zwei Arten von Messies

Zunächst einmal ist es wichtig festzuhalten, dass es zwei Arten von Messies gibt: »Ton« und »Zement«.

»Ton«-Messies (so genannt, weil sie nachgiebig und formbar sind) hängen aus einer Reihe von Gründen an ihren Besitztümern, doch ihr Hang zur Unordnung entspringt eher ihren Gewohnheiten, ihrer Persönlichkeit, fehlendem Wissen, mangelnder Disziplin oder Ablenkbarkeit als einem wirklichen Bedürfnis. Wenn »Ton«-Messies sich mit den Gründen auseinandersetzen, warum sie in einer solchen Unordnung leben, können sie recht erfolgreich einen neuen Weg einschlagen. Obwohl jemand, der von Natur aus ein Sammler ist, immer damit zu kämpfen haben wird, können »Ton«-Messies lernen, mit diesem Problem zu leben und sich nicht davon vereinnahmen zu lassen, wenn sie sich entsprechende Gewohnheiten und Strategien aneignen.

»Zement«-Messies (so genannt, weil sie so schwierig zu formen und zu verändern sind wie Zement) hängen ebenfalls aus einer Reihe von Gründen an ihren Besitztümern, doch der eigentliche Kern ihres Problems liegt in einem tief verwurzelten Verlangen, Dinge zu behalten. »Zement«-Messies betrachten sich als »Sammler«, doch in Wirklichkeit leiden sie an einem ernsthafteren Problem, das man unter der Bezeichnung »Horten« kennt.

Horten definiert sich durch besondere Verhaltensweisen, nämlich zu viele Dinge zu erwerben und zu wenige loszuwerden (sogar solche Dinge, die die meisten Leute für nutzlos halten würden). Folglich leben sie zu Hause in einem solchen Chaos, dass der Lebensraum nicht für seinen eigentlichen Zweck genutzt werden kann. Einem solchen Menschen wird es schwer fallen, ein Haus, das sich von selbst aufräumt, zu bekommen, wenn er sich nicht mit den Problemen auseinandersetzt, die hinter seinem Verhalten stehen. Wenn Sie ein »Zement«-Messie sind, forschen Sie nach, was eigentlich mit Ihnen los ist. Haben Sie keine Angst, das HDSSA-Projekt in Angriff zu nehmen, aber sorgen Sie dafür, dass Sie zunächst das Problem mit dem Horten angehen. Mit der Zeit können Sie sich zu einem »Ton«-Messie entwickeln ... und dieses Projekt erfolgreich abschließen.

Wie Sie gründlich ausmisten

Ob Sie nun aus Ton oder aus Zement bestehen – falls Sie ein Messie sind –, Sie haben jedenfalls höchstwahrscheinlich im Laufe Ihres Lebens von verschiedenen Entrümpelungsmethoden gehört. Die meisten Experten schlagen vor, dass Sie sich verschiedene Schlüsselfragen stellen sollten, wie zum Beispiel: »Brauche ich das wirklich?«, oder: »Habe ich das im letzten Jahr benutzt?«

Ich behaupte aber, dass sich bei Ihnen überhaupt nie solch ein Chaos angesammelt hätte, wenn Sie in der Lage wären, diese Fragen zu stellen und zu beantworten. Wollen Sie das Chaos wirklich loswerden? Dann nehmen Sie sich diese Wahrheit zu Herzen:

Jedes einzelne Stück, das Sie besitzen,
vom kleinsten Knopf bis zum größten Möbelstück,
beansprucht einen Teil Ihrer Zeit.

Sie brauchen Zeit, wenn Sie ein Stück erwerben, wenn Sie es reinigen, wenn Sie es transportieren, wenn Sie es in eine Kiste stopfen und in den Keller bringen. Sie brauchen Zeit, wenn Sie es aus dem Weg räumen, weil Sie darauf getreten sind, wenn Sie es herumliegen lassen und die Kinder damit Unsinn anstellen, wenn Sie es schmutzig machen und es säubern müssen, wenn Sie es unter dem Bett hervorkramen. Sie brauchen Zeit, wenn Sie es in der Hand halten und sich entscheiden müssen, was Sie damit anfangen wollen, wenn Sie es wieder einsortieren, wenn Sie es irgendwo aufbewahren, wenn Sie es dekorieren, wenn Sie darüber nachdenken, wenn Sie deswegen Schuldgefühle bekommen, wenn Sie es abstauben und so weiter. Denken Sie an irgendeine Kleinigkeit in Ihrem Haushalt wie zum Beispiel eine Sicherheitsnadel oder eine Nagelfeile aus Pappe. Wenn Sie schon einmal irgendetwas damit angefangen haben, haben Sie dafür Zeit aufgewendet, einfach weil es Ihnen gehört.

Die Fragen, die Sie sich dazu stellen sollten, umfassen keine Werturteile, zum Beispiel wann Sie den betreffenden Gegenstand zum letzten Mal benutzt haben oder ob Sie ihn voraussichtlich noch einmal brauchen werden. Für Messies enthalten diese Fragen einfach zu viele Grautöne. Stattdessen sollten Sie sich der Schwarz-Weiß-Realität stellen und fragen, welchen Gegenwert Sie für diese Dinge bekommen. Wenn Sie ausmisten, sollten Sie sich bei jedem einzelnen Gegenstand folgende Fragen stellen:

- Ist es dieser Gegenstand wert, dass er meine Zeit beansprucht?
- Bietet mir dieser Gegenstand einen entsprechenden Gegenwert dafür, dass ich ihn putze und aufbewahre?
- Möchte ich in Zukunft auch nur eine einzige Sekunde damit verbringen, irgendetwas damit anzustellen, oder möchte ich ihn sofort loswerden, damit er mich auch nicht das Geringste mehr kostet?

Möglicherweise sind sowohl Sicherheitsnadel als auch Nagelfeile wert, behalten zu werden. Wenn in letzter Sekunde ein Knopf abreißt oder Ihr Nagel abbricht, könnte sich die in diese beiden Dinge investierte Zeit lohnen.

Wie steht es aber mit dem entzückenden kleinen Weidenkörbchen, bei dem Sie niemals herausgefunden haben, was Sie damit eigentlich anstellen sollen? Oder mit der Glasvase, die Sie zusammen mit einem Blumenstrauß geschenkt bekamen, jedoch niemals wieder benutzt haben, weil Sie bereits bessere und schönere Vasen besitzen? Was ist mit den vier Pfannenwendern, sieben Topflappen, sechzehn Taschenlampen und zweiundzwanzig Kissenbezügen? Wie steht es mit den Fernbedienungen, die immer noch herumliegen, obwohl die entsprechenden Geräte schon lange auf dem Müll gelandet sind? Dem veralteten Computerzubehör? Den brüchig gewordenen Telefon-, Antennen- und Verlängerungskabeln? Ist Ihnen dieser Stapel von Versandhauskatalogen wirklich auch nur eine Minute Ihrer Zeit wert? Was besitzen Sie, das Ihnen nur die wenigen Sekunden wert ist, die Sie brauchen, um es in den Müllsack (schwarz) oder den Spendensack (weiß) zu befördern und es keinen Bruchteil Ihres Lebens länger zu benutzen?

Jedes Ding besitzt einen Gegenwert, und dieser Gegenwert ist Ihre Zeit. Ein Pfannenwender ist die Zeit wert, die Sie aufwenden müssen, um ihn abzuwaschen und aufzubewahren, weil er Ihnen durch seinen Nutzen diesen Wert zurückzahlt. Aber vier Pfannenwender? Ihr Zeit- und Kostenaufwand steigt, weil Sie sie nicht nur alle abwaschen und aufbewahren müssen, sondern Sie auch Zeit benötigen, um sie zu finden (indem Sie eine übervolle Küchenschublade durchforsten), Platz dafür zu schaffen (warum geht die Schublade nicht mehr zu?), sich für einen von ihnen zu entscheiden (ich benutze einen für Pfannkuchen und einen anderen für Frikadellen) und sie instand zu halten (dieser Plastikgriff fühlt sich an, als würde er bald abbrechen).

An welchem Punkt hat der betreffende Gegenstand keinen akzeptablen Gegenwert mehr? Sie allein kennen die Antwort auf diese Frage, doch wenn Sie erst einmal zugeben können, dass Besitz Ihre

Zeit auffrisst, können Sie die schweren Entscheidungen treffen, die Sie in die Lage versetzen, gründlich auszumisten. In dieser Welt ist vieles ungleich verteilt, wie Einkommen, Chancen oder Bildung, doch Zeit ist der große Gleichmacher. Bis zu unserem Tod steht uns genau die gleiche Menge zur Verfügung: 24 Stunden am Tag.

Möchten Sie Ihre Zeit wirklich an Dinge verschwenden?

Treffen Sie schwere Entscheidungen!

Mit der Frage nach dem Gegenwert im Hinterkopf werden Sie sich nun jedem einzelnen Gegenstand in dem Bereich zuwenden, den Sie auf Ihrem Grundriss eingekreist und nummeriert haben. Das bedeutet, dass Sie sich jeden Schrank, jede Schublade, jeden Korb und so weiter in diesem Bereich vornehmen und zu jedem einzelnen Gegenstand, klein oder groß, von den Kleinigkeiten in den Schubladen bis hin zu jedem Möbelstück, eine Entscheidung treffen und die Dinge auswählen, *die es wert sind, behalten zu werden.*

Alles andere kommt aus dem Haus.

Zunächst legen Sie einen weißen Müllbeutel in den einen sauberen Mülleimer ein und einen schwarzen in den anderen. Der Grund, warum Sie Eimer benutzen, ist, dass Sie so beide Hände frei haben und schneller arbeiten können. Plastiktüten, die einfach auf dem Boden ausgebreitet werden, sind ineffizient und unbequem, weil man sich darüberbeugen, sie aufheben und offen halten muss, wenn man etwas hineinbefördern möchte. (Das ist auch der Grund, warum ich Sie aufforderte, die Deckellaschen von den Pappkartons abzuschneiden. Die Deckellaschen sind im Weg und verlangsamen die Arbeit.) Benutzen Sie die schwarzen Müllsäcke für Abfall und die weißen für Spenden oder Flohmarktartikel. Wenn ein Sack voll ist, binden Sie ihn zu und legen den nächsten ein.

Neben den beiden Mülleimern mit den Plastiksäcken stellen Sie Ihren Wäschekorb beziehungsweise die Plastikbox hin. Dieser ist für Gegenstände bestimmt, auf die Sie stoßen und die Sie behalten wollen, die aber *an einen festen Platz* in einem anderen Zimmer gehören. Wenn dieser Korb voll ist, unterbrechen Sie die Arbeit, sortieren die Gegenstände im Korb Zimmer für Zimmer, tragen sie dorthin, wo sie hingehören, und verstauen sie. Die Größe des Wäschekorbs setzt Ihnen eine natürliche Grenze (man kann in dem Korb nur so lange Dinge unterbringen, bis er voll ist), und das verhindert, dass Sie diese Arbeit aufschieben.

Die Pappkartons ohne Deckellaschen werden nur zum Sortieren und nicht zur Aufbewahrung genutzt. Dieser Sortiervorgang verfolgt zwei Ziele: Er soll allen Gegenständen einen festen Platz zuweisen und Ihnen einen Überblick über doppelt vorhandene Dinge verschaffen.

Die VIELLEICHT-Kisten sind für alle Artikel bestimmt, von denen Sie wissen, dass Sie sich eigentlich von ihnen trennen sollten, aber das noch nicht übers Herz bringen. Jedes Mal, wenn eine VIELLEICHT-Kiste voll ist, räumen Sie sie weg, zum Beispiel in den Keller oder auf den Dachboden, und tragen Sie einen Termin in Ihren Kalender ein, an dem Sie eine endgültige Entscheidung über den Kisteninhalt treffen.

Ein fester Platz für alle Dinge

Jedes Mal, wenn Sie auf einen Gegenstand stoßen, den Sie behalten wollen, der aber bei Ihnen zu Hause keinen festen Platz hat, kommt er in einen der Pappkartons, die Sie zum Sortieren benutzen. Bei uns gibt es eine alte Redensart: »Ein Platz für alles, und alles an seinem Platz.« Das stimmt, und es sollte eines Ihrer neuen Mottos werden. Einer der gewichtigsten Gründe für gewohnheitsmäßig unordentliche Haushalte ist die Tatsache, dass Dinge *angeschafft* wurden, ohne ihnen einen *festen Platz* zu geben.

Einem Gegenstand einen festen Platz zuzuweisen ist eine bewusste Handlung, die gerade Menschen schwerfällt, die mit dem Haushalt ihre Probleme haben, weil sie eine gewisse Art von Konzentration erfordert, die wir möglicherweise nicht von Natur aus besitzen. Zwingen Sie sich jetzt, über jeden einzelnen Gegenstand nachzudenken, wo er also bei Ihnen zu Hause einen festen Platz bekommen könnte und sollte. (Und fassen Sie den festen Entschluss, von nun an, Ihr ganzes Leben lang, so mit jedem Artikel zu verfahren, den Sie erwerben. Es ist eine wunderbare Gewohnheit, die man pflegen sollte! Wenn Sie erst einmal eine Entscheidung darüber getroffen haben, wo ein Gegenstand seinen festen Platz haben soll, gibt es kaum noch einen Grund, ihn einfach herumliegen zu lassen.)

Wenn Sie einen Ort für einen bestimmten Gegenstand auswählen, achten Sie darauf, dass dieser Ort plausibel und gut zugänglich ist, wenn erforderlich, oder etwas abseits liegt, wenn nicht erforderlich, und zwar in der Nähe des Bereichs, wo er eingesetzt werden wird. Achten Sie ebenso darauf, dass Sie nicht so viele Unterkategorien schaffen, dass Ihr Organisationssystem mehr Probleme schafft, als es löst.

Darnell hat bei sich zu Hause eine so genannte »Ticket-Schublade« eingerichtet. Ursprünglich benutzte er sie, um darin Flugtickets für anstehende Reisen aufzubewahren, damit er sie nicht verlor, bis er sie benötigte. Im Laufe der Jahre allerdings hat sich diese Ticketschublade weiterentwickelt, sodass sie heute nicht allein Flugtickets enthält, sondern auch Eintrittskarten, Geschenkgutscheine, Aktien, Reiseschecks und so weiter. Mit anderen Worten, alle Papiere, die bares Geld wert sind. Hätte er für jede Unterkategorie einen eigenen Aufbewahrungsort eingerichtet, wäre er überorganisiert, was genauso hinderlich sein kann, wie überhaupt nicht zu organisieren. So aber legt er alle hereinkommenden Papiere in die Schublade, und wenn er sie braucht, nimmt er sie wieder heraus. Einfach, oder?

Wenn Sie die »heimatlosen« Gegenstände in Ihre Sortier-Kartons legen, sollten Sie dies in einer geregelten Art und Weise tun. Weisen Sie jedem Karton eine Kategorie zu und schreiben diese Kategorie mit einem dicken Filzstift außen auf den Karton. Einen Karton nehmen Sie für »Verschiedenes« und die anderen für die Kategorien der Dinge, auf die Sie in Ihrem Haushalt immer wieder stoßen. Das könnte zum Beispiel »Haustierbedarf« sein (für Hundeleinen, Bürsten oder Nagelknipser), »Schmuck, Make-up und Körperpflege« (für Haarspangen, Lippenstifte und Deoroller), »Geschenke«, »Werkzeuge«, »Elektronik«, »Spielzeug«. Wenn Sie es vorziehen, können Sie die Kartons auch nach ihrem Bestimmungsort beschriften, wie zum Beispiel »Küche«, »Garage« oder »Dachboden«. Auf diese Weise haben Sie die Aufgaben, einen festen Platz zu finden, schon zur Hälfte erledigt, wenn Sie sich später mit den Gegenständen selbst beschäftigen.

Je nachdem, wie schnell sich Ihre Kartons füllen, können Sie all diesen Gegenständen einen festen Platz zuweisen, wenn Sie das Gefühl haben, dass es nun der richtige Zeitpunkt ist, egal ob Sie die Arbeit in einem Bereich, in mehreren oder auch im ganzen Haus abgeschlossen haben. Achten Sie nur darauf, dass Sie nicht zu schnell Gegenstände sortieren, die Sie doppelt haben könnten, denn Sie brauchen sie möglicherweise später, wenn Sie Stationen einrichten. (Über die Stationen reden wir im 4. Schritt des HDSSA-Systems.) Zum Beispiel finden wir es bei uns zu Hause sehr bequem, vier Locher zu haben, je einen für mein Büro, das Büro meines Mannes, den Bereich, wo die Kinder ihre Hausaufgaben machen, und den Bereich, wo wir den Papierkram für den Haushalt erledigen.

Wie Sie Kleinigkeiten in den Griff bekommen
Mit Kleinigkeiten meine ich, wie Sie sich vielleicht aus Kapitel 7 erinnern, die kleinen Dinge, über die man überall im Haus stolpert wie Schreibutensilien, Münzen, Büroklammern, Knöpfe usw. Es ist höchste Zeit, die kleinen Racker einzufangen, sie zu sichten und ihnen ein für alle Mal einen festen Platz zuzuweisen.

Sie haben zwei Möglichkeiten, Ihre Kleinigkeiten zu sortieren: Entweder machen Sie alles sofort oder in zwei Schritten. Wählen Sie die Methode, die Ihnen am meisten entgegenkommt.

Wenn Sie alles auf einmal machen, nehmen sie eine breite, aber flache Pappschachtel zur Hand und stellen Sie darin so viele Plastikbecher auf wie möglich. Mit Ihrem Filzstift etikettieren Sie jeden Becher (»Buntstifte«, »Gummibänder«, »Büroklammern« und so weiter), wie in der Illustration zu sehen.

Wenn Sie über solche Kleinigkeiten stolpern, nehmen Sie sich einen Augenblick Zeit, um den betreffenden Gegenstand in den richtigen Becher zu werfen. Lassen Sie ihn darin liegen und bringen Sie ihn nicht an den Ort, wo er eigentlich hingehört, bis Sie das gesamte Haus bis in den letzten Winkel entrümpelt haben. Wenn Sie fertig sind, werden Sie vielleicht überrascht sein, in welchen Mengen Sie manche Dinge besitzen.

Jerrys größte Überraschung waren die Münzen. Als er die Münzen, die er im ganzen Haus gesammelt hatte, zur Bank brachte, kam er auf eine Summe von fast 50 Dollar! Wenn sich das nicht gelohnt hat!

Wenn Sie Ihre Kleinigkeiten lieber in zwei Schritten abarbeiten möchten (für mich war es so einfacher), lassen Sie die Becher einfach weg und werfen sie alles in eine einzige Schachtel. Später, wenn Sie fernsehen oder eine einfache Aufgabe für die Kinder suchen, nehmen Sie die Schachtel wieder zur Hand und benutzen die Becher, um die Kleinigkeiten zu sortieren.

Als ich das tat, war ich von der Riesenmenge an Schreibgeräten überrascht. Ich bat meine Kinder, sie noch weiter in Bleistifte, Kugelschreiber, Buntstifte und Filzstifte zu sortieren. Als sie damit fertig waren, kamen schreckliche Schuldgefühle in mir hoch, als ich daran dachte, wie Schulen in weniger wohlhabenden Ländern alles dafür geben würden, nur die Hälfte dieses Materials für eine ganze

Klasse zu haben. Schließlich behielten wir etwa ein Fünftel unserer Besitztümer, packten den Rest in Plastiktüten und spendeten sie einer gemeinnützigen Vorschule am Ort und einer Tagesstätte für die Betreuung von Schulkindern nach dem Unterricht.

Wenn Sie Ihr Haus entrümpeln, werden Sie wahrscheinlich entdecken, dass Sie viele Dinge mindestens in doppelter Ausführung besitzen, wie etwa Scheren, Hefter und Lineal. Die meisten Dinge benötigen Sie nicht doppelt, aber werfen Sie sie erst in den Sack mit den Spenden, wenn Sie sicher sind, dass Sie sie nicht später für eine Station brauchen.

Als wir vor Jahren umzogen und gezwungen waren, jeden Schrank, jede Kommode und jede Schublade zu leeren, war ich wirklich überrascht, wie viele Dinge ich doppelt besaß, von der Pinzette über Kehrbleche und Zahnbürstenhalter bis zu Heizkissen. Kommt Ihnen das bekannt vor? Wenn ja, sollten Sie die Tatsache akzeptieren, dass Sie wahrscheinlich auch in Zukunft immer wieder Duplikate erwerben werden, weil Sie sich nicht an Dinge erinnern können, die Sie nicht direkt vor Augen haben. Das beste Heilmittel gegen dieses Problem besteht darin, jedem Gegenstand, den Sie in Ihr Haus bringen, sofort einen festen Platz zuzuweisen. Wenn Sie dann den betreffenden Gegenstand an seinem festen Platz unterbringen, werden Sie entdecken dass Sie bereits einen davon haben, und dann ist es noch nicht zu spät, den neuen wieder zurückzubringen.

Machen Sie weiter!

Wenn Sie einen Bereich vollständig ausgemistet haben, bringen Sie den Müll nach draußen und tragen die weißen Beutel an den Platz, den Sie für Spenden oder Flohmarktartikel reserviert haben. Die Pappkartons zum Sortieren bringen Sie in den nächsten auf Ihrem Grundriss eingezeichneten Bereich. Decken Sie sie mit der Decke zu, kehren Sie zu dem Bereich zurück, den Sie gerade ausgemistet haben, und nehmen Sie den nächsten Schritt in diesem Bereich in Angriff.

Meine peinlichste Messie-Geschichte

– Mit Geduld und Spucke –

Von Sasha D.

Meine Mutter hatte immer Haushälterinnen, als ich klein war, und deshalb hatte mir nie jemand beigebracht, wie man putzt. Als ich heiratete, zogen mein Mann und ich in ein ziemlich dreckiges, renovierungsbedürftiges Haus, und ich war ziemlich ratlos, wie ich es sauber bekommen sollte. Ich entschloss mich, in der Küche anzufangen, wo ich auf eine von Schmutz starrende Tischplatte stieß. Ich wusste, dass ich ein Reinigungsmittel benötigte, aber ich kam überhaupt nicht auf die Idee, einen Lappen in der Spüle nass zu machen oder einen Reiniger aus der Sprühflasche zu nehmen.

Stattdessen fiel mir nur eine einzige Möglichkeit ein, nämlich auf den Tisch zu spucken und ihn dann abzuwischen. Im selben Moment, wie ich spuckte, fiel mir auf, dass das vielleicht keine so gute Idee war. Zu spät! Mein Mann kam genau in diesem Augenblick zur Küchentür herein und ertappte mich auf frischer Tat. Er war schockiert!

Ich habe bis heute nicht das erniedrigende Gefühl überwunden, ertappt zu werden, als ich völlig ratlos vor einer dreckigen Tischplatte stand.

2. Schritt

Reinigen und Putzen

(ORDNUNG)

Wer kann schon eine tüchtige Frau finden?
Sie ist wertvoller als die kostbarsten Edelsteine. [...]
Sie ist energisch und stark und arbeitet hart.

SPRÜCHE 31,10.17

Wenn Sie einen Bereich ausgemistet haben, sollten Sie die Gelegenheit nutzen, um ihn gründlich zu putzen, bevor Sie sich entscheiden, wo all die verschiedenen Gegenstände Platz finden sollten und Sie sie wieder einräumen. Stellen Sie sich eine Kiste mit den Putzmitteln zusammen, die Sie am häufigsten benutzen, damit Sie nicht jedes Mal zu Ihrem Putzschrank zurücklaufen müssen, wenn Sie etwas brauchen. Achten Sie darauf, dass Sie alles gründlich wischen, saugen und scheuern, um allen Staub und Schmutz zu entfernen. Vergessen Sie dabei auch nicht die Innenseiten von Schränken, Kommoden und Schubladen. Unter anderem können sich die folgenden Hilfsmittel als praktisch erweisen:

- Ein so genannter »Schmutzradierer« – Sie finden ihn im Putzmittelregal Ihres Drogerie- oder Supermarktes, und er kann wahre Wunder bewirken. Wenn Sie noch nie einen gekauft haben, holen Sie das jetzt nach. Sie können ihn für jede Art von schwer zu entfernenden Flecken oder Schmutz einsetzen. Der Schmutzradierer kann mehr, als Sie glauben!

- Allzweckreiniger – Eine gute Daumenregel für jedes Putzmittel lautet, *dass sie den schwächsten Reiniger benutzen sollten, der seine Aufgabe noch gerade erledigt.* Die meisten Allzweckreiniger können viele verschiedene Oberflächenmaterialien reinigen, ohne sie zu zerkratzen. Achten Sie darauf, dass Sie die Gebrauchsanweisung genau lesen, um zu erfahren, für welche Oberflächen der betreffende Reiniger geeignet ist.
- Ein Mikrofaser-Tuch – Professionelle Raumpfleger kennen die wunderbaren Eigenschaften der Mikrofaser schon seit einiger Zeit, während normale Verbraucher eine Weile brauchten, bis sie ebenfalls die Vorteile erkannten. Früher habe ich im Laden nach Mikrofasertüchern suchen müssen (und nicht immer Erfolg gehabt), doch in letzter Zeit gibt es sie überall zu kaufen, selbst im Tante-Emma-Laden um die Ecke. Aufgrund der Molekularstruktur der Fasern sind Mikrofasern in der Lage, einen Teil Ihrer Arbeit zu übernehmen, sodass es Sie weniger Schweiß kostet.

Später werden wir darüber reden, wie Sie Ihre Putzmittel im Hinblick auf maximale Effektivität aufbewahren und organisieren können. Im Augenblick spielt diese Frage noch keine Rolle, solange sie leicht zu erreichen sind, während Sie diesen Schritt für jeden Bereich abarbeiten.

Meine peinlichste Messie-Geschichte

– Wechselhaft –

Von Evelyn R.

Oma kam wie angekündigt zu Besuch. Ich hatte geputzt und verschiedene Aufgaben an die Kinder delegiert, von denen eins vergessen hatte, den Staubsauger wegzuräumen. (Das war an sich kein Thema; zumindest bewies es, dass wir hin und wieder staubsaugten!) Der Staubsauger weckte Großmutters Aufmerksamkeit, sie ging hinüber und fasste ihn am Griff.

»Ist das einer von diesen kleinen Drei-Kilo-Saugern?«, erkundigte sie sich.

Ich nickte und lächelte, während sie versuchte, ihn hochzuheben – und es nicht schaffte.

»Du meine Güte!«, rief sie aus. »Der ist viel schwerer als drei Kilo!«

Ich fasste ihn ebenfalls am Griff an. Mir wurde etwas flau im Magen, als ich daran dachte, dass ich das Staubsaugen meiner 12-Jährigen übertragen hatte und seit Ewigkeiten den Staubsaugerbeutel nicht mehr überprüft hatte. Ich schluckte angesichts der Staubwolke, die jede Bewegung des Staubsaugers hervorrief. Ich schleppte ihn vor die Tür. Er wog mindestens dreißig Kilo! Ich holte den Staubsaugerbeutel heraus und hüllte meine Großmutter, meine Mutter und mich in eine Staubwolke ein.

Großmutter lacht noch heute, zehn Jahre später, darüber. Der Staubsauger funktioniert immer noch ... wenn ich nicht vergesse, den Beutel zu wechseln.

3. Schritt

Das ganze Haus neu organisieren und Problemzonen analysieren

(ORDNUNG)

Sie weiß genau, was in ihrem Haus vor sich geht, und Faulheit kennt sie nicht. Ihre Kinder begegnen ihr mit Achtung und segnen sie. Ihr Mann lobt sie: »Es gibt viele tüchtige Frauen, doch du übertriffst sie alle!«

SPRÜCHE 31,27-29

An diesem Punkt ist das Chaos beseitigt, der Bereich, den Sie gerade in Angriff genommen haben, ist sauber, und nun sind Sie bereit, diesen Raum so zu gestalten, dass man mit ihm arbeiten kann, er einladend aussieht und *sich von selbst aufräumt.* Und hier fängt es an, Spaß zu machen! Blättern Sie in Ihrem Notizbuch zu der Seite zurück, wo Sie die Probleme in dem betreffenden Bereich zusammen mit den Ihrer Meinung nach entscheidenden Auslösern aufgeführt haben. Es ist nun an der Zeit, Lösungen zu finden und umzusetzen.

Im Laufe der nächsten sechs Kapitel werden wir über die ORDNUNG-Schritte reden, die Sie im ganzen Haus durchführen werden. Doch ich werde sie nur anhand eines einzigen Beispiels erklären, nämlich des Eingangsbereichs, den Sie mit einer »1« gekennzeichnet haben. Sie werden natürlich jeden Schritt des ORDNUNG-Prozesses im ganzen Haus durchführen, jeweils in einem Bereich nach dem anderen.

Anhand des Bereichs 1 wollen wir nun sehen, wie man die allgemeinen Prinzipien des HDSSA-Systems anwenden kann.

Ein Beispiel

Der unordentliche Eingangsbereich

Nehmen wir an, die Probleme und ihre Ursachen sehen bei Ihnen wie folgt aus:

- Schuhe über den Fußboden verstreut – *Die Kinder sind zu faul, um sie wegzustellen.*
- Elternbenachrichtigungen aus der Schule durcheinander auf dem Tisch verteilt – *Wenn ich sie abhefte, vergesse ich sie.*
- Autoschlüssel in einem Haufen auf dem Schuhschrank – *Wir haben ein Schlüsselbrett an der Tür, aber niemand benutzt es.*
- Bücher und Videos aus der Bibliothek neben der Tür aufgestapelt – *Ich will nicht vergessen, sie ins Auto mitzunehmen.*
- überall Rucksäcke und Sporttaschen – *Ist es für die Kinder wirklich so schwierig, um die Ecke zu laufen und sie dort abzulegen, wo sie hingehören?*
- Sportsachen überall auf dem Boden verstreut – *Die Kinder werden es wohl nie lernen!*
- Handschuhe und Schals auf dem Tisch – *Ich wollte sie gestern wegpacken, nachdem ich die Einkäufe weggeräumt habe, habe es aber dann vergessen.*
- schmutzige Fußabdrücke im Türbereich – *Na gut, da wische ich nicht so oft, wie es nötig wäre.*
- Fußmatte verrutscht und unordentlich – *Vielleicht brauchen wir solche Gummidinger zum Fixieren.*
- Spiegel neben der Tür mit Fingerabdrücken übersät – *Ich kümmere mich beim nächsten wöchentlichen Hausputz darum.*
- Grünpflanze in der Ecke verwelkt wegen Wassermangel – *Die habe ich wohl vergessen!*

Wenn wir die Dinge, die hier zur Sprache kommen, nach Kategorien sortieren, stellen wir vier große Probleme fest:

- Dinge werden nicht dorthin zurückgeräumt, wo sie eigentlich hingehören (herumliegende Schuhe, Rucksäcke, Sporttaschen und Sportzeug auf dem Boden, Handschuhe und Schals auf dem Tisch).
- Es fehlt ein System für Gegenstände, die die Wohnung wieder verlassen (Autoschlüssel, Bücher und Videos aus der Bibliothek).
- Es fehlt ein System, um Papiere zu bearbeiten (Elternbenachrichtigungen aus der Schule).
- Schmutz und Fingerabdrücke müssen bis zum nächsten Hausputz warten (Fußabdrücke, Fußmatte, Fingerabdrücke auf dem Spiegel).

Die gute Nachricht lautet, dass jedes einzelne dieser Probleme gelöst werden kann, indem man sich die HDSSA-Denkweise zu eigen macht. (In diesem Abschnitt werden wir die ersten drei Probleme behandeln. Über das letzte Problem, Schmutz und Fingerabdrücke, werden wir im 7. Schritt reden.)

Dinge werden nicht dorthin zurückgeräumt, wo sie eigentlich hingehören

Sie können nörgeln. Sie können versuchen, an das Wegräumen nicht zu denken. Sie können so viel Disziplin fordern oder Selbstdisziplin üben, wie Sie wollen. Oder Sie könnten stattdessen Ihr Zuhause an Ihr Verhalten und das Ihrer Familienangehörigen anpassen.

Erinnern Sie sich noch an die Redensart: »Ein Platz für alles, und alles an seinem Platz«? Wenn Schuhe, Rucksäcke, Handschuhe und Sportausrüstung durch die Tür getragen und gleich fallen gelassen werden, müssen Sie einen neuen festen Platz dafür in der Nähe des Eingangs suchen, in unmittelbarer Nähe, höchstens einige Schritte entfernt.

Wenn Sie Platz haben, können Sie dort einen Kleiderschrank aufstellen. Doch wenn Sie das bereits getan haben, ist er im Augenblick wahrscheinlich mit Mänteln und Jacken für alle Jahreszeiten, Regenschirmen und anderen weniger lebenswichtigen Utensilien gefüllt. Nun, da Sie wissen, welche Gegenstände in unmittelbarer Nähe der Wohnungstür aufbewahrt werden müssen, nehmen Sie alles aus diesem Schrank heraus und stellen ab sofort all das dort unter, was bisher Probleme verursacht hat: Schuhe (benutzen Sie ein kleines Schuhregal oder einen hängenden Schuhhalter), Rucksäcke (bringen Sie kräftige Haken an oder stellen Sie eine große, oben offene Kiste auf den Schrankboden), Handschuhe (wir werden uns in einer Minute damit befassen) und die zurzeit genutzten Sportsachen (legen Sie sie im obersten Schrankfach an oder nehmen Sie einen großen Eimer). Nur weil das Möbelstück Kleiderschrank heißt, bedeutet das nicht, dass er nur Kleidung und Mäntel aufnehmen kann.

Wenn nun aber kein Kleiderschrank in der Nähe der Tür Platz findet? Mit diesem Problem musste sich Carly auseinandersetzen. Ihre Lösung sah so aus, dass sie sich eine gepolsterte Bank kaufte, unter der sie die Rucksäcke und Schuhe verstauen konnte, sowie ein Schränkchen für Dinge, die nach draußen mitgenommen werden sollten. Sie hatte nicht sehr viel Platz zur Verfügung, doch sie suchte so lange, bis sie zwei schöne Stücke mit den richtigen Abmessungen fand, die in den Eingangsbereich passten.

Die Sportsachen ließ sie gar nicht erst ins Haus kommen, sondern brachte sie in einer wetterfesten Truhe auf der Vorderveranda gleich neben der Tür unter.

Wo immer auch Handschuhe und Schals schließlich landen, es gibt ein Hilfsmittel, das Ihnen erlaubt, sie stets ordentlich und griffbereit aufzubewahren. (Ich wünschte, ich könnte mich erinnern, wo ich zuerst von dieser Idee gehört habe. Meine war es leider nicht.) Benutzen Sie einen durchsichtigen Schuhhalter aus Vinyl oder Plastik, und zwar einen mit kleinen Fächern, die man an einer Tür aufhängen kann. (Meiner hat 24 Fächer, und ich habe ihn für wenig Geld in einem Discounter erstanden.) In jedes Fach legen Sie ein paar Handschuhe (und eventuell den passenden Schal). An einigen Fächern sollten Sie Wäscheklammern für nasse Handschuhe anbringen. (Statt sie in eins von den Plastikfächern zu stopfen, können Sie sie dann außen aufhängen, damit sie zunächst trocknen.) So richten Sie sich eine Winterstation ein, die einfach zu benutzen ist und eher ordentlich bleibt als mit jeder anderen Methode, die ich kenne.

Wie steht es mit den Schlüsseln, die eigentlich einen festen Platz haben, der aber nicht benutzt wird? Ob Sie es nun glauben oder nicht,

die Weltbevölkerung teilt sich in Hakenliebhaber und Hakenhasser ein. Wenn das Schlüsselbrett nicht benutzt wird, liegt das höchstwahrscheinlich daran, dass die in Ihrem Haushalt lebenden Hakenhasser unterbewusst glauben, dass das zu viel Mühe macht. (Hakenhasser müssen sich *konzentrieren* und *nachdenken,* um einen Haken zu benutzen, was sie einen Augenblick lang ablenkt und verwirrt, sodass sie den Schwung verlieren. Im Laufe der Zeit »sehen« sie die Haken einfach nicht mehr, damit sie nicht innehalten und darüber nachdenken müssen.)

Die Haken durch kleine Körbchen zu ersetzen, könnte das Problem lösen. Wenn es keine Tischplatte gibt, auf der man das Körbchen platzieren kann, versuchen Sie es einmal an die Wand zu hängen. Achten Sie nur darauf, dass es gerade so groß ist, dass es nur die Schlüssel aufnehmen kann und sonst nichts. Anderenfalls könnte sich wieder das »Seepocken-Syndrom« einstellen. Sie werden vielleicht überrascht sein, wie eine einfache Veränderung – zum Beispiel der Austausch eines Schlüsselbretts gegen ein Körbchen – das gesamte Schlüsselproblem verschwinden lassen kann.

Wie können Sie herausfinden, wo irgendein Gegenstand hingehört? Wann immer es möglich ist, sollten Sie alles, was Sie besitzen, dort aufbewahren, wo Sie es am häufigsten benutzen. Genauso wenig, wie Sie Ihre Bratpfanne im Badezimmer aufbewahren würden, ergibt es keinen Sinn, das Geschenkpapier im Schlafzimmer unterzubringen, nur weil Sie dort im Schrank Platz haben, aber Geschenke am Esstisch einpacken. Wenn Sie dieser Logik bei jeder Entscheidung über Aufbewahrungsorte folgen, haben Sie alles immer griffbereit.

Kein System für Gegenstände, die die Wohnung wieder verlassen

Für die Sauberkeit und Ordnung Ihres Eingangsbereiches ist es entscheidend, dass Sie die Dinge, die Sie beim Verlassen der Wohnung benötigen, ordentlich und griffbereit aufbewahren. Je mehr Menschen regelmäßig die Wohnung verlassen, umso anpassungsfähiger sollte dieser Bereich gestaltet werden. Idealerweise sollte sich in der Nähe der Tür ein Regal oder Schrank befinden, der so viele Körbe oder Eimer enthält, wie es Familienmitglieder gibt. (Das muss nicht hässlich aussehen. Im Fachhandel findet man viele Qualitätsprodukte, die genau für diesen Zweck vorgesehen sind.) Jedes Familienmitglied benutzt sein Körbchen, um dort die Dinge unterzubringen, die er beim Verlassen der Wohnung braucht. Für die Mutter könnten das zum Beispiel Portemonnaie, Sonnenbrille und Bibliotheksbücher sein, für den Vater Briefe, die er einstecken will, oder Kleidung, die in die Reinigung soll, für die Kinder das Pausenbrot und die Schultasche.

Wenn diese Körbe oder Eimer in der Nähe der Tür stehen, ist es überhaupt nicht schwierig, sich ihre Benutzung anzugewöhnen. Achten Sie lediglich darauf, dass die kleinsten Familienmitglieder ihre Körbe erreichen können. Wenn Ihr Eingangsbereich nicht direkt im Blickfeld liegt, etwa weil Ihre Familie vor allen Dingen durch einen Nebeneingang ein- und ausgeht, nehmen Sie vielleicht lieber offene Plastikboxen statt der dekorativeren Körbchen, die Sie beim Hauseingang benutzen würden. So kann jeder sehen, was in seinem Behälter liegt, und vergisst nicht so leicht etwas. »Aus den Augen, aus dem Sinn« war immer eins meiner größten Probleme, wenn ich von zu Hause aufbrechen wollte. Undurchsichtige Behälter oder Körbe funktionierten bei mir einfach nicht, weil ich regelmäßig vergaß, hineinzugucken und mir das herauszunehmen, was ich brauchte. Durchsichtige Körbe waren für mich die Lösung!

Weil Carly sehen muss, was sie mitnehmen soll, stellte sie alles, was sie beim Verlassen des Hauses brauchte, in ein kleines Schränkchen neben der Tür. In diesem Schrank hat jedes Familienmitglied sein eigenes Regal, und Carly brachte auf der Innenseite der Tür ein selbstklebendes Korkbrettchen an, wo man Notizen wie auf einem schwarzen Brett anheften konnte. Meistens lässt Carly die Tür offen stehen, damit jeder seine Sachen im Blick hat und seinem Gedächtnis auf die Sprünge helfen kann. Wenn Besuch kommt, muss

man nur die Tür schließen, und der gesamte Eingangsbereich mit dem Schrank sieht sauber und ordentlich aus.

Kein System, um Papiere zu bearbeiten

Bearbeiten Sie alle Papiere und Dokumente, die in Ihrem Haushalt landen, nach einem bestimmten System? Wenn nicht, stehen Sie damit nicht allein da. Papierkram zu erledigen stellt für die meisten Menschen eine große Herausforderung dar, und mit jedem Jahr wird es komplizierter. Das digitale Zeitalter hat trotz gegenteiliger Vorhersagen die Papierflut nicht eingedämmt, sondern sogar noch verschlimmert.

Um die Papiere und Dokumente bei Ihnen zu Hause in den Griff zu bekommen, sehen Sie sich zunächst einmal an, wie sie zu Ihnen in die Wohnung gekommen sind:

- aus dem Briefkasten
- von Ihren Kindern (aus Schule und Vereinen mit nach Hause gebracht)
- aus Ihrem Büro (von Ihnen mitgebracht)
- von Ihrem Ehepartner (von ihm oder ihr mitgebracht)
- durch Hobbys und Aktivitäten, zum Beispiel Gemeindebrief oder Trainingsplan des Sportvereins
- von erworbenen Artikeln, zum Beispiel Quittungen und Garantiescheine
- sonstiges, wie zum Beispiel Werbeprospekte, Flyer und Speisekarten, die vom Imbiss mitgeliefert werden

Wenn die Papiere immer nur aus einer Quelle stammen und mit einem Schlag bei uns ankommen würden, wäre es viel einfacher, mit ihnen fertig zu werden. Einmal am Tag würden wir den Stapel nehmen und uns damit beschäftigen. Doch dass von hier und da etwas hereintröpfelt, wirft uns aus der Bahn. Wenn Sie nicht dazu neigen, Dinge aufzuschieben, bekommen Sie den Papierkram möglicherweise leichter in den Griff, wenn Sie sämtliche Papiere, die im Laufe eines Tages bei Ihnen eintreffen, in eine bequem erreichbare Kiste werfen und sie dann jeden Tag, immer zur selben Zeit, bearbeiten. Wenn Sie aber jetzt schon wissen, dass Sie es nicht schaffen, wirklich jeden Tag eine Kiste voller Papiere abzuarbeiten, *entscheiden Sie sich nicht für dieses System.* Schneller, als Ihnen lieb ist, wird die Kiste aus allen Nähten platzen.

Stattdessen versuchen Sie es einmal mit einem zweistufigen System, das bei uns zu Hause funktioniert. Ich dachte es mir aus, nachdem mir klargeworden war, dass herkömmliche Systeme, die bei den meisten Leuten funktionieren, bei mir immer versagen würden. Meine Versuche, Akten abzulegen, haben sich immer als Katastrophe erwiesen, und daher ließ ich mir schließlich das zweistufige System einfallen: 1) »Schnelldurchlauf« – jedes Mal, wenn mir ein Papier in die Hände kommt; 2) »gründliche Bearbeitung« – an jedem Wochenende. Beide Schritte werden detailliert im Kapitel »Ordnen Sie Ihre Papierstapel nach dem Two-Step-System!« in Teil 3 beschrieben. Wenn Sie Ihren Papierkram jedes Mal so in zwei Schritten erledigen, wird sich damit Ihr Problem ein für alle Mal gelöst haben.

Schalten Sie Zeitfresser aus!

Bevor wir zum nächsten Schritt gehen, möchten Sie vielleicht wissen, ob es irgendwelche HDSSA-Prinzipien gibt, die wir auf die unordentliche Fußmatte oder die durstige Grünpflanze anwenden können. Gut, dass Sie gefragt haben!

Eine Fußmatte, die verrutscht, muss repariert oder ersetzt werden. Halten Sie im ganzen Haus über längere Zeit Ausschau nach Dingen, um die Sie sich immer wieder mal kümmern müssen, damit sie nicht unordentlich aussehen. Angefangen bei der Couch mit losen Rückenpolstern (kaufen Sie niemals solch eine Couch, wenn Sie nicht den Rest Ihres Lebens damit verbringen wollen, die Polster zurechtzurücken) über die Jalousien, die niemals gerade hängen wollen, und ausgefranste Staubwedel bis hin zu Kleidungsstücken, die Ihnen nicht mehr passen: Wenn Sie diese fehlerhaften Dinge in Ihrem Besitz dulden, machen Sie sich zum Opfer Ihrer Zeit fressenden Unzulänglichkeiten. Sobald wie möglich sollten Sie sie in Ordnung bringen oder sich von ihnen trennen. Das Leben ist zu kurz und Ihre Zeit zu wertvoll, um sie damit zu verschwenden.

Was die Fußmatte betrifft, versuchen Sie doch einmal, eine Gummimatte darunter zu legen. Wenn das das Problem nicht löst, könnten Sie der Matte einen anderen Platz geben, denn auf einem anderen Untergrund, wie zum Beispiel Teppich oder Fliesen, rutscht sie vielleicht nicht. Wenn das auch nicht funktioniert, werfen Sie sie weg. Wenn Sie eine neue Fußmatte kaufen, achten Sie darauf, dass sie nicht rutscht und dass sie eine Schmutz anziehende Struktur besitzt.

Bei Grünpflanzen gibt es verschiedene Möglichkeiten:

- Ersetzen Sie die Grünpflanzen durch künstliche.
- Ernennen Sie ein zuverlässiges Familienmitglied zum Grünpflanzenbeauftragten.
- Entscheiden Sie sich für ein Bewässerungssystem. Es sind eine Reihe von automatischen Bewässerungshilfen auf dem Markt, zum Beispiel Pflanzenkübel mit einem Wasserreservoir. Suchen Sie im Internet nach dem Stichwort »automatische Bewässerung« oder »Bewässerungshilfe« oder fragen Sie in Ihrem Gartencenter nach.
- In Bergwerken wurden früher Kanarienvögel als Frühwarnsystem für Sauerstoffmangel eingesetzt. Etwas Ähnliches hat sich Shari einfallen lassen. Sie hat im Flur eine kleine Grünpflanze hingestellt, die die Blätter hängen lässt, sobald sie Wasser braucht. Auf diese Weise wird Shari so sichtbar daran erinnert, dass sie wieder alle Blumen im Haus gießen sollte.

Wie Sie sehen, gehört Folgendes dazu, wenn Sie aus Ihrem Eingangsbereich einen machen wollen, der sich von selbst aufräumt:

- auf die Probleme achten, die in diesem Bereich normalerweise entstehen
- die eigentlichen Ursachen für diese Probleme analysieren
- kreative Lösungen umsetzen, um diese Probleme ein für alle Mal zu verhindern

Einfach ausgedrückt, wir schieben der Unordnung einen Riegel vor, bevor sie sich ausbreitet.

Meine peinlichste Messie-Geschichte
– Keine Ruhe fürs müde Haupt –

VON LYNN G.

In meinem Haus herrscht das Chaos. Überall liegen Papiere herum. Es ist schon einige Jahre her, seit ich in den Zimmern meiner Teenager zuletzt den Fußboden durchschimmern sah. Am Morgen vor den großen Festen putze ich gründlich und stapele dann alle Papiere und andere Dinge, die sonst nirgendwo Platz finden, wie zum Beispiel Kerzen, Illustrierte, Aktenordner, großformatige Fotos, Gutscheine und Warenproben auf unserem Bett. Wenn die Verwandten zum gemeinsamen Feiern eintreffen, sieht der Teil des Hauses, den sie zu Gesicht bekommen, sauber und ordentlich aus, ganz egal, wie unaufgeräumt die Schlafzimmer sind.

Vor einem Thanksgiving-Fest hatte mein Schwager, der eine Autostunde von uns entfernt wohnt, eine Nachtschicht eingelegt und war erschöpft. Er fragte mich, ob er nach dem Essen irgendwo ein Schläfchen halten könne. Wie konnte ich ihm erklären, dass in unserem Haus mit fünf Zimmern kein Bett frei war?

Mit schamrotem Gesicht musste ich den riesigen Stapel auf der einen Seite unseres Ehebettes noch einmal aufstocken, damit auf der anderen Seite ein Plätzchen für ihn frei wurde.

4. Schritt

Nervtötende Kaninchenpfade überprüfen und Stationen einrichten

(ORDNUNG)

Auch wenn Gott einem Menschen Reichtum und viele Güter gegeben hat und der Mensch diese aus der Hand Gottes annehmen und sich trotz seiner Mühe daran freuen kann, ist es ein Geschenk Gottes.

PREDIGER 5,18

Kaninchenpfade sind die Wege, die Sie gehen müssen, um eine immer wiederkehrende Aufgabe zu erledigen, weil die dafür benötigten Utensilien nicht zusammen aufbewahrt werden. Manchmal müssen Sie durch verschiedene Zimmer – oder sogar das ganze Haus – streifen, um das Benötigte zusammenzusuchen. Das verschlingt Zeit und Kraft und schafft Unordnung, vor allem, wenn Sie die Sachen nicht dorthin zurückbringen, wo Sie sie hergeholt haben.

Einem der nervtötendsten Kaninchenpfade, die ich regelmäßig benutzte, folgte ich jedes Mal, wenn ich jemandem einen Brief schreiben, eine Karte senden oder ein Paket schicken wollte. In meinem Haus war das eine ganz erhebliche Aufgabe – und gewöhnlich ließ ich es zum Schluss ganz sein –, weil ich die benötigten Utensilien im ganzen Haus zusammensuchen musste.

Das *Briefpapier* bewahrte ich in meinem Heimbüro auf. Das schöne Briefpapier allerdings lag in meinem Nachtschränkchen im Schlafzimmer, weil ich geglaubt hatte, dass ich abends Briefe schreiben könnte, während mein Mann ein Buch las oder ein Kreuzworträtsel löste. (Ich habe das niemals geschafft, aber das gehört nicht hierher. Mir schien es eine wunderbare Idee zu sein, und ich ließ die Hoffnung nicht los, dass ich es eines Tages wirklich einmal tun würde.)

Die Schachtel mit den *Umschlägen* befand sich entweder in meinem Heimbüro im ersten Stock, wo ich meinen Bürobedarf aufbewahrte, oder in der Küche im Erdgeschoss, weil ich häufig Umschläge benötigte, um verschiedene Mitteilungen an die Schulen meiner Kinder zu schicken. Stifte lagen überall herum, doch der *besondere* Stift, mit dem ich am liebsten schrieb, befand sich entweder ganz unten in meiner Tasche oder in dem Zimmer, in dem ich ihn zuletzt benutzt hatte.

Die *Danksagungskarten* waren meistens im Zimmer einer meiner Töchter, höchstwahrscheinlich unter dem Bett, denn ganz egal, wie erfolglos ich versuchte, mir die Zeit zu nehmen, mich schriftlich zu bedanken, schaffte ich es aus irgendeinem Grund recht gut, meine Kinder dazu zu bringen.

Grußkarten hatten wir in rauen Mengen (Leute, die den Haushalt nicht so richtig im Griff haben, neigen dazu, jahrelang unbenutzte Grußkarten aufzubewahren, weil wir wissen, dass sich irgendwann einmal die Gelegenheit bieten wird, jede einzelne dieser Karten zu gebrauchen), doch die Schachtel, in der wir die Karten aufbewahrten, platzte aus allen Nähten, sodass viele Eselsohren hatten oder zerknittert waren. Die dazu passenden Umschläge waren in einer separaten Schachtel, und es fraß Zeit, all diese Karten durchzublättern, bis man die richtige für den entsprechenden Anlass gefunden hatte.

Unser immerwährender *Kalender*, wo wir Geburtstage und andere für unsere Freunde und Verwandten wichtige Tage festhalten, lag in einem Stapel, den mein Mann irgendwann einmal ordentlich sortieren wollte. Das *Packband* befand sich in einem Schränkchen und die *großen Umschläge*, *Kartons* und *Adressetiketten* in meinem Büro. Die *Briefmarken* schließlich lagen in einem Körbchen auf dem Tisch im Flur, bis auf die Briefmarken mit *selten gebrauchten Werten*, die im kleinen Fach eines Stiftehalters im Esszimmer aufbewahrt wurden.

Ich muss nicht eigens erwähnen, dass das, was eigentlich ein schneller und einfacher Prozess hätte sein sollen, sich regelmäßig zu einem Albtraum entwickelte. Kein Wunder, dass ich die Korrespondenz schleifen ließ! (Haben Sie etwa geglaubt, ich hätte nur zum Spaß behauptet, dass ich von Natur aus nicht zur Hausarbeit tauge?)

Seltsamerweise fiel mir nie auf, wie unpraktisch dieses System war, bis ich in einem Laden zwei Pakete Umschläge zum Preis von einem erstand. Ich kam mit den beiden Schachteln nach Hause und brachte sie in mein Büro im ersten Stock, wo sie auch hingehörten. Bald aber trug ich eine Schachtel wieder nach unten, weil ich einen Umschlag brauchte, um meinen Kindern das Geld für die Schulmensa mitzugeben. Schließlich dämmerte mir, dass es viel Zeit sparte, wenn ich immer zwei Packungen Umschläge im Haus hätte, einen oben und einen unten. Diesen Gedanken spann ich weiter. Noch am selben Tag sammelte ich alle Utensilien, die mit diesem Kaninchenpfad zu tun hatten, zusammen, packte sie an einem Ort zusammen und musste nie mehr einem Kaninchenpfad folgen, wenn ich einen Brief schreiben wollte.

Verwandeln Sie Kaninchenpfade in Stationen!

In einem Haus, das sich von selbst aufräumt, werden zunächst alle Kaninchenpfade aufgespürt und dann eliminiert. Wie? Indem man Stationen einrichtet. Zunächst sammeln Sie alle dafür benötigten Utensilien. Dann packen Sie sie in einen Behälter, zum Beispiel einen Korb oder eine Kiste. Beschriften Sie diesen Behälter deutlich lesbar und stellen Sie ihn in einen nahe gelegenen Schrank oder eine Kommode. Sie wollen ja, dass diese Utensilien immer griffbereit sind. Gleichzeitig verhindern Sie, dass dieser Behälter wieder auf einer Arbeitsfläche oder einem Tisch herumsteht.

Wie immer Ihre Kaninchenpfade aussehen mögen, der Schlüssel zu ihrer Entfernung umfasst drei Schritte:

1. Alle benötigten Dinge werden zusammengesucht und an einem Ort gesammelt.
2. Diese Sammlung muss in einem einzigen Behälter an einem geeigneten Ort (wie einem Schrank oder einer Schublade) untergebracht werden, und zwar in dem Zimmer, in dem Sie die betreffende Aufgabe am wahrscheinlichsten erledigen werden.
3. Jeder Gegenstand, den Sie auch benutzen würden, um damit eine andere Aufgabe an einem anderen Ort zu erledigen, sollte doppelt vorhanden sein, soweit Sie sich das leisten können, und die doppelten Exemplare sollten dann auch dort ihren Platz finden, wo sie ebenfalls benutzt werden.

Der dritte Schritt macht deutlich, warum es wichtig ist, die Kaninchenpfade aufzuspüren, *bevor* Sie ausmisten, und warum die »Stationen« jedoch erst eingerichtet werden sollten, *nachdem* Sie ausgemistet haben. Die meisten Organisationsexperten werden Ihnen erzählen, dass Sie nur *einen* Hefter besitzen sollten, nicht vier, oder nur *eine* gute Schere statt zehn schlechte. Ich erlaube mir, eine andere Meinung zu vertreten. Messies nehmen sich das, was sie brauchen, wo sie es gerade finden, tragen es dann in ein anderes Zimmer, um dort die entsprechende Aufgabe zu erledigen, und legen es niemals wieder zurück, wo sie es hergeholt haben. Weil ein Haus, das sich von selbst aufräumt, einem Menschen das Werkzeug, das er gerade braucht, dort in die Hand gibt, wo er es braucht, werden Sie einige der doppelt vorhandenen Gegenstände, die Ihnen beim Entrümpeln in die Hände fallen, behalten wollen, um damit Ihre Stationen aufzufüllen.

Außerdem sollten Sie manche Dinge doppelt besitzen, damit Ihre Mitbewohner sie benutzen können und die Utensilien in Ihren Stationen in Ruhe lassen.

Kaninchenpfade in Ihrem Leben

Es gibt viele weit verbreitete Kaninchenpfade, die Ihre Zeit fressen und Unordnung bei Ihnen zu Hause verursachen. Lassen Sie uns einige davon untersuchen. Schlagen Sie eine leere Seite in Ihrem Notizbuch auf und listen Sie alle Kaninchenpfade auf, die Ihnen einfallen. Beginnen Sie mit Karten oder Briefe schreiben, wenn das auch für Sie ein Thema ist.× s. letzte Seite im Buch

Übertreiben Sie es nicht, indem Sie auch Tätigkeiten aufführen, denen Sie nur selten oder einige Male im Jahr nachgehen. Doch jede Aufgabe, die Sie wenigstens einmal im Monat im ganzen Haus nach den benötigten Utensilien suchen lässt, sollte notiert werden.

Widmen Sie jedem Kaninchenpfad eine eigene Seite und schreiben Sie die Utensilien auf, die Sie brauchen, um aus diesem Kaninchenpfad eine Station zu machen.

Und wohin mit all diesen Dingen? Jede »Gruppe« von Gegenständen gehört in einen eigenen Behälter. Diese Behälter verstauen Sie dann in Schränken, Schubladen und Kommoden in unterschiedlichen Zimmern, und zwar so, dass die betreffenden Dinge dort untergebracht sind, wo Sie sie auch brauchen. Wann sollten Sie diese Stationen einrichten? Sie werden die Stationen im Lauf des HDSSA-Prozesses genau dann zusammenstellen, wenn Sie zu den Zimmern kommen, die eine Station brauchen. Denn es handelt sich ja um einen allmählichen Prozess, und genau darum beginnt er auch auf dem Papier. Die Listen aufzustellen, bevor Sie die Stationen einrichten, hilft Ihnen zu erkennen, wonach Sie Ausschau halten müssen (möglicherweise besitzen Sie die benötigten Utensilien bereits), und sorgt dafür, dass Sie jeweils nur in einem Zimmer arbeiten. Dadurch bleibt der Prozess logisch und effizient. Sobald Sie eine Liste der Stationen und der dafür benötigten Utensilien in der Hand halten, ist der schwerste Teil bereits geschafft. Der Rest ist ein Kinderspiel.

Und nun nenne ich Ihnen einige Stationen, die vielleicht auch Sie bei sich zu Hause einrichten möchten, mitsamt einigen Vorschlägen, was sie enthalten könnten.

Telefonanrufe

Vor zwanzig Jahren brauchte man am Telefon lediglich ein Adressbuch und das Telefonbuch. Heute benötigt man viel mehr!

Sie brauchen möglicherweise das reguläre *Telefonbuch, die Gelben Seiten, das Gemeindeverzeichnis, Klassenlisten* und eine Reihe von *persönlichen Listen und Verzeichnissen,* wie zum Beispiel das Mitarbeiterverzeichnis Ihrer Firma oder Telefonlisten aus Schule, Vorschule und Sportverein. Um die Sache noch komplizierter zu machen, haben Sie höchstwahrscheinlich auf Ihrem Handy Nummern gespeichert, die Sie nirgendwo anders notiert haben, wie etwa die Handynummern von den Freunden Ihrer Kinder oder dem chinesischen Restaurant, an dem Sie auf dem Heimweg nach der Arbeit vorbeikommen.

Tragen Sie all diese Listen zusammen. Wenn Sie kein BlackBerry, PDA oder etwas Ähnliches benutzen, erstellen Sie *eine Liste der von Ihnen am häufigsten gebrauchten Rufnummern* in einem Adress- oder Notizbuch. Dann bringen Sie diese Liste regelmäßig auf den neuesten Stand (und vergessen dabei die auf Ihrem Handy gespeicherten Nummern nicht). Meine Liste habe ich in einem Textverarbeitungsdokument auf dem Computer gespeichert. Ich korrigiere und erweitere sie ständig. Sie enthält die Nummern von Freunden, Angehörigen, unseren Ärzten, Geschäften, Werkstätten, Ämtern und Einrichtungen am Ort, wie zum Beispiel Bücherei und Postamt und die Festnetz- und Handynummern aller Freunde meiner Kinder und deren Eltern. Puh! Im Augenblick umfasst meine Liste sieben eng bedruckte Seiten. Sie immer auf dem neuesten Stand zu halten spart enorm viel Zeit und Ärger. Vielleicht sollte ich mir doch ein BlackBerry leisten!

Wenn es bei Ihnen zu Hause mehr als ein Telefon gibt, vor allem wenn es keine schnurlosen sind, richten Sie mehrere Telefonstationen ein. Wenn Ihnen das übertrieben vorkommt, lassen Sie es. Sie wissen, wo und wie Ihre Familie das oder die Telefone zu Hause nutzt. Bei uns gibt es drei, was bedeutet, dass ich immer drei Exemplare des Telefonbuchs bestelle, drei Gemeinde- und Schulverzeichnisse anfordere und alle anderen Telefonlisten fotokopiere, sodass wir jeweils eine für jede Station haben. Diese Listen sowie mein persönliches Telefonverzeichnis, das ich alle paar Monate ausdrucke, lege ich in einem Ringbuch ab. (Darin befinden sich auch die Speisekarten von Lieferimbissen am Ort.) Darum gibt es in jeder Telefonstation auch einen Locher und ein Paket Verstärkungsringe, damit man neue Seiten ins Ringbuch einfügen kann und es immer noch ordentlich aussieht.

Schließlich benötigt jede Telefonstation noch ein Heft für hinterlassene Nachrichten, außer Sie leben allein. Besorgen Sie sich einen Formularblock für Gesprächsnotizen, am besten mit selbstdurchschreibendem Papier, wie man ihn auch im Büro benutzt. Sie bekommen ihn im Fachhandel für wenige Euro. (Ich besitze einen Block mit Spiralbindung und drei abtrennbaren Formblättern für Gesprächsnotizen auf jeder Seite.) Wenn Sie, Ihr Ehepartner oder Ihre Kinder eine telefonische Nachricht füreinander aufnehmen, brauchen Sie so etwas. Die Mitteilung wird auf der obersten Seite notiert, abgerissen und mit einem Magneten am Kühlschrank angebracht. (Für etwas mehr Geld bekommt man die Gesprächsnotizen auch mit einer selbsthaftenden Rückseite, sodass man keinen Magneten braucht.) Wenn die Notiz verloren geht, hat man immer noch den Durchschlag im Notizbuch. Diese Gesprächsnotizen funktionieren bei uns besser als eine Pinnwand oder Tafel oder jedes andere System, das wir bereits ausprobiert haben.

Kaffee kochen

Wenn Sie gerne Kaffee trinken, ist es nur einleuchtend, dass Sie *alle benötigten Utensilien in dem Schrank aufbewahren sollten, der am dichtesten an der Kaffeemaschine steht.* Dazu gehören *Becher, Tassen, Untertassen, Zucker, Süßstoff, Kaffeeweißer, Kaffee, Filter, Kaffeelot* und alles, was Sie sonst noch brauchen. Zum Umrühren sollten Sie einige *Teelöffel* im selben Schrank aufbewahren, damit Sie nicht extra an ihre Besteckschublade gehen oder *Plastikumrührstäbchen* kaufen müssen.

Ich selbst trinke nicht allzu viel Kaffee, doch meine älteste Tochter nimmt gerne eine Tasse mit, wenn sie sich auf den Weg zur Schule macht. Daher findet man in unserer Kaffeestation auch *Thermo-Becher* mit passenden Deckeln, damit sie sich einen »Coffee to go« zubereiten kann.

Hausaufgaben

Die meisten Kinder erledigen ihre Hausaufgaben automatisch an dem Platz, an dem sie es am liebsten tun. Meine Mädchen rotieren zwischen Küchentisch, Computertisch und dem bequemen Sessel im Wohnzimmer, je nachdem, was sie zu tun haben.

Früher hatte ich oft Schuldgefühle, weil sie keine richtigen Schreibtische in ihren Zimmern hatten, gut beleuchtet und ausgerüstet mit dem neuesten Büro- und Zeichenmaterial. Heute nicht mehr! Je mehr ich über erfolgreiche Hausaufgabenstrategien gelesen habe, desto mehr bin ich zu der Überzeugung gekommen, dass die meisten Kinder ihr Bestes geben, wenn sie in einer einigermaßen ruhigen Umgebung und *mit einem Elternteil in der Nähe* arbeiten können. In all den Jahren fühlte ich mich immer schuldig, wenn sie ihre Hausaufgaben am Küchentisch machten, während ich Essen kochte, doch wie sich herausstellte, waren wir auf dem richtigen Weg. Vielen Experten zufolge ist das eine der besten Konstellationen.

Wo immer Ihre Kinder auch ihre Hausaufgaben erledigen, Sie sollten auf jeden Fall die Hausaufgabenstation so einrichten, dass sie von dort gut erreichbar ist. Eine Hausaufgabenstation sollte alle für die jeweilige Altersstufe benötigten Schulmaterialien enthalten, wie zum Beispiel Hefte, Collegeblöcke, Zeichenblock, Füller, Bleistifte, Buntstifte, Filzstifte, Wachsmaler, Kleber, Klebefilm, Radiergummi, Locher, Verstärkungsringe, Karteikarten, Taschenrechner, Millimeterpapier, Hefter und Heftklammern, Textmarker, Haftnotizen, Duden, Thesaurus, Studienbibel und entsprechende Fremdwörterbücher. Arbeiten Sie mit Ihren Kindern, um herauszufinden, was sie brauchen, aber übertreiben Sie es nicht. Wenn die Hausaufgabenstation voll von Dingen ist, die sie nicht benötigen, schaffen sie damit nur neue Unordnung.

Abhängig davon, wie viele Utensilien nötig sind, können sie in einer Tasche oder einem Beutel aufbewahrt werden, oder aber Sie brauchen einige Fächer in einem Schrank oder Bücherregal. Solange Sie die Stationen nur mit Dingen auffüllen, die Ihre Kinder wirklich brauchen, und alles weglassen, was sie nicht brauchen, werden Sie keine Probleme bekommen.

Die einzigen Utensilien, die mit Hausaufgaben zu tun haben und die ich nicht in der Hausaufgabenstation aufbewahre, sind Tonkarton und Bastelplatten aus Hartschaum, die ich hinter einem Bücherregal in meinem Büro lagere, damit sie nicht zerknittern oder verschwendet werden. Ansonsten befindet sich die Hausaufgabenstation in drei Schubladen eines Sekretärs in unserem Wohnzimmer. Die Kinder haben die Aufgabe, die Bestände im Auge zu behalten und mir Bescheid zu sagen, wenn irgendetwas aufgefüllt werden muss.

Elektronische Geräte aufladen

Sie sollten Ihre Ladestation in der Nähe einer *Steckdose* einrichten, die etwas abseits liegt, damit Sie sie nicht dauernd im Blick haben oder über die Geräte stolpern. Andererseits muss sie auch dort eingerichtet werden, wo sich das Familienleben abspielt, damit alle Familienmitglieder dort hingehen und ihre Kameras, iPods, Handys und so weiter anschließen können. Je näher dieser Platz am Eingang liegt, der von Ihnen allen am häufigsten benutzt wird, desto besser.

Ich habe im Katalog schon einige ausgeklügelte »Ladestationen« gesehen, doch ich finde sie angesichts der Tatsache, dass es sich im Wesentlichen um Plastikkästen mit rückwärtigen Löchern für die Kabel handelt, recht kostspielig. Weil wir unsere Ladestation in der Küche eingerichtet haben, habe ich eine Ladestation aus einem Brotkasten gebastelt und hinten ein Loch hineingebohrt. Dann habe ich hinten einen Mehrfachstecker mit Überspannungsschutz angebracht und das Kabel durch das Loch bis zur Steckdose geführt. Wenn notwendig, nehmen wir den Deckel vom Brotkasten ab, schließen unsere Geräte an und schließen den Deckel wieder. (Man könnte ebenso gut einen Korb mit Deckel oder irgendeinen anderen Behälter nehmen.) Unsere Ladegeräte sind immer noch leicht zu handhaben, doch der Kabelsalat ist nun nicht mehr sichtbar.

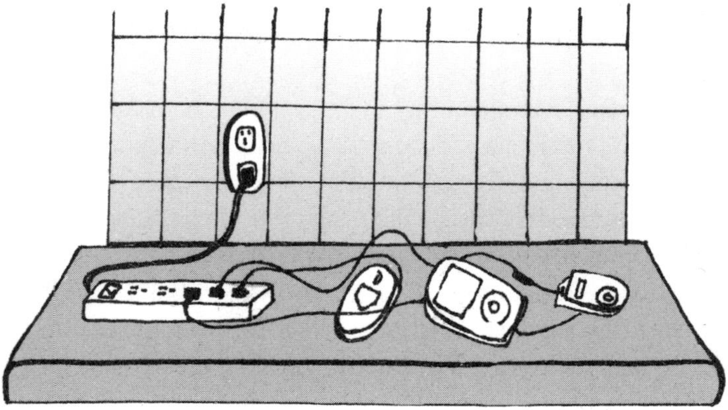

Ob Sie sich nun eine Ladestation kaufen oder selber basteln, wenn Sie kleine Kinder haben, sollten Sie auf jeden Fall darauf achten, dass die spannungsführenden Kabel außer Reichweite und gut befestigt sind, damit niemand einen Schlag bekommt.

Wir haben herausgefunden, dass es sich lohnt, manche Ladegeräte zum Reisen doppelt anzuschaffen. Ich habe sie deutlich markiert und bewahre sie bei den Koffern und Reisetaschen auf. Wenn wir verreisen, holen wir die Ladegeräte von dort, statt unsere ausgeklügelte Ladestation auseinanderzunehmen. Die Extrakosten für die zusätzlichen Ladegeräte lohnen sich allein deshalb, weil wir so unsere Ladestation nicht antasten müssen.

Rechnungen bezahlen

Was brauchen Sie, um Rechnungen zu bezahlen? Wo setzen Sie sich gerne dafür hin? Ob nun am Schreib-, Küchen- oder Esstisch, Sie sollten alle benötigten Utensilien in einer Station griffbereit haben. Wenn Sie ein gutes System haben, um Ihre Rechnungen zu sortieren und zu bezahlen, sich die Briefmarken aber in einem anderen Zimmer befinden, verschwenden Sie Zeit, wenn Sie Ihre Arbeit unterbrechen, aufstehen und sie holen müssen.

Wenn Sie Ihre Rechnungen gerne am Tisch bearbeiten, achten Sie darauf, dass Sie alle dafür benötigten Utensilien in einem tragbaren Behälter unterbringen, den Sie in einem nahe gelegenen Schrank abstellen können, damit Sie ihn schnell zur Hand haben. Die folgenden Dinge brauchen Sie, um Rechnungen zu bezahlen.

Eine Ablage *für eingehende Rechnungen und Kontoauszüge.* Das kann eine einfache Schachtel sein oder eine Wiedervorlagemappe mit 31 Fächern für die Tage eines Monats. Hier legen Sie die Rechnungen jede Woche hinein, wenn Sie sich ausführlich mit ihnen beschäftigen (wie in Teil 3 im Kapitel »Ordnen Sie Ihre Papierstapel nach dem Two-Step-System!« beschrieben), und deshalb muss sie leicht erreichbar und groß genug sein.

Ein *Computer.* Natürlich will ich Ihnen nicht nahelegen, einen Extra-Computer nur für die Rechnungsbearbeitung im Schrank zu verstauen. Doch wenn Sie Ihre Rechnungen am Tisch bearbeiten, schlage ich Ihnen vor, dass Sie alles, was Sie im Zusammenhang mit dem Computer benötigen, wie Verlängerungskabel, Mehrfachsteckdose und Druckerpapier, in Ihrer Rechnungsstation aufbewahren, damit er schnell und so einfach wie möglich einsatzbereit ist.

Ein *Tischrechner*: Sind Sie ein »Taschenrechner-Märtyrer«, der seine Zeit damit verschwendet, die winzigen Tasten des Taschenrechners zu drücken, den Sie einmal als Werbegeschenk bekamen? Halt! Sie brauchen einen Tischrechner, am besten ein elektrisches Modell mit einer großen Tastatur. Denken Sie daran, ein Verlängerungskabel in Ihrer Station unterzubringen, falls notwendig.

Möglicherweise brauchen Sie auch *Scheckformulare, Umschläge, Briefmarken,* einen *Brieföffner* und *Stifte.* Besorgen Sie sich einen selbstfärbenden »Bezahlt«-Stempel, der genug Platz lässt, damit Sie Datum und Zahlmethode vermerken können.

Eine Schlussbemerkung zum Bezahlen von Rechnungen. Unordnung zu reduzieren bedeutet zum großen Teil, sie von vornherein zu verhindern. Zu diesem Zwecke empfehle ich Ihnen, so viele Rechnungen wie möglich online zu bezahlen, zumindest aber für regelmäßig wiederkehrende Beträge wie Miete oder Hypothekenabzahlung Daueraufträge einzurichten oder für die Telefon- und Stromrechnung eine Einzugsermächtigung zu erteilen. Auch das kann man online erledigen.

Edward ist gewiss kein Computerfreak, doch ihm war es wichtig, so etwas zu lernen (Ihre Bank kann Ihnen dabei helfen), und heute spart er jeden Monat Zeit und hat weniger mit Papierstapeln zu kämpfen. Rechnungen kommen noch per Post, aber Edward freut sich schon auf die Zeit, wenn der gesamte Prozess von der Rechnungsstellung bis zur Bezahlung vollkommen elektronisch ohne ein einziges Blatt Papier abläuft.

Geschenke einpacken

Ihre Geschenk-Einpack-Station können Sie so einfach oder so ausgefeilt gestalten, wie Sie Geschenke einpacken. Jahrelang benutzte ich nur Schere, Klebeband und den Comic aus der Sonntagszeitung. Obwohl das Einpacken von Geschenken anders als bei meinen künstlerisch begabten Freunden immer noch nicht zu meinen Lieblingsbeschäftigungen zählt, lasse ich heute die Comicbeilage links liegen und nehme stattdessen schönes *Geschenkpapier, Kräuselband* oder *Geschenkverpackungen.* Der springende Punkt ist, alles an einem Ort aufzubewahren: *Geschenkpapier, Klebeband, Scheren* (die nur zu diesem Zweck benutzt und niemals weggenommen werden dürfen), *Etiketten* oder *Geschenkanhänger* und einen *Edding.*

Wenn Sie Schwierigkeiten mit der Ordnung im Haushalt haben, sollten Sie auf jeden Fall der Versuchung widerstehen, winzige Schnipsel Geschenkpapier in der Hoffnung aufzubewahren, eines Tages einmal ein wirklich winziges Geschenk damit einzupacken. Geschenkpapierreste gehören in den Müll oder ins Altpapier, selbst wenn sie schön aussehen. Gewöhnen Sie sich auch an, zerknittertes oder geknicktes Geschenkpapier wegzuwerfen. Wenn es zu schäbig aussieht, um damit etwas einzupacken, warum sollten Sie daran hängen?

Abfahrt zur Kirche

Vielleicht wirkt dieser Punkt auf Sie etwas ungewöhnlich, aber denken Sie einmal an den überhasteten Aufbruch am Sonntagmorgen, wenn Sie Ihre Bibel oder den Umschlag für die Kollekte nicht finden können. Ich glaube ernsthaft, dass es zu Satans Lieblingsstrategien im Hinblick auf christliche Familien gehört, am Sonntagmorgen ein Chaos anzurichten, wenn wir uns für den Gottesdienst bereit machen. Die kleinen Streitereien, die sich ergeben, wenn wir vor dem Aufbruch herumrennen, können zu gereizten Eltern, schmollenden Kindern und einem Herzen führen, das nicht zur Anbetung oder zum Hören bereit ist.

Im nächsten Monat achten Sie einmal auf die Gegenstände, die Probleme verursachen, wenn sich Ihre Familie auf den Gottesdienstbesuch vorbereitet. Sie gehören in die Gottesdienst-Station. Wahrscheinlich werden Sie zum Schluss mit einer Mischung aus *Notfall-Utensilien* dastehen, wie zum Beispiel einer zusätzlichen Haarbürste, einer neuen Strumpfhose oder Kniestrümpfen, einem Paar schwarzer Herrensocken und einer zusätzlichen Bibel. In diese Station gehören auch *Umschläge, Geld für die Kollekte* und ein *Stift.*

Mütter und Väter, die nicht berufstätig sind, oder Menschen, die in legerer Kleidung an ihrem Arbeitsplatz erscheinen können, sollten noch über ein weiteres Thema nachdenken. Wenn dies auf Sie zutrifft, werden Sie sich am Sonntagmorgen wahrscheinlich besser anziehen als an den anderen sechs Tagen. Selbst wenn Sie in eine Gemeinde gehen, in der man eher leger gekleidet erscheint, werden Sie möglicherweise trotzdem etwas gediegenere legere Kleidung wählen, zum Beispiel Stoffhosen statt Jeans oder ein Hemd bzw. eine Bluse statt eines T-Shirts. Wenn man sich für jeden Tag fürs Büro in Anzug oder Kostüm wirft, ist es keine große Sache, sich für den Gottesdienst angemessen zu kleiden. Wenn Sie aber den größten Teil der Woche in Shorts, Jogginghosen oder abgewetzten Jeans verbringen und Sie sich nicht gewohnheitsmäßig elegant kleiden, müssen Sie besonders darauf achten, dass Sie nicht vom Sonntagmorgen überrascht werden.

Organisationsexperten werden Ihnen viel davon erzählen, dass man jeden Abend die Kleidung für den nächsten Tag herauslegen soll, aber wenn ich so etwas höre, rolle ich nur mit den Augen und behaupte, dass nur Menschen mit der Fähigkeit zur Selbstorganisation daran denken, so etwas zu tun. (Gut für Sie, wenn Sie sich das bereits zur Gewohnheit gemacht haben!) Aber auch anders gestrickte Menschen können etwas tun. Wenn Sie sonntags vom Gottesdienst nach Hause kommen und sich etwas Bequemeres anziehen, entscheiden Sie sich gleich, was Sie *nächsten* Sonntag anziehen wollen. Und damit meine ich alles, Oberbekleidung, Unterwäsche, Socken, Schuhe und Schmuck. Das gesamte Ensemble sollten Sie irgendwo unterbringen, wo es weder zerknittert noch anderweitig Schaden nimmt.

Für meine Sonntagskleidungs-Station benutze ich einen billigen, durchsichtigen, extralangen Plastikbeutel, der sich vorne mit einem Reißverschluss öffnen lässt und Außentaschen für die Schuhe besitzt. Jede Woche packe ich das, was ich nächsten Sonntag tragen will, in den Beutel, lege den Schmuck und andere kleinere Teile vorsichtig nach unten und ziehe den Reißverschluss zu. Die Schuhe kommen in die Außentaschen. Dann hänge ich das Ganze in eine Schrankecke. Wenn dann der nächste Sonntag da ist, muss ich es nur herausnehmen und kann mich anziehen. So finde ich nicht nur alles, was ich brauche, sondern vermeide auch die unliebsamen Überraschungen am Sonntagmorgen, wenn alle schönen Kleidungsstücke zerknittert sind, gewaschen werden müssen oder ich nicht das passende Halstuch finde.

Falls Sie solch einen Hängebeutel nicht finden können oder kein Geld dafür ausgeben wollen, versuchen Sie es einmal mit einer anderen Lösung. Sie brauchen dafür eine Lochzange oder eine Schere, einen Edding, drei große Beutel mit Reißverschluss und einen hübschen Bügel aus Holz oder Plastik. Schreiben Sie auf die drei Beutel »Schuhe«, »Schmuck« und »Sonstiges« und stanzen Sie dann in der Mitte ein Loch in jeden Beutel, etwa zwei bis drei Zentimeter unterhalb des Reißverschlusses. Wenn Sie Ihre Kleidung für den nächsten Sonntag herauslegen, hängen Sie sie auf den Bügel, packen die anderen Utensilien in die entsprechenden Beutel, verschließen sie und führen den Bügelhaken durch die Löcher.

Jetzt sind Sie bereit für den nächsten Sonntag! Achten Sie nur darauf, dass Sie Ihr Sonntagsensemble ganz am Rand aufhängen, damit Sie nicht in Versuchung geraten, etwas davon unter der Woche zu tragen.

Diese Idee können Sie auch für Kostüme oder besondere Gelegenheiten, zu denen Sie sich in Schale werfen, benutzen.

Sport

Es gibt einen guten Grund, warum Sie diese Station einrichten sollten: Wenn Sie für Ihr Training keine Vorbereitungszeit benötigen, wie zum Beispiel das Sportzeug zusammenzusuchen oder Ihre Lieblingskassette zu finden, können Sie diese Station konsequenter durchhalten. Wie oft haben Sie schon keinen Sport gemacht, weil es Ihnen zu anstrengend war, sich alles zusammenzusuchen?

Wenn Sie ausschließlich in einer Sporthalle, im Schwimmbad oder in einem Fitnessstudio trainieren, *ist* Ihre Sporttasche Ihre Sportstation. Achten Sie darauf, dass Sie Ihre gesamte Ausrüstung enthält, wie zum Beispiel *Schwimmbrille, Badekappe, Handtuch, Wasserflasche* und *Schloss für das Schließfach.* Achten Sie darauf, dass Sie Duschgel, Shampoo und Make-up eigens für die Sportstation anschaffen, damit Sie nie die entsprechenden Artikel aus dem Bad mitnehmen müssen. Ich weiß nicht, wie viele Jahre ich damit verbracht habe, ein einziges Deo zwischen Sporttasche und Badezimmer hin- und herzutragen, bis ich mir endlich an die Stirn schlug und eins meiner großen Aha-Erlebnisse hatte. Es ist erstaunlich, wie zwei Deos mein Leben seither so viel einfacher gemacht haben!

Um Ihre Sportstation immer einsatzbereit zu haben, gewöhnen Sie sich an, gewisse Utensilien gleich auszutauschen, wenn Sie nach Hause kommen, wie zum Beispiel Handtuch, Wasserflasche, saubere Socken und Unterwäsche, statt damit bis zum nächsten Mal zu warten. Auf diese Weise ist Ihre Sporttasche immer einsatzbereit.

Wenn Sie Ihr Work-out zu Hause durchführen, kann Ihre Sportstation auch *Sportausrüstung und Geräte* wie etwa ein *Laufband, Hanteln* oder einfach einen *Fernseher, Videos mit Übungen* und *ein Platz auf dem Fußboden* umfassen. Wenn Sie draußen trainieren, benutzen Sie vielleicht ein gutes Paar *Sportschuhe, ein tragbares Radio, einen Tennisschläger* und *Bälle, einen Basketball, einen Volleyball, einen Hockeyschläger* oder *ein Paar Schlittschuhe.*

Ganz egal, was Sie brauchen, achten Sie darauf, dass Sie dabei an die *gesamte* Trainingseinheit denken. Sie sollten keinen *einzigen* Gegenstand vergessen, den Sie eventuell brauchen könnten, wie zum Beispiel *Ersatzbatterien* für Ihren *CD-Spieler, Pflaster* bei Blasen, *Knöchelbandagen,* falls notwendig, eine *Luftpumpe* für Ihren Basketball oder für die Fahrradreifen, eine *Wasserflasche, Blendschutz, Sonnenbrille* und *Sonnencreme.* Je nachdem, wie viel Platz Ihre Sportstation einnimmt, brauchen Sie dafür einen kleinen Beutel oder einen ganzen Schrank.

Damit Ihre Sportausrüstung nicht Ihr gesamtes Zuhause überschwemmt, sollten Sie zwei voneinander getrennte Bereiche einrichten: Ihre *Sportstation,* wo Sie die Sachen aufbewahren, die Sie zurzeit benötigen, und ein *Sportausrüstungslager,* wo Sie alles unterbringen, was Sie irgendwann im Laufe des Jahres benötigen. Ihr Sportausrüstungslager muss leicht zugänglich sein, zum Beispiel in der Garage oder im Schuppen, darf aber nicht im Weg sein. Das ist besonders wichtig, wenn Sie begeisterter Winter- oder Sommersportler sind. Skier, Schlitten und Snowboard brauchen sehr viel Platz und sollten außerhalb der Saison weit abseits gelagert werden. Mein

Mann bringt unsere Skier und Schlitten unter dem Garagendach neben den Dachsparren unter, bis die ersten Schneeflocken fallen.

Selbst wenn Sie keine Schwierigkeiten haben, die nicht benötigten Sportgeräte außerhalb der Saison zu lagern, fällt es Ihnen möglicherweise nicht so leicht, die derzeit benötigten Sportsachen unterzubringen. Eine erfinderische Mutter aus meinem Bekanntenkreis hatte das Problem, dass ihre drei Söhne verschiedene Sportarten trieben, und löste es auf clevere Weise. Weil jedes ihrer Kinder eine eigene Sportstation brauchte, kaufte sie drei große Metallschränke, stellte sie nebeneinander in der Garage auf, direkt neben der Tür, und sagte ihren Kindern, dass die aktuell benötigte Ausrüstung nicht mehr umfassen dürfe, als ein Schrank fassen könne. Das zwang sie, außerhalb der Saison nicht benötigte Utensilien wie Hockeyschläger oder Schutzpolster für Football auszusortieren und im Sportgerätelager unterzubringen, wenn die Saison vorbei war. Das System mit den Metallschränken funktionierte so gut, dass sie schließlich noch einen vierten kaufte. Unten lagerte sie die Luftpumpe und andere gemeinsam genutzte Gegenstände, mit denen sie das ganze Jahr über im Garten spielten, wie den Basketball, Softball und Baseballschläger. Den Platz oben reservierte sie für ihre eigene Sportstation, die im Wesentlichen aus einem Helm, Knie- und Ellenbogenschützern und Rollerblades bestand. Weil sie nun nicht mehr Garage und Schuppen durchforsten musste, um ihre Sachen zusammenzusuchen, benutzte sie sie viel häufiger.

Verreisen

Als Familie verreisen wir so oft, dass wir einen ganzen Schrank als Reisestation eingerichtet haben. Sie enthält alle unsere Koffer und Schlafsäcke. Außerdem befindet sich dort ein Schraubenkasten mit kleinen durchsichtigen Plastikschachteln, die zusätzliche *Aufladegeräte* für unsere Handys und Kameras enthalten, *Körperpflegeprodukte* in Kleinpackungen (normalerweise aus Hotels mitgenommen), Beutel, Adressanhänger und Kofferriemen, eine Reihe von Reißverschlusstaschen aus Stoff und Plastik (die meisten im Laufe der Jahre als Werbegeschenke in Kosmetikgeschäften überreicht), *Einmalkameras,* wiederverschließbare Plastikbeutel in zwei verschiedenen Größen und raffinierte Reiseutensilien wie einen tragbaren *Ventilator, Steckeradapter,* einen *Reisewecker* und anderes.

Unsere Landkarten, Straßenatlanten und Reiseführer bewahren wir woanders auf, ebenso unsere Pässe. Wir verstauen also nicht alles, was wir für eine Reise brauchen, an einem Ort, sind aber nahe dran! Jedenfalls sind die Reisevorbereitungen viel einfacher zu treffen als früher.

Wenn Sie kaum verreisen, brauchen Sie nicht unbedingt eine Reisestation. Wenn Sie dagegen andauernd verreisen oder ein Familienmitglied des Öfteren unterwegs ist, sollten Sie noch einen Schritt weitergehen und jederzeit eine gepackte Tasche in Ihrer Reisestation aufbewahren.

Eine Schriftstellerin aus meinem Bekanntenkreis hält oft Vorträge und ist an dreißig bis vierzig Wochenenden pro Jahr unterwegs. Ihre Reisetasche ist buchstäblich immer gepackt. Sobald sie von einer Reise zurückkehrt, ersetzt sie die benutzten Kleidungsstücke durch neue, packt alles ein, was sie für ihre nächste Fahrt benötigt, und stellt die Tasche dann wieder in den Schrank. Wenn sie sich am Wochenende wieder auf den Weg macht, schnappt sie sich einfach ihre Tasche, packt die letzten Kleinigkeiten ein und fährt los. Das geht, weil sie sich nur knitterfreie Kleidung kauft. Ich konnte nicht glauben, dass es so etwas wirklich gibt, bis sie mich überredete, mir selbst einmal ein knitterfreies Kostüm zu kaufen. Heute nehme ich niemals etwas anderes auf eine Reise mit! Suchen Sie im Internet nach »knitterfreier Kleidung«, und Sie werden eine Reihe von Angeboten verschiedener Hersteller finden.

Kleine Reparaturen im Haushalt

Wahrscheinlich haben Sie zwei verschiedene Arten von Werkzeugen bei sich zu Hause: alltägliche wie Hämmer und Schraubendreher und solche für spezielle Arbeiten wie Bandschleifer oder Gehrungssäge. Die meisten Leute, sogar Messies, sind relativ ordentlich, was die größeren Werkzeuge betrifft, und wissen immer genau, wo sie sie finden können, weil man sie im Allgemeinen nicht im Haus herumträgt. (Meine Kinder können vielleicht einmal aus Gedankenlosigkeit mein Maßband verlegen, aber ich bezweifle, dass ihnen das mit der Kettensäge passiert.)

Es ist nicht schwierig, in der Garage oder im Schuppen einen Lagerort für die schweren Werkzeuge einzurichten und die kleineren Werkzeuge doppelt anzuschaffen, um sie in einer Wohnungs-Reparatur-Station aufzubewahren. Was diese Reparatur-Station alles enthalten soll, hängt ganz davon ab, wie praktisch veranlagt Sie sind und ob Sie mittelschweres Gerät wie *Bohrmaschine* oder *Akkuschrauber* immer griffbereit haben wollen.

Bei uns zu Hause erledigt mein Mann alles, was komplizierter ist, als einen Nagel in die Wand einzuschlagen. Er hält seine Werkzeuge gerne zusammen, und deshalb habe ich für unsere Reparatur-Station die meisten gebräuchlichen Werkzeuge doppelt angeschafft. Dazu gehören ein Hammer, ein Sortiment an *Schraubendrehern* (kleine und große, Kreuzschlitz und normale), ein Sortiment an *Nägeln, Schrauben, Haken, Bilderhaken, Zollstock,* eine kleine *Wasserwaage* und eine Rolle *Isolierband.* Ihre Reparatur-Station enthält vielleicht noch mehr, aber der springende Punkt ist, sie nur mit den Werkzeugen zu bestücken, die Sie regelmäßig und nicht nur ein- oder zweimal im Jahr brauchen.

Halten Sie Ihre Stationen instand!

Eine Schlussbemerkung: Wenn Sie Ihre Stationen eingerichtet haben, jedoch entdecken, dass hier und da etwas entwendet wird, zögern Sie nicht, das Problem gleich im Keim zu ersticken:

- Nehmen Sie einen Edding, um alle Utensilien mit ihrer Herkunftsstation zu markieren, genau wie es in Büros üblich ist, wenn sich

Kollegen etwas ausleihen und vergessen, es wieder zurückzubringen. Ihre Schere könnten Sie zum Beispiel so markieren: *Geschenkverpackungs-Station. Bitte nicht entfernen!*

- Reden Sie mit den »Dieben« und kündigen Sie *Strafen* an, wenn Utensilien, die zu einer Station gehören, missbraucht werden.
- Suchen Sie sich einen Platz für die betreffende Station aus, der nicht unmittelbar in die Augen fällt (zum Beispiel eine Schublade unten rechts statt in der Mitte oben), sodass die Versuchung nicht so stark ist, etwas herauszunehmen.
- Binden Sie die Utensilien fest. Nach jahrelangen Kämpfen mit meinen Töchtern, die immer wieder meine beste Haarbürste entwendeten, knotete ich sie eines Tages mit einem Bindfaden an einen Schubladengriff an. Es sah nicht besonders gut aus, und es war auch lästig, mir meine Haare so zu bürsten, doch im Lauf der nächsten Wochen half der Bindfaden meinen Töchtern. Da merkten sie erst, dass sie sich die Bürste schnappten und dann damit weggingen. Nachdem die Lektion saß und sie sich dieses Verhalten abgewöhnt hatten, entfernte ich die Schnur wieder.

Tun Sie alles Notwendige, um die Stationen instand zu halten. Sie werden merken, dass es viel Zeit und Kraft spart, Stationen einzurichten und zu pflegen.

Meine peinlichste Messie-Geschichte

– Eingebildete Vandalen –

VON PETER M.

Eines Abends gingen mein Mitbewohner und ich ins Kino. Während wir unterwegs waren, kamen einige Freunde vorbei, um uns zu besuchen. Als sie merkten, dass wir nicht zu Hause waren, wollten sie uns einen Streich spielen. Sie schleppten das gesamte Mobiliar auf die Veranda vor dem Haus, türmten es aufeinander und hinterließen einen Zettel mit der Aufschrift »Haha« an der Tür. Leider war die Notiz weggeweht, als wir zurückkehrten.

Als wir nach Hause kamen, merkten wir also nicht, dass man uns einen Streich gespielt hatte, sondern glaubten, hier seien Vandalen am Werk gewesen. Wir hatten Angst, hineinzugehen, und riefen die Polizei. Sie kamen, betraten die Wohnung und durchsuchten sie nach Anzeichen für Vandalismus. Als sie wieder herauskamen, meinten sie, dass die Vandalen verschwunden seien, aber das Haus praktisch in Schutt und Asche gelegt hätten.

»Sie müssen morgen kommen, damit wir den vollständigen Bericht aufnehmen können«, sagten sie uns. »Überall liegen Kleidungsstücke herum, Papiere, alles mögliche Zeug. Sie haben die Wohnung völlig verwüstet.«

Als wir das Haus betraten, merkten wir, dass überhaupt niemand drin gewesen war. Das entsetzliche Chaos, von dem die Polizisten gesprochen hatten, war das Chaos, in dem wir jeden Tag lebten!

5. Schritt

Untersuchung der Sichtzonen

(ORDNUNG)

So vergalt der Herr mir nach seiner Gerechtigkeit,
nach meiner Reinheit vor seinen Augen.

2. SAMUEL 22,25 (ELB)

Gehen Sie in Ihren Bereich 1 und stellen Sie sich auf die Schwelle, den Blick nach drinnen gerichtet, so als kämen Sie gerade von draußen herein. Jetzt lassen Sie den Blick von links nach rechts schweifen. Ihre Sichtzone umfasst alle Bereiche der Räume, die Sie sehen können. Wenn Sie über die Sichtzone Ihres augenblicklichen Standorts nachdenken, fragen Sie sich, ob Sie irgendetwas tun sollten, um diesen ersten Eindruck von Ihrem Zuhause attraktiver zu gestalten, oder etwas verändern sollten, damit dieser Bereich leichter sauber zu halten ist. Sieht er gut aus, ist er funktional, gefällt er Ihnen? Können Sie irgendwelche Veränderungen vornehmen, zum Beispiel abgeblätterte Farbe nachstreichen, ausgediente Stücke ersetzen oder einen hartnäckigen Fleck entfernen? Schauen Sie auch einmal genau hin, wie viele Zimmer Sie von Ihrem Standort aus sehen können. Ist die Sichtzone zu weit und deckt so viele Bereiche ab, dass es unmöglich ist, sie alle sauber und ordentlich zu halten?

In einem Haus, das sich von selbst aufräumt, geben Sie Ihrem Zuhause den Anschein, aufgeräumter zu sein, als es wirklich ist, indem Sie den Blick auf die jederzeit ordentlichen Bereiche lenken.

In den Vororten von Philadelphia, wo ich wohne, schießen große nagelneue Häuser wie Pilze aus dem Boden. Offenbar wurden sie von

Leuten entworfen, die noch niemals ein Haus sauber halten mussten, in dem das Leben tobt. Die meisten dieser Häuser bieten vom Haupteingang aus gesehen eine große Sichtzone, die die Küche und ein großes Wohnzimmer umfasst. Wenn die Häuser schön eingerichtet und perfekt aufgeräumt sind, kann man damit eine erstaunliche Wirkung erzielen. Nach dem zu urteilen, was mir vor die Augen gekommen ist, wird diese wunderbare Wirkung allerdings recht häufig durch das kleinste bisschen Unordnung im Wohnzimmer oder etwas schmutziges Geschirr in der Küche ruiniert. Das Haus wirkt unordentlich.

Nun mal ehrlich: Wenn Ihr Heim nicht jederzeit makellos aufgeräumt ist, warum sollte man dann eine so breite Sichtzone haben? In einem Haus, das sich von selbst aufräumt, geben Sie Ihrem Zuhause den Anschein, aufgeräumter zu sein, als es wirklich ist, indem Sie den Blick auf die jederzeit ordentlichen Bereiche lenken.

Wenn der Eingangsbereich den Blick in viel zu viele Zimmer freigibt, sollten Sie verschiedenartige Sichtblenden aufstellen, um den Blick in eine andere Richtung zu lenken. Die beste Wirkung erzielt man durch architektonische Veränderung wie etwa eine zusätzliche Mauer oder Türen, die in bisher türlosen Durchgängen eingehängt werden. Wenn Sie solche architektonischen Veränderungen durchführen, die das Blickfeld vom Eingangsbereich aus gesehen einschränken, achten Sie darauf, dass dieser Bereich einladend aussieht und nicht überladen wirkt. Wenn Sie etwas an dieser Sichtzone ändern, wirkt sich das positiv auf Ihren Stresspegel aus und verbessert den ersten Eindruck.

Wenn ich in einem Haus wohnen würde, wo jeder auf den ersten Blick alle Räume sehen könnte, wo man kocht, isst und sich entspannt, würde ich mich wahrscheinlich mit dem Hausputz verrückt machen. Ich könnte mich nie so entspannen, dass ich mein Zuhause wirklich genieße. Oder ich würde ins andere Extrem verfallen und den Hausputz überhaupt aufgeben, weil ich frustriert wäre, dass selbst ein einziges unaufgeräumtes Fleckchen das ganze Haus unordentlich aussehen lassen würde.

Schränken Sie also das Blickfeld ein und lenken Sie die Blickrichtung so, dass Ihr Zuhause von der Wohnungstür aus gesehen makellos aussieht, doch weiter drinnen bewohnt und lebendig wirkt. Das Leben kann manchmal unordentlich sein, vor allen Dingen, wenn Sie es genießen, es Spaß macht und sie kreativ sind. Lassen Sie sich von einer unvorteilhaften Sichtzone nicht davon abhalten, Ihren Familienaktivitäten nachzugehen.

Wenn Ihnen architektonische Veränderungen zu weit gehen, schaffen Sie eine Sichtblende durch

- ein großes Möbelstück in der Sichtlinie, und zwar so, dass es harmonisch aussieht, der Blick aber vom Rest des Hauses weggelenkt wird.
- einen schrägen Spiegel. Dadurch wirkt der Eingangsbereich großzügiger.
- eine Faltwand.
- Pflanzen, vielleicht auf einem Tischchen, oder eine Blumenampel, die von der Decke hängt.
- einen schönen Vorhang.
- ein Rankengitter oder Spalier.
- eine Kombination aus den oben genannten Vorschlägen.

Ihrer Kreativität sind nur Grenzen durch den Grundriss Ihres Hauses und die Anlage des Eingangsbereichs gesetzt.

Außerhalb des Eingangsbereichs

Ob Sie es nun glauben oder nicht, der Hauptgrund dafür, eine aufgeräumt wirkende Sichtzone einzurichten, liegt nicht darin, Lieferanten oder Nachbarn zu beeindrucken, die nur bis zur Wohnungstür kommen. Zuallererst soll es eine Wirkung auf *Sie und alle, die mit Ihnen in diesem Haus leben,* ausüben, und zwar jedes Mal, wenn Sie hinein- oder hinausgehen. Wenn Sie durch die Tür kommen und auf ein Chaos stoßen, fühlen Sie sich demoralisiert. Wenn Sie durch die Tür kommen und alles ordentlich aussieht, selbst wenn es sich nur um den ersten Eindruck handelt, haben Sie das Gefühl, Sie hätten alles unter Kontrolle. Das gibt Ihnen Kraft. Darum sind die Sichtzonen für den Eingang zu jedem Zimmer Ihres Hauses so wichtig. (Räume mit mehreren Türen haben auch mehrere Sichtzonen.)

Alles in Ihrem Haus, das im Laufe der Zeit
mit einer gewissen Wahrscheinlichkeit zur Unordnung neigt,
sollte außerhalb der Sichtzonen platziert werden.

Nehmen wir beispielsweise einmal an, dass Ihre Familie bei Bücherregalen zur Unordnung neigt. Sie schnappen sich ein Buch und lesen es, stellen es aber nicht so ordentlich zurück, wie Sie es sollten. Nach einer Weile steht die Hälfte aller Bücher nicht mehr in Reih und Glied im Regal, sondern liegt quer auf den anderen Büchern. In einem Haus, das sich von selbst aufräumt, besteht der erste Schritt darin, nachzusehen, ob man das Bücherregal so verändern kann, dass es sich an das Verhalten der Familienmitglieder anpasst. Das könnte bedeuten, einige Bücher auszusortieren, damit es nicht mehr so überfüllt ist, oder zusätzliche Buchstützen zu besorgen, damit die Bücher ordentlicher einsortiert werden können. Sie könnten die offenen Regale auch durch Bücherschränke ersetzen, doch dies ist eine recht kostspielige Lösung, zu der Sie vielleicht nicht bereit sind. Sie könnten – und sollten – versuchen, Ihr Verhalten zu ändern, doch wie wir bereits gemerkt haben, ist es nicht sehr wahrscheinlich, dass man diese Veränderung langfristig durchhält. Richten Sie sich daher nach der Sichtzonenregel, die bestimmt, dass alles in Ihrem Haus, das im Laufe der Zeit mit einer gewissen Wahrscheinlichkeit zur Unordnung neigt, außerhalb der Sichtzonen platziert werden sollte. Stellen Sie sich das gleiche Zimmer jeweils mit anderer Anordnung der Möbel vor:

Vorher

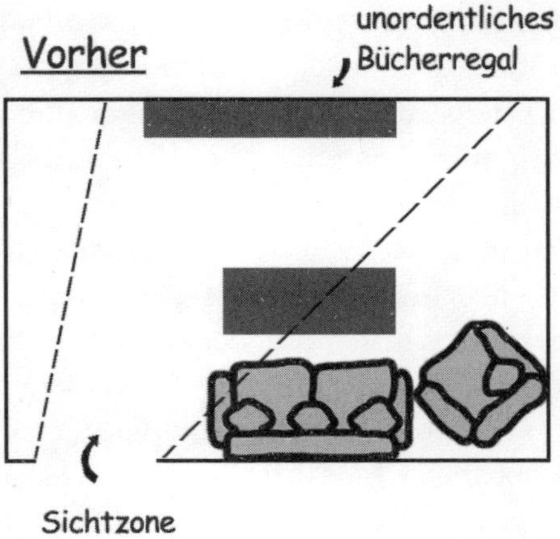

Nachher

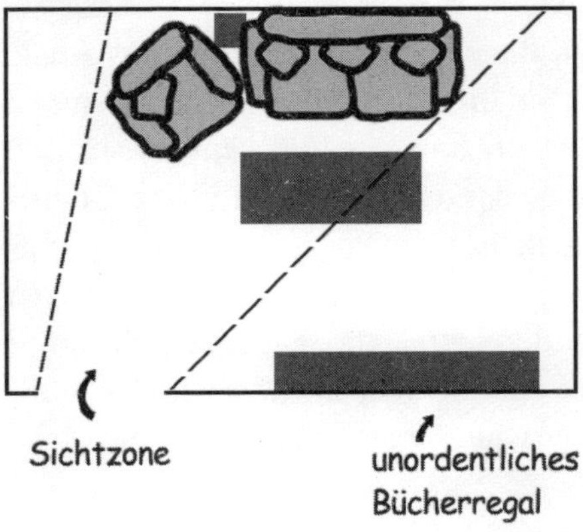

Wenn Sie das Zimmer der oberen Abbildung betreten, fällt Ihnen als Erstes das Bücherregal ins Auge, weil es an der Wand steht, die der Tür gegenüberliegt. Wenn diese Regale unordentlich wirken, werden Sie vom gesamten Zimmer den Eindruck gewinnen, dass es unordentlich ist, selbst wenn das gar nicht stimmt.

Wenn Sie das Zimmer der unteren Abbildung betreten, steht das Bücherregal rechts vom Eingang. Um die unordentlichen Bücher zu

Gesicht zu bekommen, müssen Sie ganz eintreten und sich umdrehen. Wenn das restliche Zimmer aufgeräumt wirkt, hat Ihr Gehirn in der Zwischenzeit bereits registriert, dass es ordentlich aussieht. So also sollten Sie Ihr Zimmer einrichten, um Vorteile aus dem Sichtzonenprinzip zu schlagen.

In Teil 3 werden wir unter Benutzung des Sichtzonenprinzips für das gesamte Haus über das positive psychologische Erlebnis der »Ordnung« in allen Einzelheiten nachdenken. Im Augenblick reicht es, wenn Sie darüber herausfinden, in welchen Bereichen Ihre Familie am meisten zur Unordnung neigt und wie sich das zeigt. Frisierkommoden, Hobbybereich, Videorekorder und offene Regale gehören zu den üblichen Verdächtigen. Wenn Sie sich durch das Haus arbeiten, denken Sie immer daran, wie Sie diese Gegenstände aus der Sichtzone schaffen können.

Sie sollten auch immer auf einige grundlegende Gestaltungsprinzipien achten, vor allem darauf, einen Ruhepol für das Auge zu schaffen. Oft lassen wir den Blick in einem Zimmer umherschweifen, weil es keinen Punkt gibt, auf dem wir das Auge ruhen lassen können. Schenken Sie Ihrer Familie und Ihren Gästen Zufriedenheit, indem Sie für jede Sichtzone einen Ruhepunkt schaffen. Achten Sie darauf, dass jeder sauber und ordentlich bleibt. Zum Beispiel bleibt ein schönes beleuchtetes Gemälde an der Wand sauber und ordentlich, ein auffälliges, bunt bemaltes Spielzeugregal eher nicht. Wenn Sie Regale in lebhaften Farben mögen, sollten Sie auf jeden Fall eins haben, aber stellen Sie es nicht in der Sichtzone auf, damit Sie es nicht ständig sauber und ordentlich halten müssen.

Meine peinlichste Messie-Geschichte

– Eine unangenehme Überraschung –

Von Rita P.

Einmal ließ ich mein Auto einer gründlichen Innenreinigung unterziehen, weil es so dreckig war und auch unangenehm zu riechen begann. Als ich es wieder abholen wollte, sagte mir der Mann, dass es noch nicht fertig sei. Er begleitete mich nach draußen und zeigte mir das Problem.

Offenbar hatte unser kleiner Sohn vor einiger Zeit eine Flasche Milch fallenlassen, die unter den Beifahrersitz gerollt war. In der Zwischenzeit war nicht nur die Milch sauer geworden, sondern die Flasche leckte auch und hatte Fliegen angezogen. Ich schämte mich in Grund und Boden, als ich sah, dass man bei der Reinigung den Sitz ausgebaut hatte, um darunter sauberzumachen, weil der ganze Wagenboden mit Maden bedeckt war.

6. Schritt

Neuanschaffungen planen

(ORDNUNG)

Wenn ihr bei weltlichem Besitz nicht vertrauenswürdig seid, wer wird euch die wahren Reichtümer des Himmels verwalten lassen?

Lukas 16,11

Gehen Sie in den Bereich 1 zurück und stellen Sie sich im Eingangsbereich hin. Schlagen Sie eine leere Seite in Ihrem Notizbuch auf und schreiben Sie oben »Reparaturen und Verbesserungen« hin. Listen Sie alle Gegenstände auf, die weitaus einfacher sauber zu halten wären, wenn sie repariert oder ersetzt würden. Das könnte zum Beispiel so aussehen:

- hartnäckiger Fleck im Teppich rechts von der Tür
- Entlüftungsschacht auf einer Seite verrostet
- Rückwand muss neu gestrichen werden
- Plastikteil an der Leuchte sieht schäbig aus.

Sobald wie möglich sollten Sie diese Probleme lösen oder Ihren Ehepartner bitten, sich darum zu kümmern. Tun Sie, so viel Sie können. Vielleicht sind Sie nicht in der Lage, sich einen neuen Teppichboden zu leisten, doch vielleicht kann man die schadhafte Stelle mit einem Teppichrest ausbessern oder zumindest mit der Schere den Flor kürzen, bis der schlimmste Dreck nicht mehr zu sehen ist.

Ein Haus, das sich von selbst aufräumt, ist ein Haus, das sich in einem guten Zustand befindet. Meine Freundin Abby erzählte mir einmal, wie sie jedes Mal wertvolle Minuten verschwendete, wenn sie das Klingelschild aus Messing neben ihrer Haustür polieren wollte. Es war vergebliche Liebesmüh. Es sah immer matt und zerkratzt aus. Als sie eines Tages im Baumarkt Zeit totschlug, während sie auf ihren Mann wartete, entdeckte sie eine Reihe von Klingelschildern im Angebot. Sie war ersstaunt, als sie entdeckte, dass sie ihr altes Klingelschild für nur etwa zehn Dollar gegen ein neues glänzendes auswechseln konnte. Als sie an die Zeit dachte, die sie damit verschwendet hatte, etwas zu säubern, das niemals sauber wurde, kam sie sich dumm vor. Es war ihr niemals in den Sinn gekommen, dass man das betreffende Stück so leicht und billig ersetzen konnte.

Wasserhähne im Badezimmer verursachen oft das gleiche Problem. Einige Jahre lang hatten wir einen Wasserhahn, der immer dreckig aussah, ganz egal, was ich damit anstellte. Ich verstand einfach nicht, was ich falsch machte, bis mich mein Klempner darauf aufmerksam machte, dass der Hahn so dreckig aussah, weil er nachlässig abgedichtet worden war. Ich hatte meine Zeit auf etwas verschwendet, das niemals sauber geworden wäre. Schließlich ließen wir den Wasserhahn ersetzen, doch bis dahin vergeudete ich keinen einzigen Moment mehr mit dem Versuch, ihn auf Hochglanz zu bringen.

Meine peinlichste Messie-Geschichte

– Überraschung im Badezimmer, Teil 2 –

Von Stacy T.

Viele Pflichten hielten mich auf Trab: Ich unterrichtete unsere Kinder zu Hause und hatte viele Aufgaben in meiner Gemeinde übernommen. Wie hätte ich die Zeit für einen gründlichen Hausputz finden sollen? Um den gröbsten Schmutz kümmerte ich mich – ich fegte, hob herumliegende Sachen auf und so weiter –, doch Scheuern und Wischen kamen zu kurz. Als ich mich eines Tages im Badezimmer aufhielt und meinte, es sei nun wirklich an der Zeit, die Putzmittel hervorzuholen und mich an die Arbeit zu machen, fiel mir in einer Ecke etwas Kleines, Dunkles ins Auge. Ich stützte mich auf Hände und Knie, um mir das etwas näher anzusehen.

Was ich in der finsteren feuchten Ecke sah, erschreckte mich. Es war winzig, ungefähr so groß wie eine Rosine. Ich ging noch näher heran und blinzelte, um wirklich sicherzugehen. Es war ein Champignon! Ein Champignon, der in unserem Badezimmer wuchs!

Zufällig nahmen wir im Heimunterricht gerade Pilze durch, und so ließ ich die Kinder dieses Exemplar fotografieren, bevor ich es entfernte.

Dann brach ich den Unterricht ab und verbrachte den Rest des Tages damit, mir jede Ecke und jeden Winkel mit Zahnbürste und Bleiche vorzunehmen. Ich habe immer noch viel zu tun, und unser Zuhause wird dem Maßstab meiner Schwiegermutter immer noch nicht gerecht, aber zumindest befinden sich die einzigen Champignons heute in Dosen in der Speisekammer.

7. Schritt

Gedanken über Instandhaltung machen

(ORDNUNG)

Denn die zu uns gehören, sollen kein nutzloses Leben führen sondern lernen, überall dort Gutes zu tun und zu helfen, wo es nötig ist.

TITUS 3,14

Dieses Kapitel, das Ihnen den letzten Schritt erklärt, sollten Sie keinesfalls hastig überfliegen. Wenn Sie jetzt genau aufpassen, wird es Ihnen helfen, jeden einzelnen Bereich für immer sauber und ordentlich zu halten.

Vier Elemente umfasst die Instandhaltung, und jedes hat damit zu tun, dass man der Unordnung *zuvorkommt.* Noch bevor sich Unordnung breitmacht, sollten Sie sofort reagieren

- bei »vorschriftswidrig geparkten« Gegenständen,
- bei Müll,
- beim Ausmisten,
- bei Schmutz.

Reagieren Sie sofort bei »vorschriftswidrig geparkten« Gegenständen!

Auf den ersten Seiten dieses Buchs habe ich Sie aufgefordert, Fotos von jedem Bereich zu machen. Jetzt sollen Sie noch mehr Bilder machen, aber nur im Kopf. Sehen Sie sich im Bereich 1 um. Achten Sie darauf, wie er jetzt aussieht und was hierher gehört.

Von nun an sollen in diesem Bereich nur noch Gegenstände zu finden sein, die im Augenblick hier zu sehen sind. Betrachten Sie es einmal so: Stellen Sie sich vor, dies sei ein Privatparkplatz und Sie seien der Parkwächter. Ihre Aufgabe ist es, nach Ihnen unbekannten Autos Ausschau zu halten, die unerlaubt zu parken versuchen. In dem Augenblick, da Sie eines entdecken, sprechen Sie den Fahrer an. Wenn er keine Parkerlaubnis besitzt, muss er verschwinden.

»Hauswächter« zu sein bedeutet nicht, dass Sie andauernd hinter anderen Leuten aufräumen müssten, als seien Sie ein Hausmädchen. Es bedeutet hingegen, dass Sie aufmerksamer auf Unordnung achten, sobald sie entsteht, sodass Sie sie entweder selbst beseitigen oder die Person, die sie hinterlassen hat, zurückrufen, damit der Schandfleck beseitigt wird. Erklären Sie Ihren Familienmitgliedern den Vergleich mit dem Parkplatz und lassen Sie sie wissen, dass sie nun ebenfalls Parkwächter sind.

In Zukunft (auch auf die Gefahr hin, dass ich die Parkplatz-Analogie ein wenig strapaziere) ziehen Sie in Erwägung, einem Auto, das immer wiederkommt, um dort zu parken, einen Parkschein zu verkaufen. Mit anderen Worten, wenn Sie merken, dass ein bestimmter Gegenstand oder eine bestimmte Art von Gegenstand immer wieder dort hingerät, denken Sie darüber nach, ob ihm in diesem Bereich ein Platz zugewiesen werden soll.

Lernen Sie, aufmerksam zu sein. Halten Sie die Augen offen. Unordnung entsteht häufig, wenn wir gerade wegsehen. Entschließen Sie sich heute, diesen Bereich sauber und ordentlich zu halten. Halten Sie »vorschriftswidrig geparkte« Gegenstände für immer fern!

Reagieren Sie sofort bei Müll!

Der nächste Schritt klingt so einfach, ist es aber für Menschen, die Probleme mit der Haushaltsführung haben, nicht. Es handelt sich um eine jener Fragen, die so wichtig sind, wenn es um Sauberkeit und Ordnung im Haus geht, und die einem doch häufig nicht in den Sinn kommen.

Achten Sie darauf, dass die Mülleimer dort, wo der meiste Müll zusammenkommt – in der Küche, im Bad und dem Ankleidebereich –, groß genug sind, um ihre Aufgabe zu erledigen.
Außerdem sollten sie so stehen, dass man sie bequem erreichen kann und sie einfach zu benutzen sind.

Fragen Sie sich: Wenn Sie in diesem Bereich stehen und etwas wegwerfen wollen, wie weit müssten Sie dafür gehen? Die richtige Antwort lautet: »Nicht weiter als bis ins nächste Zimmer.«

Ein Haus, das sich von selbst aufräumt, ist ein Haus, wo es immer einfach und bequem ist, etwas wegzuwerfen. Idealerweise sollte in *jedem* Zimmer ein Mülleimer stehen. Wenn es sich jedoch um einen kleineren Durchgangsbereich handelt, sollte es ausreichen, wenn ein Zimmer weiter ein Mülleimer steht. Wenn man noch weiter gehen muss, wird man seinen Müll irgendwo anders abladen.

Manche Leute stellen sich mit der Müllentsorgung ungeschickter an als andere. Ginger hat ein besonderes Problem mit der Verpackung von Dingen, die sie sich gekauft hat. Wenn sie mit einem neuen Lippenstift nach Hause kommt, wird sie die Verpackung höchstwahrscheinlich irgendwo liegen lassen, während sie glückselig zum nächsten Spiegel eilt, um die neue Farbe auszuprobieren. Sie vergisst auch, die Zellophanhülle und die Aufkleber von ihrer neuesten CD wegzuwerfen, den Pappkarton, wenn sie Pakete bekommt, und sogar leere Dosen und Gläser und Plastikverpackungen, wenn sie kocht. Ginger ist nicht schlampig; sie unterbricht einfach nicht das, womit sie sich gerade beschäftigt, um einen Mülleimer zu suchen. Man muss nicht eigens erwähnen, dass es in Gingers Haus von Sachen wimmelt, die eigentlich in den Müll gehören.

Wenn Sie sich durch Ihren Grundriss durcharbeiten, achten Sie darauf, dass es in jedem Zimmer mindestens einen Mülleimer gibt, mit der einzigen Ausnahme von kleineren Durchgangszimmern. *Außerdem achten Sie darauf, dass die Mülleimer dort, wo der meiste Müll zusammenkommt – in der Küche, im Bad und dem Ankleidebereich – groß genug sind, um ihre Funktion zu erfüllen. Sie sollten auch so stehen, dass man sie bequem erreichen kann und sie einfach zu benutzen sind.* Manche Leute zum Beispiel stellen ihren Mülleimer unter die Küchenspüle. Bei mir würde das überhaupt nicht funktionieren, denn wenn ich eine Tür öffnen muss, bevor ich etwas in den Eimer werfen kann, zögere ich, lade den Müll auf der Arbeitsplatte ab und entscheide mich, das später zu erledigen – vor allem, wenn ich gerade koche.

Für Menschen, die mit dem Haushalt ihre Probleme haben, sollte es nur eine einzige Bewegung erfordern, ihren Müll loszuwerden. (Ich gebe zu, dass ich in meiner Küche einen Mülleimer mit Decke habe, doch diesen Deckel kann ich mit einem Fußhebel öffnen, und das zählt nur als halbe Bewegung). Wenn es Ihnen lächerlich vorkommt, dass jemand seinen Müll nicht wegwirft, weil das mehrere Schritte erfordert, schätzen Sie sich glücklich, dass Sie dieses Problem nicht haben. Wenn Sie merken, dass jemand aus Ihrer Familie Schwierigkeiten hat, den Müll zum Mülleimer zu tragen, lassen Sie sich etwas einfallen, um den Prozess zu vereinfachen. Holen Sie den Mülleimer aus dem Schrank oder entfernen Sie den Deckel, und vielleicht klärt sich die Angelegenheit damit.

Reagieren Sie sofort, wenn Sie etwas ausmisten müssen!

Glauben Sie ja nicht, dass Ihre Entrümpelung im Zuge des ORDNUNG-Prozesses eine einmalige Angelegenheit war. Entrümpeln ist ein ständiger, niemals endender Prozess. Denken Sie einmal daran, wie oft Neuerwerbungen in Ihr Haus kommen. Um zu verhindern, dass dort ein Chaos entsteht, sollten ältere und nicht mehr gebrauchte Gegenstände im selben Ausmaß entsorgt werden. Selbst wenn Sie diesen Gedanken im Prinzip begriffen haben, ist es sehr kompliziert, ihn in die Tat umzusetzen.

Nehmen wir einmal an, Sie besitzen ein Paar Jeans, die im Trockner eingelaufen ist. Sie können sie nicht mehr tragen, aber sie ist zu gut, um sie wegzuwerfen. In einem Messie-Haushalt würden sie die Jeans wahrscheinlich zur Seite legen in der Absicht, sie irgendwann in die Altkleidersammlung zu geben. Bald allerdings verliert sich die

Jeans im Chaos oder, schlimmer noch, findet den Weg zurück in den Kleiderschrank. Glücklicherweise gibt es eine Lösung für dieses Problem: Stellen Sie ein oder zwei »Altkleiderkörbe« auf. Immer wenn Sie über ein Kleidungsstück stolpern, das Sie nicht mehr brauchen oder behalten wollen, werfen Sie es in den nächsten Altkleiderkorb (der in Wirklichkeit nichts weiter ist als ein sauberer Mülleimer mit Deckel und eingelegter Plastiktüte). Er kann sich schnell füllen oder langsam, doch der Schlüssel zum Erfolg dieses Systems liegt darin, es bis zum Ende durchzuführen: Wenn der Eimer voll ist, ziehen Sie einfach die Tüte mit Ihren Kleiderspenden heraus, binden sie zu und bringen sie zu ihrem endgültigen Bestimmungsort.

In den meisten Wohnungen braucht man nur ein oder zwei Altkleiderkörbe. Wir haben zwei: den Altkleiderkorb im ersten Stock (AK1), der im Schrank mit der Bettwäsche steht, und den Altkleiderkorb im Erdgeschoss (AKE), der an der Tür steht, die von der Wohnung in die Garage führt. Unser AK1 hat die Größe eines kleinen Mülleimers, doch der AKE ist sehr viel größer und fasst etwa so viel wie eine Mülltonne. So können wir große und kleine Kleidungsstücke entsorgen. Weil wir aus steuerlichen Gründen unsere Kleiderspenden katalogisieren, findet man immer ein Blatt Papier und einen Stift in der Nähe, damit jeder, der dort etwas hineinwirft, das betreffende Kleidungsstück und seinen Wert dort notieren kann. Wenn Sie das ebenfalls tun müssen, wäre es eine gute Idee, einen Klemmhalter mit Papier und Stift direkt neben dem Altkleiderkorb aufzuhängen.

Weil Sie in den nächsten Wochen und/oder Monaten so viel entrümpeln werden, haben Sie im Augenblick vielleicht keine Lust, die Altkleiderkörbe aufzustellen. Doch wenn Sie Ihr Zuhause vollständig in ein Haus, das sich von selbst aufräumt, verwandelt haben, nehmen Sie die Eimer, die Sie zum Sortieren verwendet haben, und erklären Sie sie zu Ihren Altkleiderkörben. Platzieren Sie sie dort, wo sie nicht im Weg stehen, doch bequem erreichbar sind, zum Beispiel in einem zentral gelegenen Schrank. Wenn das erledigt ist, fordern Sie Ihre Familie zu einem kleinen Wettbewerb heraus, um die Körbe möglichst schnell zu füllen.

Reagieren Sie sofort bei Schmutz!

Jetzt ist es an der Zeit, sich dem Schmutz zuzuwenden, der sich im Alltag ansammelt. Häuser werden schmutzig und müssen geputzt werden. Das ist einfach so. Angefangen beim Matsch, den wir mit den Schuhsohlen ins Haus tragen, bis zu der Haut, die sich abschuppt, können wir Menschen nicht der grundlegenden Wahrheit entkommen, dass das Leben dreckig ist. Wenn Sie Probleme mit der Haushaltsführung haben, denken Sie wahrscheinlich an den Hausputz als eine isolierte Handlung, die Sie hin und wieder vornehmen, und zwar ganz oder gar nicht.

Tatsächlich ist der Hausputz etwas völlig anderes. Es handelt sich nicht um etwas, das man einmal in der Woche zwei Stunden macht oder alle zwei Wochen für fünf Stunden. In einem Haus, das sich von selbst aufräumt, ist *Putzen eine Tätigkeit, die in den Tagesablauf integriert werden muss,* wie das Zähneputzen oder Einnehmen von Medikamenten. Der Hausputz mag nicht gerade Spaß machen, aber andererseits muss er auch keine große Sache sein. In vieler Hinsicht geht es beim HDSSA-System darum, eher das Haus statt das Verhalten zu verändern, doch in diesem Bereich müssen Sie auch Ihr Verhalten ändern.

Mein Kampf mit dem Haushalt hörte zum großen Teil auf, als ich schließlich meine „Ganz oder gar nicht"-Haltung aufgab und mich entschloss, nicht mehr so zu sein. Ich dachte neu darüber nach, was »Hausputz« eigentlich für mich bedeutet, und richtete drei verschiedene Stationen ein, in denen sich dieses neue Denken widerspiegelte:

- Schnellreinigung – häufig eingesetzt, um kleine Verschmutzungen zu beseitigen, wie etwa Krümel, Flecken oder Fingerabdrücke
- Zwischenreinigung – ebenfalls häufig eingesetzt, um kleinere Verschmutzungen zu beseitigen, für die man aber größere Geräte benötigt, die nicht in jedem Zimmer vorhanden sein können, wie zum Beispiel Staubsauger oder Wischmopp
- Hausputz – die regelmäßige gründliche Reinigung des ganzen Hauses.

Wir richten jetzt diese Stationen ein. Im nächsten Kapitel werden wir darüber sprechen, wie man sie am besten einsetzt, um alles sauber zu halten.

Die Schnellreinigungsstationen

Eine Schnellreinigungsstation ist genau das, was der Name vermuten lässt. Es handelt sich um eine Zusammenstellung von Reinigungsmitteln und -utensilien, die gemeinsam in einer Kiste aufbewahrt und griffbereit untergebracht sind, damit man kleinere Verschmutzungen in dem betreffenden Bereich sofort entfernen kann. Fast jeder Raum in Ihrem Haus sollte seine eigene Schnellreinigungsstation haben. In vielen Fällen wird die Station lediglich aus einem Paket Einmalwischtüchern bestehen.

Können Sie sich vorstellen, was geschehen würde, wenn Sie in fast jedem Zimmer Ihres Hauses ein Sortiment von Einmalwischtüchern platzieren würden? Glauben Sie, Sie würden eher einmal eine schmutzige Oberfläche im Bad abwischen, wenn Sie einfach ins Schränkchen greifen und ein Tuch herausholen müssten? Wie einfach ist es, das Fenster vorne zu putzen, wenn eine Packung Fenstertücher in der nächsten Schublade liegt! Für diejenigen, die mit dem Haushalt ihre Schwierigkeiten haben, können Einmalwischtücher zu den wertvollsten Werkzeugen gehören, die man immer griffbereit haben sollte! Kaufen und benutzen Sie sie. Sie sind wunderbar.

Schnellreinigungsstationen sollten Tücher enthalten, die für die verschiedenen Oberflächen in jedem Raum geeignet sind. Wenn Sie zum Beispiel ein Ceran-Kochfeld besitzen, sollten Sie sich eine Flasche Herdreiniger für den groben Schmutz und Scheuerschwämme für kleinere Arbeiten besorgen. Praktisch sind auch Glasschaber mit versenkbarer Klinge. Ich bevorzuge allerdings Schwämme, die auf der einen Seite weich und auf der anderen Seite hart sind, ohne jedoch die Oberfläche zu zerkratzen, und so kann ich damit eingebrannte Speisereste entfernen, ohne irgendetwas zu beschädigen. Im Bad könnte man antibakterielle Tücher für Oberflächen, Waschbecken,

Toilette und Badewanne einsetzen, und Fenstertücher für Spiegel und Fenster. Im Wohnzimmer gehören eventuell antistatische Tücher für die Stereoanlage und Staubtücher für Holzmöbel dazu. (Sie sollten allerdings davon absehen, Chemikalien für edle Hölzer zu verwenden.)

Material für die Zwischenreinigung

Manchen Schmutz muss man mit größeren Geräten beseitigen, wie etwa einem Wischmopp oder einem Staubsauger, und davon kann man nicht einen pro Zimmer besitzen. Man kann allerdings diese Werkzeuge für die Zwischenreinigung für jeden größeren Bereich seines Zuhauses kaufen, zum Beispiel je einen Staubsauger für das Erdgeschoss und den ersten Stock. Für die Zwischenreinigung sollten Sie Folgendes bereithalten:

- einen aufladbaren Akku-Bodenstaubsauger
- einen Wischmopp
- einen ausziehbaren Staubwedel aus Straußenfedern

Ehrlich gesagt hatte ich keine Ahnung, wie technisch ausgereift Akku-Staubsauger heute sind, bis ich einen in meiner Gemeinde im Einsatz sah – und wir haben eine große Gemeinde. Ich fragte die Mitarbeiter danach und bekam eine so enthusiastische Antwort, dass ich mir selber einen kaufte. Er saugt fast so gut wie ein herkömmlicher Bodenstaubsauger, hat aber keine Kabel, über die man stolpern könnte, und wiegt praktisch nichts. Der größte Nachteil, jedenfalls bei dem Modell, das ich mir kaufte, ist der kleine Staubsaugerbeutel, den man oft ausleeren muss. Die Batterie liefert etwa 45 Minuten Strom, bis sie wieder aufgeladen werden muss.

Wenn Sie diese Geräte so aufbewahren, dass sie in jedem Teil des Hauses schnell zur Hand sind, werden Sie viel eher zu ihnen greifen und sie benutzen, wenn Sie irgendwo Schmutz entdecken. Noch wichtiger ist, dass Ihre Kinder das auch tun werden, auch wenn Sie sie hin und wieder daran erinnern müssen.

Die Hausputz-Station

Irgendwo bei Ihnen zu Hause müssen Sie einen Ort finden, an dem Sie alle anderen Putzmittel und Geräte aufbewahren (darunter auch die ausgewachsenen Versionen der kleineren Geräte für die Zwischenreinigung). Von der Silberpolitur bis zum Ofenreiniger, vom Küchenpapier bis zu den Gummihandschuhen sollten alle Utensilien, die Sie brauchen, um Ihr Haus sauber zu bekommen, griffbereit und geordnet aufbewahrt werden. Wussten Sie, dass auch Putzmittel Unordnung verursachen können? Werfen Sie einmal einen Blick in Ihren Putzschrank. Werfen Sie alle alten Putzmittel sowie alle, die Sie nie benutzen, hinaus. Nur weil Ihnen die ausziehbare Trockner-Flusen-Schlauch-Bürste damals wie eine nützliche Anschaffung vorkam, bedeutet das nicht, dass Sie sie jemals wieder benutzen. Hat sie es wirklich verdient, einen halben Quadratmeter kostbaren Platz in Ihrem Putzschrank zu beanspruchen?

Wenn Sie Ihre Hausputz-Station bis auf die notwendige Grundausstattung reduziert haben, schauen Sie sich an, was noch übrig ist. Fehlen irgendwelche Putzmittel oder Geräte? Die folgenden Produkte sollten Sie besitzen:

- für normale Oberflächen: Reinigungsspray, Schwämme, Schmutzradierer und Putztücher
- für spezielle Oberflächen: Möbelpolitur und Ofenreiniger
- für Fußboden: Besen, Wischmopp mit zusätzlichen Wischaufsätzen,
- Staubsauger mit zusätzlichen Düsen und Staubsaugerbeuteln
- für den Müll: Müllbeutel und Schnüre, um das Altpapier zusammenzubinden.

Wie Sie Ihre Putzmittel organisieren, hängt davon ab, wo Sie sie aufbewahren. Ich benutze ein Lagerregal aus Metall in einem begehbaren Schrank. Meine Freundin Susan hängt die meisten ihrer Sachen an Haken in ihrer Waschküche auf. Welches System Sie auch nutzen, Sie sollten darauf achten, dass Ihre Hausputz-Station alles enthält, was Sie wirklich brauchen, und nichts, was Sie nicht brauchen.

Wenden Sie das Gelernte an!

Richten Sie nun Ihre Schnellreinigungsstation für Ihren Bereich 1 ein. Wenn möglich, sollten Sie sich auch die Geräte für die Zwischenreinigung in diesem Teil Ihres Hauses besorgen und aufstellen. (Für die Hausputz-Station müssen Sie eventuell warten, bis Sie den Bereich, den Sie dafür benutzen wollen, entrümpelt und aufgeräumt haben.)

Vielleicht erinnern Sie sich, dass eins der Probleme im Bereich 1 Schmutz und Fingerabdrücke waren, die erst beim nächsten Hausputz beseitigt wurden. Wie Sie sehen, ist es nun, da Sie irgendwo in diesem Bereich Fenstertücher aufbewahren, ein Leichtes, sich eins zu schnappen und die Fingerabdrücke wegzuwischen. Was den Schmutz auf dem Fußboden betrifft, so ist auch hier Hilfe greifbar. Mit dem Akku-Staubsauger und dem Wischmopp können Sie auch an dieser Stelle kurzen Prozess machen.

In Teil 3 werden wir darüber reden, wie Sie einen für Ihre Familie geeigneten Putzplan erstellen. Doch da Sie nun die Werkzeuge für ein schnelles Putzen und die Zwischenreinigung jeden Tag zur Hand haben, wird der gründliche Hausputz viel problemloser ablaufen und weniger Zeit kosten.

Meine peinlichste Messie-Geschichte

– Ein Mikrowellen-Drama –

Von Ginger S.

Einmal sortierte ich ein geliehenes Mikrowellengerät aus, das mein Mann und ich einige Monate benutzt hatten, um es durch ein neues zu ersetzen, das wir zu Weihnachten geschenkt bekommen hatten. In dem Trubel vergaß ich, das geliehene Gerät innen zu reinigen, und wir stellten es in der Garage ab.

Monate später luden wir unseren Freund, der uns das Mikrowellengerät geliehen hatte, zu einer Party ein. Mein Mann meinte: »Wir können dir bei dieser Gelegenheit das Gerät zurückgeben.« Er ging in die Garage und holte es. Bevor ich noch reagieren konnte, öffnete er vor allen Gästen die Tür.

Das Mikrowellengerät sah aus und roch wie etwas aus meinen schlimmsten Albträumen. Eigentlich *war* die ganze Geschichte mein schlimmster Albtraum – außer, dass sie wirklich geschehen war!

Die Checkliste

Mein Sohn, verliere die Weisheit nie aus den Augen und handle stets umsichtig und besonnen. Dies wird dein Leben erfüllen und dir Ehre und Ansehen schenken. Dann wirst du deinen Weg sicher gehen und deinen Fuß nicht anstoßen. Du kannst dich ohne Angst schlafen legen und dein Schlaf wird erholsam sein.

SPRÜCHE 3,21-24

Da Sie nun die Umgestaltung des Bereichs 1 auf Ihrem Grundriss abgeschlossen haben, lassen Sie uns einmal anschauen, was Sie erreicht haben. Haben Sie …

1. … den Bereich geändert, um ihn Ihrem Verhalten anzupassen?
Ja, indem ich Dinge, die in die Wohnung hereinkommen und wieder herausgehen, an einem besseren Platz aufbewahre.

2. … Ihr Verhalten geändert, um es den neu gestalteten Bereichen anzupassen, doch erst, nachdem Sie die betreffenden Bereiche so weit wie möglich verändert haben?
Ja, indem ich den Dingen, die nicht in den Eingangsbereich passen, einen neuen, besseren Ort zugewiesen habe.

3. … die Bereiche, in denen es wahrscheinlich zu Unordnung kommt, und die Sichtzonen unter Kontrolle?
Ja, indem ich die Pinnwand an der Innenseite einer Schranktür angebracht und die Sichtzone so gestaltet habe, dass man von der Wohnungstür aus nicht in alle Zimmer sehen kann.

4. … möglichst wenig auf den Ablageflächen und dem Fußboden abgestellt?
Schauen Sie sich um, um sicherzugehen. Gibt es irgendetwas, das an der Wand aufgehängt werden kann, statt es irgendwo aufzustellen? Oder das in einem Schrank aufbewahrt werden kann, statt offen herumzustehen? Zwingen Sie sich, den Raum in seiner Gesamtheit zu sehen, wie Sie es von dem Hocker bzw. der Leiter aus getan haben. Sieht alles ordentlich und einladend aus?

5. … wie ein Reinigungsservice gedacht?
Nur Sie können diese Frage beantworten. Wie schwer fiel es Ihnen, in diesem Bereich zu entrümpeln? Sind Sie in der Lage, Ihr Zuhause als das zu sehen, was es wirklich ist, und zu verstehen, was es nicht ist?

6. … auf Einfachheit geachtet?
Ja, indem Sie auch die kleinste Spur von Unordnung in diesem Bereich beseitigt haben. Wie steht es aber mit den Dingen, die sich noch dort befinden? Sind sie einfach sauber zu halten? Haben Sie im Hinblick auf Design, Farbe und Dekoration alles so ausgewählt, dass man es gut reinigen kann? Wie steht es mit dem *Sinn und Zweck* dieses Raums? Ist er vereinfacht und/oder klargestellt worden?

7. … sich die Bequemlichkeit Ihrer Familie zunutze gemacht?
Ja, indem ich für jedes Familienmitglied alles zusammengestellt habe, was es beim Aufbruch braucht, und indem ich den Dingen, die ins Haus kommen, einen Platz näher an der Tür zugewiesen habe.

8. … sich die Macht der Schönheit zunutze gemacht?
Ist der Bereich zweckmäßig eingerichtet oder auch ästhetisch ansprechend? Größere Renovierungsprojekte sollten Sie aufschieben, bis Sie den Umgestaltungsprozess abgeschlossen haben (im Augenblick haben Sie ja alle Hände voll zu tun!), doch wenn ein frischer Anstrich oder eine neue Grünpflanze den Gesamteindruck hebt und Ihre Angehörigen den Bereich deshalb eher sauber halten würden, sollten Sie jetzt über solche Änderungen nachdenken.

9. … Sie Unvorteilhaftes getarnt, wo immer das möglich ist?
Haben Sie in diesem Zimmer die Kunst der Tarnung zur Vollendung geführt? Schauen Sie sich noch einmal an, welche Farben und Oberflächenstrukturen Sie gewählt haben. Wenn es langlebigere Materialien gibt, die Flecken darüber hinaus nicht so sehr hervortreten lassen, sollten Sie sich jetzt dafür entscheiden.

10. … jede Entscheidung im Hinblick auf die Pflegeleichtigkeit getroffen?
Ja, indem ich darauf geachtet habe, dass im nächsten Zimmer ein geeigneter Mülleimer steht, indem ich einen Altkleiderkorb aufgestellt habe, indem ich eine Schnellreinigungsstation eingerichtet habe und die Utensilien für die Zwischenreinigung in der Nähe untergebracht habe.

Da die Arbeiten im Bereich 1 nun abgeschlossen sind, sollten Ihnen die Prinzipien und Schritte des HDSSA-Systems deutlich vor Augen stehen. Belohnen Sie sich selbst für die gute Arbeit, die Sie geleistet haben!

Und jetzt ist es an der Zeit, zum Teil 3 dieses Buches zu kommen – und zum Rest Ihres Hauses, Bereich für Bereich, bis Sie jeden einzelnen umgestaltet haben. Holen Sie Ihren Grundriss heraus und gehen Sie weiter zum Bereich 2.

Sind Sie bereit? Achtung, fertig, und ... los!

Meine peinlichste Messie-Geschichte

– Eiswürfel-Überraschung –

Von Nellie K.

Zu meinem sechzehnten Geburtstag wollte sich meine Mutter selbst übertreffen und für mich und meine sieben engsten Freundinnen ein großes Menü mit mehreren Gängen kochen. Am Abend des großen Tages war der Esstisch festlich geschmückt, mit einem Tischtuch aus Spitze, Kristallgläsern und feinem Porzellan. Als der Abend etwa zur Hälfte verstrichen war, musste eine meiner Freundinnen heftig schlucken: In ihrem Kristallglas fand sie einen halb geschmolzenen Eiswürfel, aus dem ein benutzter Kaugummi hervorschaute ... mit Bissspuren!

Meiner Mutter war das unendlich peinlich. Sie hatte mir einen unvergesslichen Geburtstag bereiten wollen, aber nicht gerade auf diese Weise.

Das war vor vielen Jahren, aber ich habe es nicht vergessen – und ich weiß immer noch nicht, wie ein benutzter Kaugummi in einen Eiswürfel geraten konnte.

Teil 3

Das ganze Haus aufräumen

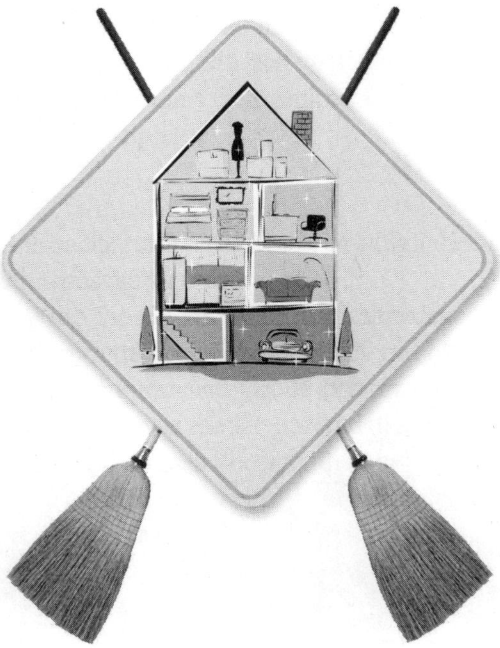

1. Arbeiten Sie sich durchs ganze Haus!

Tut eure Arbeit mit Eifer und Freude, als würdet ihr Gott dienen und nicht Menschen. Vergesst nicht, dass der Herr euch mit dem himmlischen Erbe belohnen wird. Dient dem Herrn Jesus Christus!

KOLOSSER 3,23-24

Jetzt ist es an der Zeit, Ihren Grundriss hervorzuholen und zum Bereich 2 auf Ihrer Liste weiterzugehen. Sie brauchen dieselbe Ausrüstung wie für den Bereich 1, eingeschlossen Ihr Notizbuch, einen Stift, die beiden Mülleimer mit Beuteln, den Wäschekorb, die Pappkartons, eine Sortierstation, wenn Sie eine benutzen, Etiketten oder einen Etikettendrucker, ein Maßband, eine Decke und Putzmittel.

Sie fangen nun wieder beim Buchstaben »O« des ORDNUNG-Prozesses an (siehe den 1. Schritt aus Teil 2) und wiederholen in diesem Bereich dieselben Schritte wie im Eingangsbereich, der auf Ihrem Grundriss mit einer »1« bezeichnet ist. Zur Verdeutlichung will ich diese Schritte noch einmal mit Ihnen durchgehen.

Ordentlich ausmisten. Fangen Sie damit an, indem Sie alle sichtbaren Gegenstände auf Tischen und anderen Abstellflächen in Schubladen, Kisten, Schränken und Kommoden verstauen. Entrümpeln Sie, soviel Sie können, spenden Sie oder werfen Sie Dinge weg. Vergessen Sie nicht, alle Gegenstände, die nicht in dieses Zimmer gehören, in einen Wäschekorb zu legen. Wenn alle Unordnung im gesamten Bereich beseitigt ist, tragen Sie die Beutel mit den Dingen, die Sie spenden oder wegwerfen wollen, hinaus, stellen die Sortierboxen im nächsten von Ihrem Grundriss vorgegebenen Bereich auf, ziehen die Decke darüber und kehren in Ihren Bereich zurück.

Reinigen und putzen. Nehmen Sie die Geräte für den gründlichen Hausputz zur Hand: Staubsauger, Staubwischtuch, Besen und Wischmopp.

Das ganze Haus neu organisieren und Problemzonen analysieren. Schauen Sie sich in Ihrem Notizbuch an, wo in diesem Zimmer Unordnung entsteht und wo die eigentliche Ursache dafür liegt. Setzen Sie kreative Lösungen ein, um diese Ursachen zu beseitigen. (Im nächsten Teil dieses Kapitels finden Sie eine Liste mit einer Vielzahl von unterschiedlichen Zimmern, ihren typischen Problemen und einigen Lösungsvorschlägen.)

Nach einer Bestandsaufnahme Stationen einrichten. Schlagen Sie die Seite in Ihrem Notizbuch auf, wo Sie die Stationen aufgelistet haben, die Sie gerne bei sich zu Hause einrichten möchten. Treffen Sie eine Entscheidung, ob irgendeine dieser Stationen in diesem Zimmer Platz finden sollte. Wenn ja, richten Sie sie ein. Wenn Sie dafür neue Kisten oder andere Behälter kaufen müssen, überlegen Sie, welches Fassungsvermögen diese besitzen sollen, und denken Sie daran, den zur Verfügung stehenden Platz genau auszumessen.

Untersuchung der Sichtzonen. Nachdem Sie das Zimmer entrümpelt, geputzt und aufgeräumt sowie die Problemzonen entschärft haben, stellen Sie sich in den Türrahmen und vergewissern sich, dass die Sichtzone ordentlich und einladend aussieht und dass die Augen einen Ruhepunkt finden. Kümmern Sie sich um alle Probleme, die Ihnen auffallen.

Neuanschaffungen planen. Listen Sie in Ihrem Notizbuch alle Fragen im Zusammenhang mit der Instandhaltung auf sowie alle größeren Veränderungen, die Sie für diesen Bereich planen.

Gedanken über Instandhaltung machen. Merken Sie sich genau, wie das Zimmer jetzt aussieht und welche Gegenstände hier hineingehören. Überprüfen Sie, ob in diesem oder im angrenzenden Zimmer ein Mülleimer steht. Richten Sie eine kleine Schnellreinigungsstation für dieses Zimmer ein.

Nun haben Sie auch den Bereich 2 so umgestaltet, dass er sich von selbst aufräumt. Sie können nun zum Bereich 3 weitergehen und die

ORDNUNG-Schritte hier wiederholen. Gehen Sie so für jeden Bereich auf Ihrem Grundriss vor, bis Sie sich durch das gesamte Haus und den Garten gearbeitet haben.

Tipps für innen und außen

- Nutzen Sie den Ihnen zur Verfügung stehenden Raum als Begrenzung für die neu ins Haus gebrachten Gegenstände. Das heißt, Sie können nicht mehr Kleidung besitzen, als der Kleiderschrank Raum bietet, nicht mehr Bücher, als das Regal fasst, und so weiter.
- Leisten Sie sich einen digitalen Etikettendrucker, der Ihnen gute Dienste beim Sortieren leistet und Ihnen hilft, Ordnung zu halten. Digitale Etikettendrucker sind in vielen Größen, Formen und Preislagen erhältlich. Obwohl die billigsten etwa 30 Euro kosten, sind sie jeden Cent wert, vor allen Dingen, wenn man ernsthaft versucht, Ordnung zu schaffen. Schauen Sie im örtlichen Bürofachhandel, welche Modelle erhältlich sind. (Vergessen Sie nicht, Batterien und eine Rolle Ersatzband zu besorgen.) Den neuen Etikettendrucker zu benutzen erfordert nicht mehr, als die benötigten Wörter auf einer kleinen Tastatur einzutippen, eine Taste zu drücken und mit anzusehen, wie das bedruckte Etikett aus der Maschine schießt.
- Fragen Sie Ihren Gas- und Wasserinstallateur oder Ihr örtliches Wasserwerk, ob es nötig ist, eine Wasseraufbereitungsanlage bei Ihnen zu Hause zu installieren. Wenn Sie ungewöhnlich hartes Wasser haben, verlängert zum Beispiel ein Enthärter die Lebensdauer Ihrer Waschmaschine und vermindert Kalkflecken in Wanne, Waschbecken und Spüle.
- Wählen Sie Möbel und andere Einrichtungsgegenstände im Hinblick auf Einheitlichkeit und Einfachheit aus. Je mehr Ecken, Kanten und Verzierungen ein Stück hat, desto mehr müssen Sie staubwischen.

- Wenn Sie Haustiere haben, sollten Sie für die Einrichtung »Tarnfarben« wählen. Kaufen Sie zum Beispiel keinen dunklen Teppichboden, wenn Sie einen Hund mit hellem Fell besitzen.
- Wenn Sie neue Fenster und Türen einbauen, halten Sie nach Innovationen Ausschau, die weniger Arbeit machen. Zu meinen Lieblingsneuheiten gehören Doppelfenster mit zwischen den beiden Scheiben eingebauten Jalousien (kein Abstauben mehr!) und oben eingehängte Schiebetüren aus Glas, sodass es keine Führungsrille mehr gibt, in der sich der Staub sammeln kann.
- Der neueste Stand der Technik sind selbstreinigende Fenster, obwohl man eventuell lange suchen muss, bis man einen Hersteller mit erschwinglichen Produkten gefunden hat. Diese Fenster stellen ein Wunder der Nanotechnologie dar und sind mit Titandioxid beschichtet, die in Zusammenarbeit mit Sonne und Wind die Reinigung für Sie übernehmen. (Die ultravioletten Strahlen des Sonnenlichts reagieren mit dem Titandioxid, um die organischen Bestandteile im Schmutz zu zersetzen. Das Regenwasser bildet einen gleichmäßigen Film, der die größeren Partikel abwäscht. Erstaunlich!)
- In nicht allzu ferner Zukunft erwarten Wissenschaftler, weitere Produkte auf den Markt bringen zu können, die sich einer ähnlichen Technologie bedienen, wie zum Beispiel selbstreinigende Fassadenfarbe.
- Wenn Sie sich bis hierhin durch dieses Buch gearbeitet haben, besitzen Sie das beste aller selbstreinigenden Werkzeuge: Sie haben ein Haus, das sich von selbst aufräumt!

Probleme und Lösungen für alle Bereiche

Um Ihnen beim Umgestaltungsprozess unter die Arme zu greifen, habe ich eine Liste mit Problemen aufgestellt, mit denen möglicherweise auch Sie konfrontiert sind, zusammen mit HDSSA-typischen Lösungen.

Außenbereiche

♠ *Problem:* Grüne Flecken auf Dach und Wänden

♦ *Vorschlag:* Wenn Algen oder Moos auf dem Dach oder den Außenwänden wachsen, schneiden Sie die Sträucher und Bäume zurück, die das Sonnenlicht von den betreffenden Bereichen abschirmen. Dieses Mal müssen Sie die Algen zwar noch selbst entfernen, doch wenn die Sonne direkt auf die betroffenen Flächen scheint, werden die grünen Flecken nicht zurückkehren oder zumindest langsamer wachsen.

Manchmal wächst Moos auch von einem seit längerer Zeit verstopften Regenabfluss in die Höhe. Reinigen Sie die Abflüsse und bringen Sie Schmutzfänger an, damit sie nie wieder von Zweigen, Blättern und Dreck verstopft werden und kein Moos mehr wachsen kann.

♠ *Problem:* Die Mülltonnen fallen sofort auf und verderben den Gesamteindruck des Hauses.

♦ *Vorschlag:* Haben Ihre Mülltonnen einen festen Platz? Wenn nicht, richten Sie einen gut erreichbaren, aber versteckt liegenden Stellplatz ein, vielleicht hinter einem Zaun oder einer Palisade. Wenn die Tonnen einen festen Platz haben, der aber nicht gebraucht wird, versuchen Sie herauszufinden, woran das liegt, und lösen das Problem.

Zu Hause bei Joanie gehörten die Mülltonnen an die Seitenwand hinter einen Busch, doch ihr Sohn schaffte es nicht, sie dorthin zurückzufahren. Stattdessen schleppte er sie nur bis auf die Auffahrt und ließ sie dort offen herumstehen. Als Joanie sich die Situation näher anschaute, merkte sie, dass es ein doppeltes Problem gab: Der kurze Weg von der Auffahrt bis zum Stellplatz hinter den Büschen war oft schlammig, und nachts war es dort dunkel, was das Manövrieren erschwerte. Indem sie einen Kiesweg anlegte und einen Bewegungsmelder mit Scheinwerfer an der Hausecke anbrachte, schaffte Joanie dieses Problem aus der Welt.

♠ *Problem:* Spielzeug liegt verstreut im Garten herum.

♦ *Vorschlag:* Stellen Sie eine wetterfeste Truhe oder Bank an einem geeigneten Ort im Garten auf – auf der Terrasse oder bei der Garage –, sodass es Ihren Kindern leichter fällt, Spielzeug für draußen wegzuräumen.

♠ *Problem:* Die Blumenbeete sind voller Unkraut, weil es zu viel Mühe bereitet, sich zu bücken und es zu zupfen.
♦ *Vorschlag:* Stellen Sie Pflanzenkübel auf Ihren Blumenbeeten auf. Dann müssen Sie sich zwar immer noch um das Unkraut kümmern, aber nicht mehr bücken.

Um das Unkraut zu beseitigen, können Sie sich Plastikfolien aus dem Gartencenter besorgen. Sie werden unsichtbar unter dem Mulch verlegt und ersticken viele Unkrautarten schon im Keim.

Eingangsbereich – Schmutz überall
♠ *Problem:* Dauernd wird Schmutz ins Haus getragen.
♦ *Vorschlag:* Legen Sie immer zwei Fußmatten aus, eine vor der Haustür mit einer groben Struktur für den groben Schmutz und eine drinnen, vielleicht einen waschbaren Läufer, um die restliche Arbeit zu erledigen. Achten Sie darauf, dass jede der beiden Matten so groß ist, wie es der verfügbare Platz zulässt, ohne dass der Raumschmuck darunter leidet. Je öfter ein Schuh auf der Matte abgestreift wird, desto mehr Schmutz wird sich ablösen, bevor er ins Haus getragen werden kann.

In diesem Zeitalter der tiefen Profilsohlen werden Fußmatten härter beansprucht als jemals zuvor. Wenn immer noch so viel Schmutz ins Haus getragen wird, dass das zum Problem wird, ziehen Sie die folgenden zusätzlichen Schritte in Erwägung:

- Stellen Sie einen Fußabstreifer an der Haustür auf. (Meine Nachbarin besitzt einen sehr niedlichen, der wie ein Igel aussieht.)
- Stellen Sie drinnen direkt neben der Tür ein offenes Schuhregal oder einen Korb hin und erziehen Sie Ihre Familie dazu, gleich beim Hereinkommen die Schuhe auszuziehen. Um die Wahrscheinlichkeit zu erhöhen, dass sie das tatsächlich tun, stellen Sie einen Stuhl oder eine Bank in die Nähe, damit sie sich hinsetzen können, wenn sie die Schuhe ausziehen. Sie könnten auch dar-

über nachdenken, ihnen Hausschuhe, Flipflops oder anderes leichtes Schuhwerk zur Verfügung zu stellen, wenn sie nicht barfuß gehen möchten.

Wohnzimmer

♠ *Problem:* Die Lampenschirme wirken schmutzig.
♦ *Vorschlag:* Stauben Sie sie mit einer mit Klebeband umwickelten Fusselrolle ab.

♠ *Problem:* Setzkästen und Buchregale wirken immer staubig.
♦ *Vorschlag:* Ersetzen Sie offene Regale durch Schränke mit Glastüren. Auf den Schrankbrettern wird sich immer noch Staub ansammeln, doch sehr viel langsamer, sodass Sie nun nicht mehr einmal wöchentlich staubwischen müssen, sondern nur noch alle paar Monate.

♠ *Problem:* Meine Sammelobjekte nehmen überhand.
♦ *Vorschlag:* Denken Sie einmal über die folgenden einfachen Leitlinien nach:

1. Es ist in Ordnung, aufzuhören. Sammlungen können einmal abgeschlossen sein. Es gibt kein Regelwerk für Sammlungen, das Ihnen vorschreibt, Sie müssten immer weitersammeln.
2. Es ist in Ordnung, sich von der Sammlung zu trennen. Mit dem Alter verlieren wir das Interesse an manchen Hobbys. Nur weil Ihnen etwas in der Vergangenheit einmal wichtig war, bedeutet das nicht, dass Sie dem betreffenden Gegenstand etwas „schulden“. Sachen haben keine Gefühle.
3. Es ist in Ordnung, ein Rotationsprinzip einzuführen. Wenn Sie sehr an Ihrer Sammlung hängen, sie aber zu viel Platz beansprucht, stellen Sie die Stücke abwechselnd ins Rampenlicht. Die überzähligen Stücke bewahren Sie in einer Kiste auf und rotieren ein- oder zweimal im Jahr.

♠ *Problem:* An der Garderobe sammeln sich immer mehr Mäntel und bleiben dort auch hängen, wenn ihre Jahreszeit längst vorüber ist.
♦ *Vorschlag:* Zunächst treffen Sie die Entscheidung, ob Sie alle Mäntel und Jacken zusammen aufbewahren, etwa in einem großen Kleiderschrank, oder ob sie Platz in den persönlichen Kleiderschränken der Familienmitglieder finden sollen. Dann erkundigen Sie sich, ob Ihre Reinigung an bestimmten Tagen einen Rabatt anbietet. Mit diesem Wissen ausgestattet kreuzen Sie einen Tag im Kalender an (selbst wenn es noch einige Monate dauert) und nehmen sich vor, die Jacken und Mäntel an diesem Tag zur Reinigung zu bringen. Das angekreuzte Datum wird Sie auch daran erinnern, maschinenwaschbare Mäntel und Jacken in die Waschmaschine zu stecken. Die sauberen Mäntel verstauen Sie dann dort, wo sie außerhalb der Saison hingehören.

♠ *Problem:* Wir ersticken in Illustrierten und Zeitungen.
♦ *Vorschlag:* Nehmen Sie sich diese Wahrheit zu Herzen, die in unserem Zeitalter der Informationsflut wirklich überlebenswichtig ist: Nur weil etwas gedruckt und vertrieben wird und schließlich in Ihrem Haus landet, bedeutet das nicht, dass Sie es lesen müssen – nicht einmal, wenn Sie dafür bezahlt haben. Wenn Sie zu viele Illustrierte und Zeitungen haben, werfen Sie sie ins Altpapier. Noch besser wäre es, wenn Sie einen Ort ausfindig machen, wo man sie haben will, zum Beispiel ein Altenheim, ein Krankenhaus oder ein Sportverein. Machen Sie es sich zur Gewohnheit, die Ausgabe vom letzten Monat wegzuwerfen, sobald die neue herauskommt.

Vergessen Sie Sätze wie: »Ich sollte jeden Tag die Zeitung lesen.«
Wer sagt das?
Lassen Sie es sein, wenn es für sie nicht funktioniert.

Denken Sie daran, wie viel Zeit Sie das kostet. Ist es Ihnen Ihre Zeit wirklich wert, sie mit den Nachrichten vom letzten Monat oder mit dem Lesen eines altbekannten Gedankens zu verbringen? Wenn Sie mit Ihrer Zeitungslektüre im Rückstand sind, haben Sie ohnehin zu viel Lesestoff im Haus. Lassen Sie Ihre Abonnements auslaufen und erneuern Sie sie nicht wieder. Wenn Sie neuen Lesestoff brauchen, schauen Sie doch in Ihrer Bücherei nach, die ein weites Spektrum von Illustrierten anbietet.

Arbeit, Wetter und Kinder

♠ *Problem:* Das Haus versinkt im Chaos, wenn die Schule ausfällt, zum Beispiel wenn es schneefrei gibt, oder an Feiertagen. Der normale Tagesablauf wird gestört.

♦ *Vorschlag:* Verhindern Sie das Chaos im Voraus, indem Sie sich auf den freien Tag mit zeitweilig eingerichteten Stationen vorbereiten.

Spielstationen: Stellen Sie verschiedene Spielmöglichkeiten an unterschiedlichen Orten im Haus bereit, zum Beispiel ein Puzzle, das auf dem Esstisch darauf wartet, zusammengesetzt zu werden, ein Malset im Kinderzimmer und eine Auswahl an Brettspielen auf dem Küchentisch. Kinder richten eher Unordnung an, wenn sie gelangweilt sind und nichts zu tun haben.

Speise- und Getränkestation: Bieten Sie gesunde Snacks und eine Kakaostation an (Becher, Kakaopulver, Milch, Löffel).

Servieren Sie das Mittagessen als Picknick im Wohnzimmer auf Papptellern und in Pappbechern und setzen Sie sich auf eine Picknickdecke oder ein großes Tischtuch. Wenn die Mahlzeit beendet ist, werfen Sie das Einmalgeschirr in den Müll. Nehmen Sie die Decke, schütteln Sie sie draußen aus und waschen Sie sie eventuell.

Stillbeschäftigung: Halten Sie die Kinder davon ab, wild im ganzen Haus herumzurennen, indem Sie besondere Räume für sie schaffen und ihnen Beschäftigungsmöglichkeiten bieten.

- Decken Sie einen niedrigen Tisch mit einem Bettlaken ab, um ein Zelt zu bauen.
- Schließen Sie Ihre Videokamera direkt an den Videorekorder an, stellen Sie sie an und platzieren Sie sie auf dem Fernseher, sodass sie auf das Zimmer gerichtet ist. Wenn die Kinder den Fernseher

anstellen, sehen sie sich selbst auf dem Schirm. (Sogar Kleinkinder lieben es, auf und nieder zu springen, während sie sich im Fernseher dabei beobachten können.)

- Kleben Sie den Wasserhahn in der Badewanne mit Klebeband ab, um die Kinder daran zu erinnern, sie nicht aufzudrehen, und füllen Sie die Wanne dann mit weichen Decken und einem Stapel Bücher.
- Für bis zu zwölf Jahre alte Kinder können Sie einen Karaokebereich mit Mikrofon, CD-Spieler und Karaoke-CDs einrichten.

Ruhige Atmosphäre schaffen: Wenn Kinder gelangweilt sind, wandern sie im ganzen Haus herum, auch wenn sie keinen Grund dazu haben. Wenn es im Haus Zimmer gibt, die vollkommen sauber und ordentlich sind, und es keinen Grund gibt, sie zu benutzen, schließen Sie die Tür und ziehen in Augenhöhe einen Streifen Paketklebeband quer vor den Türrahmen, um sie daran zu erinnern, die Tür nicht zu öffnen. Sie können den Zugang auch mit Stühlen blockieren. Sagen Sie Ihren Kindern, dass die Räume an diesem Tag nicht zugänglich sind.

Richten Sie zeitweilig eine Station ein, an der man Mäntel und Stiefel ablegen kann: Legen Sie mehrere Badetücher neben der Tür hin und stellen ein Möbelstück, zum Beispiel eine Bank oder einen Tisch, im Flur auf, ein oder zwei Meter vor der Haustür, um alle Hereinkommenden daran zu erinnern, Schlechtwetterkleidung abzulegen, bevor sie weiter ins Haus gehen. Lassen Sie sie die Badetücher benutzen, um Eis und Schnee aufzunehmen, die beim Ausziehen von Mänteln und Stiefeln tropfen. Wenn möglich, stellen Sie einen Wäscheständer auf oder spannen Sie eine improvisierte Wäscheleine, sodass man nasse Kleidung dort mit Wäscheklammern aufhängen kann.

Gönnen Sie sich eine Pause: Wollen Sie manchmal einfach alles hinter sich lassen? Warum nicht heute? Vergessen Sie einfach die Unordnung und verbringen Sie den Tag mit Ihren Kindern. Oder unternehmen Sie spontan etwas mit Ihrem Partner. Legen Sie ein Video für die Kinder ein, ziehen sich Ihr Schneezeug an und unternehmen einen ruhigen Spaziergang durch die herrliche Winterlandschaft. Putzen können Sie morgen immer noch.

♠ *Problem:* Meine Kinder lassen mich nicht in Ruhe, damit ich putzen kann.

♦ *Vorschlag:* Wenn Ihre Kinder Rollenspiele mit Puppen oder Spielzeugautos mögen, bereiten Sie sich auf einen Tag vor, an dem Sie viel zu tun haben, indem Sie ihnen eine Ablenkung bieten, die sie stundenlang beschäftigen kann. Am Abend vorher bauen Sie, wenn die Kinder eingeschlafen sind, eine Kulisse auf, etwa ein Puppenhaus oder Spielzeugautos. Nehmen Sie dafür die Spielzeuge Ihrer Kinder, aber auch gewöhnliche Haushaltsartikel, die die Fantasie anregen, zum Beispiel leere Kartons als Tunnel oder gefaltete Waschlappen als Puppenbetten. Führen Sie eine lange Schnur unter einem Korbgriff hindurch und befestigen Sie die Enden an einem Haken, sodass der Korb etwa einen halben Meter über dem Fußboden durchs ganze Zimmer schweben kann. In den Korb legen Sie eine Puppe oder ein Spielzeugauto.

Wenn die Kinder aufwachen, können sie dies von Ihnen inszenierte Wunderland entdecken. Höchstwahrscheinlich werden sie davon so angetan sein, dass sie sofort mitmachen und zu spielen anfangen. Als meine Kinder noch klein waren, war dies meine beste Geheimwaffe, solange ich sie nicht zu oft anwandte. Stundenlang beschäftigten sie sich still in ihrem Zimmer.

Oder erzählen Sie ihnen, dass der Korb eine Seilbahn ist, mit der man die Puppen oder Autos von einem Ende des Zimmers zum anderen transportieren kann. Allein das Be- und Entladen des Korbes wird jede Menge Zeit in Anspruch nehmen, wenn sie sich dabei aufregende Geschichten einfallen lassen, in denen solch ein erstaunliches Transportmittel vorkommt. Manchmal sind Kinder so einfach abzulenken.

♠ *Problem:* Meine Kinder räumen die Videospiele oder DVDs nach Gebrauch nicht weg.

♦ *Vorschlag:* Fragen Sie sie warum. Manchmal sind die Kinder nicht faul oder rücksichtslos, sondern vermeiden die Aufgabe unterbewusst oder sehen sie einfach nicht. Vielleicht ist das Regal so vollgestopft, dass man es nur schwer benutzen kann. Vielleicht steht die Kiste für die Videospiele so hoch, dass sie aufstehen müssten, um sie zu erreichen, und das tun sie wahrscheinlich nicht, wenn sie sich gerade bequem auf dem Fußboden hingefläzt haben.

Statt sie nörgelnd aufzufordern, ihr Verhalten zu ändern, gehen Sie wie ein Detektiv an die Sache heran und versuchen Sie, gemeinsam mit Ihren Kindern der Ursache auf den Grund zu gehen. Setzen Sie sich auf den Boden, genau dort, wo die Unordnung normalerweise entsteht, und fragen Sie Ihre Kinder, warum sie sich immer noch so verhalten, obwohl Sie sie aufgefordert haben, das nicht zu tun. Erklären Sie ihnen, wie man in einem Haus, das sich von selbst aufräumt, an die Sache herangehen würde, und fragen Sie sie, was man unternehmen könnte, um die betreffenden Gegenstände leicht und fast instinktiv wegzuräumen. Geben Sie Ihren Kindern zu verstehen, dass dies ihre eigene Idee war und sie »beweisen« sollen, dass die gemeinsam gefundene Lösung funktioniert.

Vielleicht müssen Sie darüber hinaus an Ihrer Selbstdisziplin arbeiten, doch es schadet nie, zunächst das Haus zu verändern und dann am Verhalten zu arbeiten.

Küche

♠ *Problem:* In meinem Ceran-Kochfeld brennt sich immer wieder etwas ein.

♦ *Vorschlag:* Halten Sie immer einen feuchten Lappen oder ein kleines Handtuch beim Kochen bereit. Obwohl davon abgeraten wird, das Kochfeld abzuwischen, solange es heiß ist, sollten Sie sofort mit dem Lappen darüberfahren, wenn etwas überkocht. Passen Sie nur auf, dass Sie sich nicht verbrennen! Wenn das Kochfeld abgekühlt ist, können Sie es gründlich reinigen.

♠ *Problem:* Meine Küche wirkt unordentlich, sogar wenn sie aufgeräumt ist.

♦ *Vorschlag:* Das liegt wahrscheinlich daran, dass zu viele Küchenutensilien ihren festen Platz auf der Arbeitsfläche haben. Um dieses Problem zu lösen, führen Sie einmal ein Experiment durch. Nehmen Sie alles von Ihren Arbeitsflächen herunter, das dort nicht fest angebracht ist, und verstauen Sie es außerhalb der Küche, sodass es trotzdem noch griffbereit ist. Wenn Sie im Laufe der nächsten Woche irgendetwas brauchen, zum Beispiel einen Toaster oder eine Kaffeemaschine, bringen sie es in die Küche zurück und lassen es dort. Was am Ende der Woche nicht wieder den Weg in die Küche gefunden hat, gehört nicht auf die Arbeitsfläche. Den betreffenden Gegenständen sollte ein neuer Platz zugewiesen werden. Warum sollten Sie jeden Tag Ihre Friteuse betrachten, die Sie nur alle zwei Wochen benutzen, oder einen Brotbackautomaten, den Sie einmal pro Monat gebrauchen? Alles, was nicht mehr oder weniger täglich gebraucht wird, sollte außer Sichtweite aufbewahrt werden.

Wenn Sie schon dabei sind, nehmen Sie die offen herumliegenden Topflappen vom Haken und legen Sie sie in eine Schublade, nehmen Sie die Kinderzeichnungen vom Kühlschrank und heften Sie sie an die Pinnwand, und alles, was auf dem Kühlschrank steht, kommt in den Schrank. Eine Küche fängt an unordentlich auszusehen, wenn wir sie nicht mehr bewusst wahrnehmen. Betrachten Sie Ihre Küche ganz genau und entfernen Sie alles, was nicht unbedingt offen herumstehen muss.

♠ *Problem:* Die Spüle sieht immer dreckig aus, sogar wenn kein schmutziges Geschirr drin steht.

♦ *Vorschlag:* Wenn Sie dazu neigen, das Geschirr abzuspülen und die Arbeitsflächen abzuwischen, die Spüle selbst aber vergessen, sollten Sie sich eine neue Denkweise aneignen. Sagen Sie sich, dass der letzte »Teller«, der gespült werden muss, die Spüle selbst ist. Ich weiß, dass das komisch klingt, aber nachdem ich einmal angefangen habe, so zu denken, gehörte es für mich automatisch dazu, als letzten Schritt beim Abwasch die Spüle zu reinigen.

♠ *Problem:* Nahrungsmittel verderben im Kühlschrank, weil ich sie dort vergessen habe.

♦ *Vorschlag:* Messen Sie Ihren Kühlschrank aus und kaufen Sie sich ein möglichst großes Drehtablett, dass an den Seiten nur noch zwei bis drei Zentimeter Platz ist. Sie werden Nahrungsmittel nun nicht mehr so schnell vergessen, weil Sie das Tablett drehen können, um alles zu finden, wonach Sie suchen.

♠ *Problem:* Meine Gewürze haben das Mindesthaltbarkeitsdatum überschritten, bevor ich sie aufgebraucht habe.
♦ *Vorschlag:* Kaufen Sie nicht mehr so viele Gewürze. Irgendjemand hat uns irgendwann den Gedanken in den Kopf gesetzt, dass Köche Gewürzregale brauchen und dass diese Gewürzregale mit jedem Gewürz bestückt werden müssen, das es überhaupt nur gibt.

Vergessen Sie Sätze wie: »Jede Küche braucht ein Gewürzregal.«
Wer sagt das?
Lassen Sie alles sein, was für Sie nicht funktioniert.

Wenn Sie so viele Gewürze vorrätig haben, weil Sie sie beim Kochen benutzen, ignorieren Sie diesen Ratschlag. Wenn Sie diese ganzen Gewürze aber nur deshalb haben, weil das andere Leute auch so machen, ist es höchste Zeit, dass Sie es sich einfacher machen. Einige der besten Köche, die ich kenne, benutzen nur vier Gewürze: Salz, Pfeffer, Knoblauch und Zimt. Denken Sie darüber nach, ob Sie die Anzahl Ihrer Gewürze ebenfalls reduzieren könnten.

♠ *Problem:* Ich verbringe zu viel Zeit damit, Geschirr zu spülen oder den Geschirrspüler einzuräumen.
♦ *Vorschlag:* Bestimmt hat schon einmal jemand eine Gleichung aufgestellt, die besagt, wie viel zusätzliche Zeit man auf den Abwasch eines Tellers für jede Stunde rechnen muss, die man ihn schmutzig stehen lässt. Ich habe immer zu den Leuten gehört, die schmutziges Geschirr eine Weile stehen lassen konnten (und zugegeben manchmal auch eine ziemlich lange Weile). Aber der beste Katalysator für Veränderung, den ich entdeckt habe, war das Paradox »verschwendete Zeit – verlorene Zeit«. Wenn die Speisereste sich verhärten und festsetzen, wird die Arbeit schwerer. Wenn Sie das Gefühl haben, Sie verbringen zu viel Zeit mit Geschirrspülen, könnte das daran liegen, dass Sie zu lange warten, bis Sie sich an die Arbeit machen.

Wenn das nicht der Fall ist, haben Sie immer noch zwei Möglichkeiten, den Zeitaufwand fürs Spülen zu reduzieren. Entweder delegieren Sie diese Aufgabe an jemand anderes in Ihrer Familie, oder

Sie integrieren Einmalgeschirr in Ihren Tagesablauf. Zum Beispiel sollte Pizza immer von Papiertellern gegessen werden. (Sie sollten aber ein gutes Gleichgewicht zwischen Ihrem Bedürfnis nach Bequemlichkeit und einem verantwortungsvollen Umgang mit der Schöpfung finden.)

♠ *Problem:* Wenn ich vom Supermarkt nach Hause komme, bin ich zu erschöpft, alles wegzupacken. Zu guter Letzt türmen sich Schachteln und Dosen auf den Arbeitsflächen.
♦ *Vorschlag:* Wieder einmal kann sich Delegation als nützlich erweisen. Die Aufgabe »Einkäufe wegräumen« kann von jedem Kind übernommen werden, das groß genug ist, alle Schränke zu erreichen.

Wenn Sie niemanden haben, an den Sie diese Aufgabe delegieren können, oder Sie Ihre Einkäufe selbst wegräumen möchten, weil Sie so nicht vergessen, was Sie eingekauft haben, denken Sie über die folgenden Möglichkeiten nach:

- Ist die Speisekammer zu unordentlich oder zu voll? Manchmal gehen wir dieser Aufgabe aus dem Weg, weil wir wissen, dass nicht alles hineinpasst, oder weil wir merken, dass wir den Überblick verlieren werden. Wenn das auf Ihre Situation zutrifft, entrümpeln Sie Ihre Speisekammer, wählen Sie Kategorien, etikettieren Sie die Fächer und organisieren Sie die Speisekammer neu.
- Vielleicht ist Ihre Speisekammer aber auch überorganisiert? Wenn Sie zur Überorganisation neigen, kann das Wegräumen von Lebensmitteleinkäufen eine so große geistige Herausforderung bedeuten, dass Sie ihr ganz aus dem Weg gehen. Werfen Sie einmal einen Blick auf Ihre Speisekammer und sehen Sie nach, ob das der Fall ist. Wenn ja, entfernen Sie die Etiketten und versuchen Sie es noch einmal mit allgemeineren Kategorien wie zum Beispiel drei statt zwölf verschiedenen Arten von Dosen (Suppen, Gemüse und Sonstiges).
- Wenn keines dieser beiden Probleme auf Sie zutrifft, könnten Sie als letzten Ausweg eine »Übergangszone« für alle Dinge einrichten, die in Plastiktüten in Ihr Haus kommen. Halten Sie einen gro-

ßen Korb oder etwas Schrankplatz für diesen Zweck frei. Sie sollten natürlich nicht vergessen, zunächst alles wegzuräumen, was in den Kühlschrank oder das Gefrierfach gehört, doch alles andere packen Sie zunächst in die Übergangszone. Setzen Sie sich ein Limit, wie lange Ihre Einkäufe dort bleiben dürfen, bis Sie zurückkommen und sie dort hinräumen, wo sie wirklich hingehören. Dies ist eine besonders gute Lösung, wenn Sie an chronischer Erschöpfung leiden, denn so vermeiden Sie es, Ihren Körper zu überfordern, während Sie gleichzeitig noch Ihr Haus sauber halten müssen.

♠ *Problem:* Ich hasse es, ein Kehrblech zu benutzen, und deshalb fege ich die Küche nur, wenn es absolut notwendig ist.
♦ *Vorschlag:* Denken Sie einmal über die Anschaffung eines »Kehrfix« nach. Im Wesentlichen handelt es sich um eine Art ortsfesten Staubsauger mit einem Bewegungsmelder. Meiner hat etwa fünfzig Dollar gekostet, sieht aus wie eine Computerfestplatte, ist auch etwa so groß und steht in einer Küchenecke nicht weit von der Steckdose. Wenn ich mit dem Besen durch die Küche gehe, fege ich zum Schluss das Häufchen unter diesen Sauger. Er nimmt die Bewegung des Besens wahr, und dann springt der Motor an und saugt den Schmutz in seinen Behälter. Alles, was ich noch zu tun habe, ist, den leicht abnehmbaren Behälter etwa einmal im Monat in den Mülleimer zu leeren.

Manche Leute verstehen einfach nicht, was daran gut sein soll, und sie schauen mich an, als sei ich verrückt, wenn ich davon erzähle. Andere begreifen es allerdings sofort, und es blitzt in ihren Augen, wenn sie nur daran denken. Wenn Sie die Vorstellung attraktiv finden, versuchen Sie es einmal. Wirklich, der Kehrfix gehört zu meinen Lieblingsgeräten im ganzen Haus.

♠ *Problem:* Mein Kühlschrank wirkt immer schlampig, weil so viele Magnete und Papiere daran befestigt sind.
♦ *Vorschlag:* Auf den ersten Blick scheint es eine gute Idee zu sein, Notizen am Kühlschrank zu befestigen, weil er zentral steht und man

oft an ihm vorbeikommt. Doch genau das sind auch die beiden Gründe, warum man der Versuchung widerstehen sollte, das zu tun.

Hängen Sie stattdessen eine Pinnwand in der Nähe auf, vorzugsweise an der Innenseite einer Schrank- oder Zimmertür, sodass Sie jederzeit einen Blick darauf werfen können und sie trotzdem aus den Augen ist, wenn Sie aufräumen wollen.

♠ *Problem:* Wir überlegen, die Küche zu renovieren. Gibt es irgendwelche HDSSA-Richtlinien?

♦ *Vorschlag:* Ja, mir ging diese Frage immer durch den Kopf, als ich selbst renovierte.

Schranktüren. Weil Sie die Küche schön gestalten wollen, werden Sie sich bei der Auswahl der Türen eher vom Aussehen und von Ihrem Geschmack leiten lassen als von praktischen Erwägungen. Denken Sie aber daran, dass jeder Winkel, jede Nut, jeder Wulst mehr Arbeit beim Sauberhalten bedeutet. Solange sie noch neu sind und glänzen, ist das vielleicht nicht so schlimm, doch wenn man davon ausgeht, dass Ihre Küche zwanzig Jahre lang halten wird, kann das eine Menge Mehrarbeit bedeuten. Weil die aufwendigeren Designs in der Regel auch mehr kosten, sparen Sie außerdem Geld, wenn Sie sich für eine einfachere Lösung entscheiden.

Furnier: Wählen Sie ein Holzfurnier, das weder zu hell noch zu dunkel ist. Schmutz sieht man am wenigsten bei den mittleren Farbtönen.

Schränke: Bevor Sie sich mit einem Küchenplaner zusammensetzen, setzen Sie sich allein in der Küche hin und überlegen Sie, wie Sie den Ihnen zur Verfügung stehenden Raum am effektivsten nutzen können. Gehen Sie Ihre Handgriffe beim Kochen durch und stellen Sie eine Liste aller von Ihnen benötigten Geräte zusammen. Manche Leute benutzen jeden Topf, jede Pfanne und jeden Rührlöffel im Haus, wenn sie sich ans Werk machen. Andere zaubern ein schmackhaftes Menü und benutzen dabei nur eine große Schüssel, eine Pfanne und einen Löffel. Wo immer Sie sich in diesem Spektrum auch einordnen würden, Sie sollten den Entschluss fassen, überflüssige Küchengeräte nicht zu behalten. Wenn Sie meistens nur eine Herdplatte benutzen, warum brauchen Sie dann acht Töpfe?

Sobald Sie eine genauere Vorstellung davon haben, was in einer funktionierenden Küche für Ihren Kochstil alles vorhanden sein sollte, sind Sie bereit, zu einem Küchenplaner zu gehen und sich zu informieren, was heute alles im Bereich Küchenschränke erhältlich ist.

Ausstattung der Schränke. Denken Sie darüber nach, einige Schränke durch Schubladen zu ersetzen (ich habe zwei Schubladen, jede über dreißig Zentimeter hoch, in denen alle meine Töpfe Platz finden), Eckschränke mit Drehregal anzuschaffen, eine Speisekammer mit vielen Fächern einzurichten, flache, breite Schubladen für Kochbesteck zu wählen und anderes mehr. Lassen Sie Ihrer Fantasie freien Lauf.

Arbeitsfläche. Naturstein wie Granit und Quarz sind am dauerhaftesten, verbergen Schmutz und Krümel am besten, haben von Natur aus antibakterielle Eigenschaften, sind am einfachsten sauber zu halten und sehen lange Zeit wie neu aus. Wenn Sie ein anderes Material bevorzugen oder Ihr Budget keinen Naturstein zulässt, haben Sie die Wahl zwischen vielen anderen Möglichkeiten. Reden Sie mit Ihrem Küchenplaner, bevor Sie sich entscheiden.

Spüle und Wasserhahn. Ziehen Sie die Anschaffung einer Unterbauspüle in Erwägung. Weil dadurch die »Lippe« entfällt, ist die Reinigung viel leichter. Für meine neue Küche suchte ich mir eine Unterbauspüle aus schwarzem Granit aus, und ich kann sie nicht genug loben. Ich befürchtete, dass das Schwarz jedes bisschen Dreck hervortreten lassen würde, doch weil der Stein eher in einem glitzernden Dunkelgrau als in tiefschwarz gehalten ist, fällt Schmutz kaum auf. Wenn die Spüle sauber und trocken ist, sieht sie besonders schön aus. Weil Schönheit ein großartiger Motivator ist, versuche ich sie sauber zu halten, wann immer ich kann. Ohne es zu merken, suchte ich mir auch eine tiefere Spüle aus als die, die wir vorher besessen hatten, und auch das verhindert Unordnung. Nicht nur, dass weniger Wasser auf die Arbeitsflächen spritzt, sondern ich kann auch etwas Geschirr unten in der Spüle stapeln, ohne dass man es in der Sichtzone bemerkt.

Fußboden. Wenn Sie nicht sicher sind, was für einen Fußboden Sie für Ihre Küche haben wollen, lassen Sie sich einige Muster kommen, damit Sie damit ein HDSSA-Experiment durchführen können. Legen Sie einige Muster in die schmutzigsten Ecken Ihrer Küche (vor der Spüle, den Herd und den Kühlschrank). Ignorieren Sie sie eine Woche lang. Am Ende der Woche schauen Sie nach, auf welchem Muster der Schmutz, der sich im Laufe der Woche angesammelt hat, am wenigsten hervorsticht. Das soll für Sie der entscheidende Faktor sein.

Großgeräte. Denken Sie an Fingerabdrücke, Fingerabdrücke, Fingerabdrücke. Wenn Sie sich Geräte für Ihre Küche aussuchen, pressen Sie die Hand flach gegen die Oberfläche. Dann nehmen Sie sie wieder weg und schauen sich die Wirkung aus verschiedenen Blickwinkeln und Entfernungen an. Wählen Sie das Material, auf dem der Handabdruck am wenigsten auffällt.

Kleingeräte. Am besten entscheiden Sie sich für Geräte, die unter den Hängeschränken montiert werden können. Fast alle Kleingeräte gibt es in solch einer Ausführung, darunter auch Toaster, Kaffeemaschinen und Dosenöffner. Wenn Sie beim Kochen gerne Musik hören oder fernsehen, kaufen Sie sich ein Küchenmultimedia-Center in Unterbauausführung mit schwenkbarem Fernsehbildschirm, Radio, CD- und DVD-Spieler.

Esszimmer

♠ *Problem:* Ich suche nach einer besseren Möglichkeit, Tischtücher und andere Tischwäsche zu ordnen.

♦ *Vorschlag:* Wenn Sie ein Tischtuch zusammenlegen, legen Sie die passenden Stoffservietten beim Falten gleich mit hinein. Ordnen Sie die Tischtücher nach Form und Größe (kleine runde, große runde, quadratische, lange). Bevor Sie sie ordentlich verstauen, fragen Sie sich, ob Sie mehr besitzen, als Sie eigentlich brauchen. Wenn ja, sortieren Sie alle aus, die Sie nur selten benutzen oder eigentlich nicht mögen.

Heimbüro

♠ *Problem:* Überall sind Kabel.

♦ *Vorschlag:* Kümmern Sie sich um die Kabel, indem Sie zunächst an beiden Enden kleine Fähnchen aus Textilklebeband anbringen und daraufschreiben, wozu das Kabel gehört. Das hilft beim Zusammenbau. Dann fassen Sie die Kabel mit Gummibändern zusammen. (Im Fachhandel finden Sie verschiedene andere Produkte, die Ihnen helfen, das Kabelgewirr zu bändigen.)

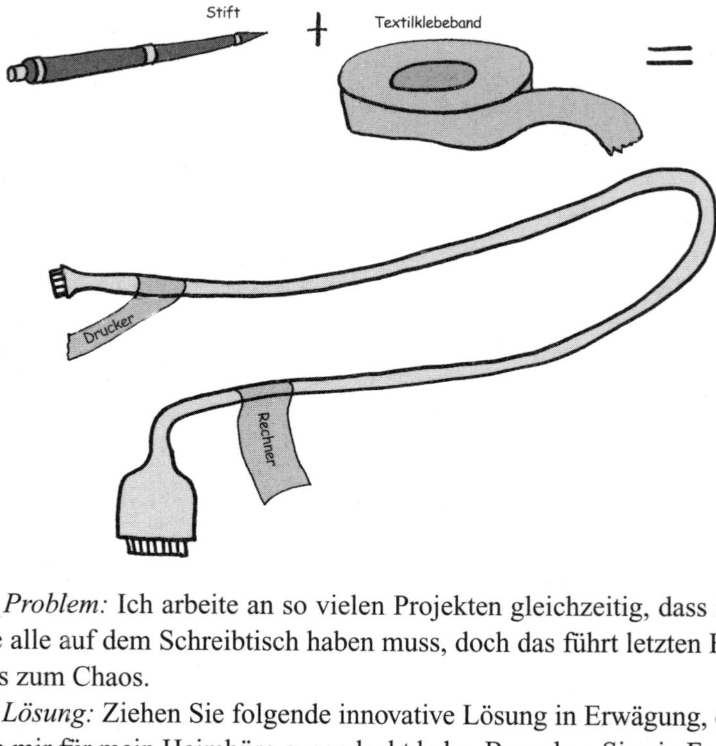

♠ *Problem:* Ich arbeite an so vielen Projekten gleichzeitig, dass ich sie alle auf dem Schreibtisch haben muss, doch das führt letzten Endes zum Chaos.

♦ *Lösung:* Ziehen Sie folgende innovative Lösung in Erwägung, die ich mir für mein Heimbüro ausgedacht habe. Besuchen Sie ein Fachgeschäft für Restaurantbedarf oder suchen Sie im Internet nach einem Servierwagen. Mir kam diese Idee eines Tages, als ich in einem Donut-Laden stand und durch das Fenster den Backprozess beobachten konnte. Wenn die Donuts vom Förderband kamen, wurden sie auf ein großes Plastiktablett gelegt. Jedes Mal, wenn ein Tablett voll war, trug es ein Mitarbeiter zum Servierwagen, legte es auf einem Bord ab und zog das nächste Tablett heraus. Als ich das sah, schoss mir der Gedanke durch den Kopf, dass ich die Projekte bei mir im Büro eigentlich auf ähnliche Art organisieren könnte. Statt Aktenordner zu benutzen (das funktioniert bei mir nicht) oder Projektlisten zu erstellen (ich weiß genau, dass ich sie irgendwann verlege), lege ich jedes Projekt auf einem separaten Bord meines Servierwagens ab. Wenn ich einen Newsletter schreiben, für ein Buch recherchieren oder einen Artikel oder eine Pressemitteilung schreiben möchte, ziehe ich einfach das entsprechende Tablett aus dem Servierwagen heraus und trage es zu meinem Schreibtisch.

Toilette

♠ *Problem:* Mein Sohn zielt nicht richtig.

♦ *Vorschlag:* Entleeren Sie die Toilettenschüssel, lassen Sie sie abtrocknen und malen Sie mit farbigem Nagellack einen Kreis recht weit unten nahe der Mitte. Sobald der Lack trocken ist, füllen Sie die Schüssel wieder. Erklären Sie Ihrem Sohn, dass das von jetzt an sein Ziel ist. Der Nagellack wird irgendwann abgehen, aber dann wird er ihn auch nicht mehr brauchen.

Noch einfacher ist es natürlich, wenn Sie ihm beibringen, sich hinzusetzen.

Flur/Schlafzimmer

♠ *Problem:* Der Schrank für die Bettwäsche ist immer unordentlich.

♦ *Vorschlag:* Vielleicht haben Sie zu viel Bettwäsche. Zwei bis drei Garnituren pro Bett reichen völlig aus; was darüber hinausgeht, verursacht Unordnung.

Das beste Organisationssystem, was ich bis jetzt kennengelernt habe, sieht so aus, dass ich eine komplette Garnitur Bettwäsche in den passenden Kissenbezug stopfe. Wenn man eine neue Garnitur braucht, greift man sich einfach den Kissenbezug.

Noch ein Tipp für einen aufgeräumten Wäscheschrank, und zwar einer, der sich eigentlich von selbst versteht, sodass ich als jemand, der mit dem Haushalt seine Probleme hat, nur vierzig Jahre brauchte, um selber darauf zu kommen: *Wenn man Bettwäsche auf einer flachen Oberfläche zusammenlegt, statt in der Luft zu falten, sieht sie hinterher viel besser aus.* Ich konnte mir nie erklären, warum meine Haushaltshilfe die Wäschestücke so viel schöner zusammenlegen konnte als ich, bis ich entdeckte, dass sie jedes Stück auf dem Tisch glättete, während sie es zusammenlegte. Ich dagegen stand mitten im Zimmer und faltete die Handtücher, ohne einen Tisch zu Hilfe zu nehmen. Der Unterschied ist deutlich zu sehen.

Kinderzimmer und Elternschlafzimmer

♠ *Problem:* Mein Sohn schafft es nie, seinen Müll in den Papierkorb zu befördern.

♦ *Vorschlag:* Bringen Sie einen Basketballkorb an der Wand an, etwa dreißig Zentimeter über dem Papierkorb. Wollen wir doch einmal sehen, ob ihn das nicht motiviert, es immer wieder zu versuchen!

♠ *Problem:* Wenn meine Kinder das Bett machen, sieht es immer unordentlich aus, und die Bettdecke wirkt immer faltig.
♦ *Vorschlag:* Also bitte, zumindest versuchen sie es! Wenn die Betten immer noch unordentlich wirken, nachdem sie gemacht sind, überlegen Sie, ob Sie eine Tagesdecke kaufen. Je dicker die Tagesdecke ist, desto eher verzeiht sie meiner Erfahrung nach die ausgebeulte Bettdecke darunter. Achten Sie nur darauf, dass Sie Decken nie so groß kaufen, dass sie nicht mehr in die Waschmaschine passen.

♠ *Problem:* Auf der Frisierkommode meiner Tochter stapeln sich die Schönheitsprodukte.
♦ *Vorschlag:* Natürlich tun sie das. Sie ist ein Teenager. Sie können ihr allenfalls einige hilfreiche Vorschläge unterbreiten, doch überlassen Sie es ihr, ob sie Veränderungen in Angriff nehmen will oder nicht. Vergessen Sie nicht, dass sie möglicherweise auch nicht unordentlich sein möchte und gerne die Chance nutzt, eigene Strategien zu entwickeln.

Schlagen Sie ihr vor, die Frisierkommode an die gegenüberliegende Wand zu stellen, außerhalb der Sichtzone. Nett aussehende Körbchen und Kästchen könnten ihr helfen, ihre Sachen ordentlich aufzubewahren.

♠ *Problem:* Irgendwie schaffe ich es nie, meinen Schmuck wegzuräumen.
♦ *Vorschlag:* Wenn Sie mit Ihrem Schmuckkästchen nicht zurechtkommen, liegt das vielleicht daran, dass Sie eine Hakenhasserin sind, die versucht, ein auf Haken basierendes System zu nutzen. *Lassen Sie alle Lösungen fallen, die Sie zwingen, Ihre Ohrringe oder Ketten aufzuhängen, um sie wegzulegen.* Besorgen Sie sich stattdessen durchsichtige Plastikbehälter mit einzelnen Fächern. Ich fand mein Schmuckaufbewahrungskästchen im Bürofachhandel in der Abteilung »Büroorganisation«. Jetzt kann ich meinen Schmuck ordentlich und sauber aufbewahren, weil ich sehen kann, was ich haben möchte, ohne jedes einzelne Stück bei der Auswahl anzufassen.

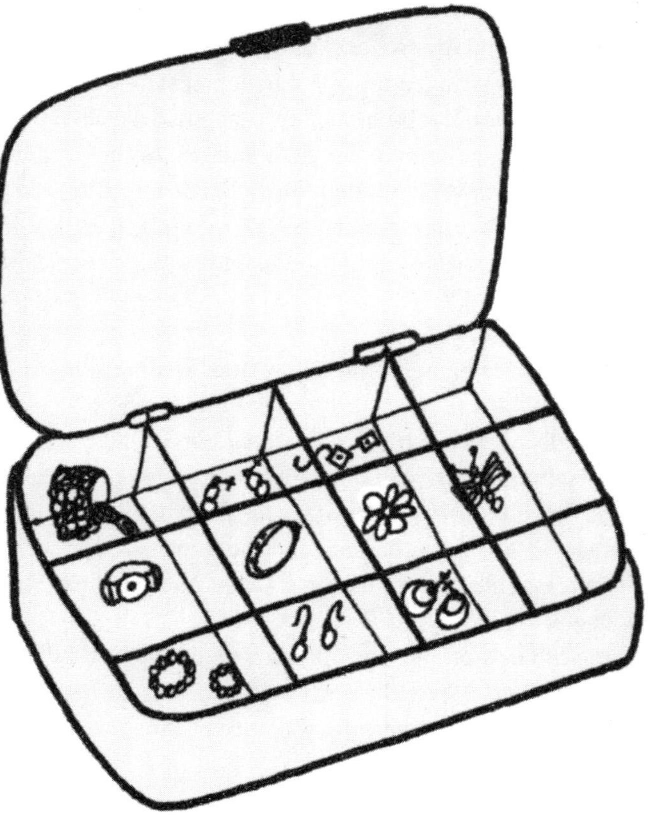

Garage/Schuppen

♠ *Problem:* Meine Kinder stellen Fahrräder und Motorroller am falschen Platz ab.

♦ *Vorschlag:* Markieren Sie auf dem Boden der Garage individuelle Parkplätze für jedes Gefährt.

Auto

♠ *Problem:* Im Auto herrscht immer Unordnung.

♦ *Vorschlag:* Behandeln Sie den Innenraum Ihres Wagens wie ein Zimmer im Haus. Das bedeutet, dass Sie einen kleinen Abfalleimer hineinstellen (vergessen Sie die kleinen Plastikbeutel, die man an die

Tür hängt; Sie brauchen einen Behälter ohne Deckel, der bequemer zu benutzen ist); richten sie Stationen ein und benutzen Sie dafür schön aussehende Kästen; und schließlich sollten Sie das Auto hin und wieder gründlich ausmisten, damit Sie nicht die Kontrolle verlieren. Legen Sie ein Paket Fensterputztücher in das Handschuhfach und saugen Sie regelmäßig Staub.

♠ *Problem:* Das Auto ist von außen immer dreckig.
♦ *Vorschlag:* Wenn Sie das nächste Mal ein Auto kaufen, denken Sie daran, dass helle Farben wie Silber, helles Gold und selbst Weiß den Schmutz am besten verbergen. Schmutz fällt auf dunklem Lack wie schwarz und dunkelblau am meisten ins Auge.

Garten/Terrasse
♠ *Problem:* Die Terrasse muss regelmäßig gefegt werden, aber ich will nicht den guten Besen schmutzig machen.
♦ *Vorschlag:* In jedem Haus sollte es zwei Besen geben: einen für draußen und einen für drinnen. Achten Sie darauf, dass sie völlig unterschiedlich aussehen, damit niemand die beiden verwechseln kann.

♠ *Problem:* Die Kinder spielen im Schlamm und schleppen ihn dann ins Haus.
♦ *Vorschlag:* Schließen Sie einen Schlauch in der Nähe der Hintertür an, damit Sie schmutzige Kinder schnell abspritzen können ... oder zumindest ihre Schuhe. Eine andere Idee ist, die Schuhe, die sie draußen tragen, in einer wetterfesten Truhe oder in der Garage abzustellen.

♠ *Problem:* Die Kinder tragen Gras und Schmutz in den Pool, wenn sie herein- und herausklettern.
♦ *Vorschlag:* Stellen Sie eine Plastikschüssel neben die Leiter oder die Stufen am Pool hin. Wenn die Kinder schwimmen gehen, fordern Sie sie auf, die Schüssel mit Wasser aus dem Pool zu füllen. Bevor die Kinder ins Wasser steigen, können sie sich die Füße darin abspülen.

Radikale Querdenker
Manche kreativen Menschen können unendlich erfinderisch sein, wenn es darum geht, ihr Zuhause an das HDSSA-System anzupassen. Freuen Sie sich an diesen »Was-wäre-wenn«-Vorschlägen, um das Chaos zu besiegen.

Wenn ich ein Haus vom ersten bis zum letzten Stein selbst bauen könnte ...

- »... würde ich ein Förderband von der Garage bis in die Küche mit einer automatischen Tür dazwischen bauen. Wenn ich dann vom Supermarkt komme, könnte ich einfach meine Einkäufe aus dem Kofferraum nehmen, sie auf das Band legen und sie in der Küche in Empfang nehmen.«
- »... würde ich mich von den alten Zeiten inspirieren lassen und einen Speiseaufzug einbauen, um den Transport vom Erdgeschoss in den ersten Stock und umgekehrt zu erleichtern. Ich weiß nicht, warum man diese Aufzüge nicht mehr baut. Ich finde, die waren wirklich praktisch.«
- »... würde ich eine Ecke in der Küche kacheln und mit Schlauch und Abfluss versehen. Zu den Mahlzeiten würde ich meinen Sohn in seinem Hochstuhl dorthin setzen und ihn dort essen lassen. Wenn er fertig ist, würde ich ihn und den Stuhl abspritzen – und der ganze Dreck würde einfach abfließen!«
- »... würde ich die Waschküche im ersten Stock einrichten, und zwar im Mittelpunkt aller Zimmer, wie eine Radnabe. Wenn die Kleidung gewaschen werden soll, würde ich einfach ein paar Türen aufschieben, die den Blick auf das Innere der Kleiderschränke freigeben. Dann müsste ich nie wieder Wäschekörbe die Treppe hinunterschleppen!«
- »... würde ich mir ein Strichcode-System für Kühlschrank und Speisekammer wünschen, damit ich immer eine Inventarliste zur Hand habe, indem ich jedes Nahrungsmittel scanne, wenn ich es wegpacke oder heraushole.«
- »... würde ich ‚Scheinwände' hinter den Arbeitsflächen in der Küche installieren, die man zur Seite schieben kann. Dahinter wären

die Kleingeräte verborgen. Dort hätte ich ebenfalls Steckdosen, damit man die Geräte direkt benutzen kann.«

Kleine Listen zur schnellen Orientierung

Die 10 Prinzipien eines Hauses, das sich von selbst aufräumt

1. Verändern Sie das Haus, um es Ihrem Verhalten anzupassen.
2. Verändern Sie Ihr Verhalten, um es dem Haus anzupassen, jedoch erst, wenn Sie das Haus so weit wie möglich verändert haben.
3. Behalten Sie die Bereiche, in denen Sie erfahrungsgemäß mit Unordnung rechnen müssen, sowie die Bereiche, die sofort ins Auge fallen, immer unter Kontrolle.
4. Denken Sie wie in einem Hotel.
5. Denken Sie wie ein Reinigungsunternehmen.
6. Achten Sie auf Einfachheit.
7. Nutzen Sie die Neigung zur Bequemlichkeit aus.
8. Nutzen Sie die Macht der Schönheit.
9. Tarnen Sie Unordentliches, wo immer das möglich ist.
10. Treffen Sie jede Entscheidung im Hinblick auf die Pflegeleichtigkeit.

Das ORDNUNG-System

O rdentlich ausmisten
R einigen und putzen
D as ganze Haus neu organisieren und Problemzonen analysieren
N ervtötende Kaninchenpfade überprüfen und Stationen einrichten
U ntersuchung der Sichtzonen
N euanschaffungen planen
G edanken über Instandhaltung machen

Die drei Regeln für die Einrichtung von Stationen

1. Alle benötigten Dinge werden zusammengesucht und an einem Ort gesammelt.

2. Diese Sammlung muss in einem einzigen Behälter an einem geeigneten Ort untergebracht werden, und zwar in dem Zimmer, in dem Sie die betreffende Aufgabe am wahrscheinlichsten erledigen werden.
3. Die Utensilien in einer Station dürfen niemals von der betreffenden Station entfernt werden.

Die vier Elemente der Instandhaltung und Pflege

1. Reagieren Sie sofort bei »vorschriftswidrig geparkten« Gegenständen!
2. Reagieren Sie sofort bei Müll!
3. Reagieren Sie sofort, wenn Sie etwas ausmisten müssen!
4. Reagieren Sie sofort bei Schmutz!

2. Wie Sie ein Haus putzen, das sich von selbst aufräumt

Durch die Geduld werdet ihr bis zum Ende durchhalten, denn dann wird euer Glaube zur vollen Reife gelangen und vollkommen sein und nichts wird euch fehlen.

Jakobus 1,4

So, Sie haben also jetzt die drei Reinigungsstationen eingerichtet, für Schnellreinigung, Zwischenreinigung und den gründlichen Hausputz. Nun ist der Zeitpunkt gekommen, sie in Gebrauch zu nehmen und Ihr Zuhause ein für alle Mal blitzblank zu halten.

So funktioniert die Schnellreinigung!

Wie lange brauchen Sie Ihrer Meinung nach, um den Geschirrspüler auszuräumen? Eine Ladung Wäsche zusammenzulegen? Eine Toilette zu putzen? Wenn Sie mit dem Haushalt Schwierigkeiten haben, werden Sie den Zeitaufwand höchstwahrscheinlich viel zu hoch einschätzen. Wenn Sie in normaler Geschwindigkeit arbeiten, nimmt jede dieser drei Aufgaben etwa drei Minuten in Anspruch.

Wie steht es damit, Fingerabdrücke von der Kühlschranktür abzuwischen? Die Handtücher im Badezimmer zu wechseln? Einen Deckenventilator abzustauben?

Wenn Sie bei sich zu Hause die Putzmittel schnell zur Hand haben, nimmt jede dieser Aufgaben weniger als eine Minute in Anspruch, manchmal sogar nur 30 Sekunden. Wenn Sie daran denken, wie oft Sie im Laufe eines Tages einen Zeitraum zwischen 30 Sekunden und vier Minuten zur Verfügung haben, werden Sie die Bedeutung dieses Konzeptes verstehen: Die Schnellreinigung ist die beste Art, Schmutz und Unordnung im Haushalt im Griff zu behalten.

Schauen wir uns einmal den Zeitaufwand an. Denken Sie an die Tätigkeiten im Laufe eines Tages, die eine Wartezeit erfordern:

- eine tiefgefrorene Mahlzeit in der Mikrowelle aufwärmen
- am Telefon in einer Warteschleife stecken
- auf den Schulbus warten
- bewusst ein Lied im Radio hören
- an der Tür darauf warten, dass der Hund hereinkommt
- warten, bis die Kinder ihre Zähne geputzt haben, damit Sie sie zu Bett bringen können
- warten, bis das Duschwasser heiß wird.

Was diese kleinen Zeitabschnitte betrifft, so ist es durchaus möglich, sich selbst beizubringen, kurze Wartezeiten mit in ebenso kurzer Zeit erledigten Reinigungsarbeiten auszufüllen. Zum Beispiel brauche ich etwa drei Minuten, um den Geschirrspüler auszuräumen. Ich brauche ebenfalls drei Minuten, um mein Lieblingstiefkühlgericht in der Mikrowelle warm zu machen. Wenn ich das Mikrowellengerät für drei Minuten anschalte, räume ich in dieser Zeit jedes Mal den Geschirrspüler aus oder ein.

In einem Haus, das sich von selbst aufräumt,
sind die zufälligen Momente, in denen ich kurz etwas sauber mache,
von entscheidender Bedeutung für die Sauberkeit des ganzen Hauses.

Für den Durchschnittsbürger ist das völlig selbstverständlich. Für jemanden, der mit dem Haushalt Probleme hat, klingt es jedoch seltsam. Früher hätte ich diese drei Minuten damit verbracht, durch die Küche zu streunen, vielleicht einen Stapel Post durchzusehen, einen Katalog durchzublättern, die Mailbox abzuhören oder sogar einfach dazustehen und mich durch alle Kanäle im Fernsehen zu zappen. Warum hätte ich die Zeit nicht genutzt, um etwas zu putzen? Jemand, der mit dem Haushalt nicht so richtig zurechtkommt, könnte darauf antworten:

- »Ich bin schon damit beschäftigt zu kochen, und ich kann nicht putzen, wenn ich schon etwas anderes tue.«
- »Das ist nicht meine gewohnte Zeit für den Hausputz. Ich putze nur, wenn ich genug Zeit habe, die Aufgabe richtig und vollständig zu erledigen.«
- »Ich bin nie auf die Idee gekommen.« oder »Ich hatte nicht einmal bemerkt, dass da etwas getan werden musste.«

Es gibt eine Vielzahl von Gründen, warum manche Leute die zufälligen kleinen Momente, die ihnen im Lauf des Tages zur Verfügung stehen, nicht zum Putzen nutzen. Doch in einem Haus, das sich von selbst aufräumt, sind die zufälligen Momente, in denen ich kurz etwas sauber mache, von entscheidender Bedeutung für die Sauberkeit des ganzen Hauses. Wir müssen uns lediglich selbst beibringen, die Zeit, die wir übrig haben, zu unserem Vorteil zu nutzen.

Um dieses Ziel zu erreichen, besteht Ihre nächste Aufgabe darin, Ihr Notizbuch, einen Stift und eine Stoppuhr zur Hand zu nehmen. (Wenn Sie keine Stoppuhr haben, benutzen Sie eine Uhr mit Sekundenzeiger oder auch die Stoppuhrfunktion Ihres Handys.) Sie können das allein tun, aber Kindern macht so etwas auch Spaß. Jüngere Kinder können »Los!« rufen und den Startknopf drücken; mit älteren Kindern können Sie sich beim Zeitnehmen abwechseln.

Ob Sie nun allein oder zusammen mit anderen arbeiten, gehen Sie zunächst in den Bereich 1 Ihres Grundrisses – den Eingangsbereich. Führen Sie in Ihrem Notizbuch alle Aufgaben auf, die sich in diesem Bereich der Schnellreinigung zurechnen lassen. Dazu könnten zum Beispiel gehören:

- Tür und Türrahmen abwischen
- Fußmatte ausschütteln
- Glas- oder Spiegelfronten mit Fensterputztüchern reinigen
- Möbel mit Staubtüchern abstauben
- Blumen gießen
- Leuchten abstauben
- Schmutz, der von außen hereingetragen wird, wegfegen und -wischen.

Wenn Sie die vollständige Liste erstellt haben, stoppen Sie die Zeit – oder lassen Sie sie von jemand anderem stoppen –, die Sie für die erste Aufgabe benötigen. So gehen Sie vor:

1. Stellen Sie sich mitten im Eingangsbereich hin.
2. Starten Sie die Stoppuhr.
3. Holen Sie alle Utensilien, die Sie brauchen, um die erste Aufgabe auf Ihrer Liste zu erledigen. Die meisten sollten sich in Ihrer Schnell- oder Zwischenreinigungsstation befinden, doch kann es auch bedeuten, sich Wasser aus der Küche zu holen, um die Blumen zu gießen, oder sich ein Paar Schuhe anzuziehen, um die schmutzige Fußmatte auszuschütteln.
4. Erledigen Sie die erste Aufgabe auf Ihrer Liste, arbeiten Sie dabei jedoch weder schneller noch langsamer, als Sie es normalerweise auch tun würden.
5. Wenn die Aufgabe erledigt ist, stellen Sie die Putzutensilien wieder weg.
6. Werfen Sie den Müll weg, der dabei angefallen ist, zum Beispiel benutzte Einwegtücher.
7. Gehen Sie wieder in den Eingangsbereich zurück.
8. Halten Sie die Stoppuhr an.

Nun notieren Sie, wie lange Sie gebraucht haben. Wiederholen Sie diese acht Schritte für jede Aufgabe auf der Liste. Wenn Sie fertig sind, könnte Ihre Liste etwa so aussehen:

- Tür und Türrahmen abwischen – 30 Sekunden
- Fußmatte ausschütteln – 1 Minute und 6 Sekunden
- Glas- oder Spiegelfronten mit Fensterputztüchern reinigen – 42 Sekunden
- Möbel mit Staubtüchern abstauben – 1 Minute und 12 Sekunden
- Blumen gießen – 45 Sekunden
- Leuchten abstauben – 18 Sekunden
- Schmutz, der von außen hereingetragen wird, wegfegen und -wischen – 2 Minuten und 15 Sekunden

Sie sind vielleicht überrascht, wie schnell man die meisten dieser Aufgaben erledigen kann, und das ist gut so, denn genau darum geht es. Wenn Sie ein vages »Alles-oder-Nichts«-Konzept wie etwa »Das Haus putzen« in kleine, genau definierte Aufgaben aufbrechen und den Zeitbedarf dafür angeben, wie etwa die 18 Sekunden, um den Staubwedel mit dem langen Griff zu holen, damit die Leuchte abzustauben und den Wedel wieder wegzustellen, wird die Schnellreinigung zu einem schmerzlosen Prozess, der Ihnen keine Angst mehr einjagt und der in den wenigen abgeknapsten Sekunden und Minuten, die Ihnen am Tag zur Verfügung stehen, erledigt werden kann.

Doch zu dieser Übung gehört noch ein weiterer Schritt, und zwar einer, der Sie auf dem Weg zu Ihrer neuen Schnellputz-Mentalität ein gutes Stück voranbringen wird. Nachdem Sie jeden Bereich durchgegangen sind, dort die Schnellreinigungsaufgaben aufgelistet und gestoppt haben, nehmen Sie sich die gesammelten Daten vor und tragen Sie sie für jeden Bereich gesondert in Listen ein, die Sie nachher aufhängen werden. Ordnen Sie jede Liste jeweils nach dem benötigten Zeitaufwand, vom kleinsten bis zum größten. Unsere Beispielliste würde also so aussehen:

Eingangsbereich

- Leuchten abstauben – 18 Sekunden
- Tür und Türrahmen abwischen – 30 Sekunden
- Glas- und Spiegelfronten mit Fensterputztüchern reinigen – 42 Sekunden
- Blumen gießen – 45 Sekunden
- Fußmatte ausschütteln – 1 Minute und 6 Sekunden
- Möbel mit Staubtüchern abstauben – 1 Minute und 12 Sekunden
- Schmutz, der von außen hereingetragen wird, wegfegen und -wischen – 2 Minuten und 15 Sekunden

Wenn Sie für jeden Bereich in Ihrem Zuhause solch eine Liste erstellt haben, suchen Sie sich in jedem Bereich einen Platz zum Aufhängen, der nicht direkt in die Augen fällt und trotzdem gut zu erreichen ist, zum Beispiel auf der Innenseite einer Schranktür oder in der Schnellreinigungsstation bei den Putzmitteln. (Wenn Sie wollen, können Sie die Listen zunächst laminieren.) In jedem Bereich haben Sie nun eine vollständige Liste dieser kleinen Aufgaben, die bei Bedarf immer erledigt werden können, zusammen mit dem benötigten Zeitaufwand.

Der nächste Schritt besteht darin, diese Aufgaben mit den freien Minuten im Laufe eines Tages zu verknüpfen, damit Sie sie nicht vergessen. Üben Sie den Gebrauch von »Markierungspunkten« ein, um Ihr Gedächtnis zu trainieren. Wenn Sie zum Beispiel in einem bestimmten Bereich regelmäßig auf etwas warten, ihn mehrmals täglich durchqueren oder dort etwas zu den Dingen gehört, die Sie morgens als Erstes oder abends als Letztes tun, dann verbinden Sie diese Tätigkeit mit einer Aufgabe. Bevor Sie es noch richtig merken, wird Sie das Zähneputzen daran erinnern, den Badezimmerschrank abzuwischen; wenn Sie morgens aufstehen, gehört es dazu, dass Sie Ihr Bett machen; und wenn Sie abends darauf warten, Ihre Kinder ins Bett zu bringen, kann das auch bedeuten, dass Sie zwischendurch die Bettwäsche und Handtücher im Wäscheschrank glätten.

Wann immer Sie ein paar Minuten Freizeit haben, sollten Sie zumindest einen Blick auf die Schnellreinigungsliste werfen und ein oder zwei Aufgaben auswählen, die zu diesem Zeitrahmen passen. Selbst wenn Sie »nur zwei Minuten übrig haben«, wie es so oft der Fall ist, können Sie diese Minuten effektiv nutzen, indem Sie sich von Ihrer Liste leiten lassen.

Vergessen Sie nicht, dass diese Liste nicht nur für Sie da ist. Sie gilt *jeder* Person in Ihrem Haushalt, die alt genug und auch ansonsten in der Lage ist, Putzarbeiten zu übernehmen. Üben Sie mit allen ein, diese Liste im Laufe des Tages zu benutzen. Sie werden erstaunt sein, wie bald die Unordnung verschwindet. Für jüngere Kinder sollten Sie zu diesem Zweck eine eigens auf sie zugeschnittene Liste aufstellen. Machen Sie ein paar Fotos von ihnen, die sie bei bestimmten Aufgaben zeigen, wie zum Beispiel beim Wegräumen der Badewannenspielzeuge oder beim Wischen der unteren Schrankfächer mit einem feuchten Lappen. Die Fotos können Sie an der Kühlschranktür anbringen. Ihre Kinder sollten Sie natürlich für die geleistete Arbeit loben. Üben Sie mit Ihren Kindern den richtigen Weg ein, und wenn sie erwachsen sind, wird ihnen die Haushaltsführung keine Probleme bereiten!

Für ältere Kinder und Teens, die überhaupt nicht gewohnt sind, ans Saubermachen zu denken, schlage ich vor, dass Sie ihnen Pflichten in einem Bereich zuweisen, der mit bestimmten Tätigkeiten in ihrem Tagesablauf verknüpft ist. Wenn Ihre Tochter zum Beispiel gerne telefoniert, ernennen Sie sie zum offiziellen Telefonreiniger. Legen Sie einen Stapel Wischtücher in Griffweite bereit und erinnern Sie Ihre Tochter, sie beim Telefonieren zu benutzen. Sie kann das Telefon und die umliegenden Bereiche abwischen. Wenn Ihr Sohn gerne Basketball in der Auffahrt spielt, machen Sie es ihm zur Aufgabe, den Fußweg zur Haustür zu fegen.

Vorher – nachher

Wie Sie wahrscheinlich inzwischen gemerkt haben, hat die Schnellreinigung weniger mit einer körperlichen Tätigkeit als mit einer geistigen zu tun. Weil Sie sich bereits die Mühe gemacht haben, Ihr Haus in ORDNUNG zu bringen und ein Haus, das sich von selbst aufräumt, daraus zu machen, sind diese Veränderungen nun viel leichter umzusetzen und in Ihren Tagesablauf zu integrieren.

Sie sind noch nicht ganz überzeugt? Sehen Sie sich einmal das folgende Beispiel an, nämlich eine schmutzige Fußmatte und ihr Umfeld zu reinigen, und zwar vor und nachdem Sie Ihr Haus in ORDNUNG gebracht und es in ein Haus, das sich von selbst aufräumt, verwandelt haben.

Aufgabe	**Zeitaufwand**
Schuhe anziehen (Wo sind meine Schuhe? Hat jemand meine Schuhe gesehen? Ich habe meine Schuhe gefunden. Irgendwo muss ich mich hinsetzen, um sie anzuziehen, aber ich finde wegen der Unordnung keinen Platz. Ich muss einen Stuhl leer räumen, alles auf den Tisch packen, Schuhe anziehen, mit angezogenen Schuhen zur Haustür gehen.)	2 Minuten

Aufgabe	**Zeitaufwand**
Fußmatte aufnehmen und nach draußen gehen, auf dem Rasen ausschütteln (Leider habe ich das eine Weile nicht gemacht, und das Ausschütteln dauert ziemlich lange.)	45 Sekunden
Fußmatte wieder hereintragen und dort ablegen, wo sie nicht im Weg ist.	10 Sekunden
Besen, Kehrblech, Wischmopp, Eimer, Putzmittel und Wasser zusammensammeln (Der Putzschrank ist nicht aufgeräumt, ich kann den Bodenreiniger nicht finden. Das Kehrblech ist verschwunden; schließlich finde ich alles, ich muss den Eimer in der Spüle mit Wasser füllen und den Reiniger dazugeben. In der Küchenspüle steht aber schmutziges Geschirr, ich muss also das Wasser im Bad einlaufen lassen und gehe dann mit allen Utensilien zum Eingang zurück.)	4 Minuten
Boden fegen und Schmutz mit dem Kehrblech aufnehmen, Kehricht in den Mülleimer leeren (Der Mülleimer ist vier Zimmer entfernt, ich muss also weit gehen.)	1 Minute und 55 Sekunden
Besen und Kehrblech wieder wegstellen (Ich stopfe sie wieder in den Putzschrank.)	5 Sekunden
Boden wischen.	1 Minute und 15 Sekunden
Wischwasser weggießen (In der Küche ginge es schneller, aber in der Spüle befindet sich das dreckige Geschirr, also trage ich den Eimer ins Bad und leere ihn in die Toilette.)	39 Sekunden
Utensilien wegstellen.	5 Sekunden
Wenn der Boden trocken ist, Fußmatte wieder vor die Tür legen.	3 Sekunden
Zeitaufwand für alle Tätigkeiten	**10 Minuten und 55 Sekunden**

Nachdem Sie Ihr Haus in ORDNUNG gebracht und in ein Haus, das sich von selbst aufräumt, verwandelt haben:

Aufgabe	**Zeitaufwand**
Schuhe anziehen, die im Eingangsbereich in der Nähe einer Bank aufbewahrt werden, auf die man sich zum Anziehen setzen kann.	25 Sekunden
Fußmatte aufnehmen, nach draußen tragen und auf dem Rasen ausschütteln.	28 Sekunden
Fußmatte wieder hereintragen und dort ablegen, wo sie nicht im Weg ist.	10 Sekunden
Akkusauger und Wischmopp aus der Zwischenreinigungsstation holen.	10 Sekunden
Fußboden saugen, Staubbehäler im Mülleimer im angrenzenden Raum entleeren.	1 Minute und 5 Sekunden
Den Boden mit dem Wischmopp wischen.	50 Sekunden
Die Utensilien in der Zwischenreinigungsstation ordentlich wegräumen.	10 Sekunden
Wenn der Boden trocken ist, Fußmatte wieder vor die Tür legen.	3 Sekunden
Zeitaufwand für alle Tätigkeiten	**3 Minuten und 21 Sekunden**

Was ist der Unterschied zwischen mehr als zehn Minuten und weniger als vier Minuten? Wenn Sie Probleme mit der Haushaltsführung haben, ist das genau der Unterschied zwischen einer schwierigen Aufgabe, die selten erledigt wird, und einer einfachen Gewohnheit, die sich leicht in den Tagesablauf integrieren lässt. Hören Sie auf, auf diesen »vollkommenen Augenblick« zu warten, um das Haus wirklich gründlich zu putzen. Diese vollkommenen Augenblicke kommen kaum so häufig, wie sie sollten, und in der Zwischenzeit wird Ihr Haus von Tag zu Tag immer unordentlicher.

So erledigen Sie den gründlichen Hausputz!

Egal, wie ungern wir daran denken, hin und wieder braucht ein Haus mehr als nur ein paar flüchtige Reinigungsarbeiten – sogar ein Haus, das sich von selbst aufräumt. Der gründliche Hausputz wird vielleicht nie Ihre größte Stärke werden, doch zumindest gibt es wahrscheinlich einen beträchtlichen Unterschied zwischen Ihrem großen Hausputz heute und dem vor der Verwandlung in ein Haus, das sich von selbst aufräumt. Warum? Weil früher ein Großteil Ihrer »Putz«-Zeit gar nicht mit Putzen verbracht wurde, sondern damit, dass Sie erst einmal aufräumen mussten, unordentliche Haufen von einer Ecke in die andere verfrachteten und die Putzutensilien zusammensuchten. Stellen Sie sich vor, Sie nehmen den Großputz in Angriff, wenn das Haus bereits aufgeräumt ist und Sie Ihre Utensilien sofort griffbereit haben. Ist das nicht ein radikaler Gedanke? Für diejenigen, die mit dem Haushalt ihre Schwierigkeiten hatten, war das früher vielleicht so, aber jetzt nicht mehr! Bereiten Sie sich darauf vor, so wie die »anderen Leute« zu leben, die den Hausputz als normale wöchentliche Aufgabe betrachten, die ihnen nicht mehr Mühe macht, als sie sollte.

Man kann das Wer, Wie und Wann des Hausputzes auf verschiedene Weise angehen. Nach vielen Experimenten sowie Versuchen und Irrtümern habe ich mich für drei Lieblingsmethoden entschieden, die allen in Haushaltsfragen weniger begabten Menschen helfen können, den Hausputz in den Griff zu bekommen. Ich schlage vor, dass Sie alle drei Methoden ausprobieren, um herauszufinden, welche für Sie und Ihre Familie am meisten Erfolg verspricht.

1. *Zimmerinhaber-Methode* – am besten für ein Haus/eine Wohnung geeignet, das/die höchstens doppelt so viele Zimmer hat, wie Menschen darin leben (also zum Beispiel ein Single mit einer Zweizimmerwohnung oder eine dreiköpfige Familie in einem Haus mit sechs Zimmern)
2. *Tag-für-Tag-Methode* – am besten für Singles und kleinere Familien geeignet

3. *Zimmer-für-Zimmer-Methode* – gut geeignet für ein Zuhause mit mindestens vier Familienmitgliedern, die zum Putzen in der Lage sind (zum Beispiel zwei Erwachsene und zwei Teenager), doch auch jüngere Familienmitglieder können mitmachen.

Die Zimmerinhaber-Methode

Als meine Kinder noch kleiner waren, bestand die größte Schwierigkeit, sie zum Mithelfen zu bewegen, darin, dass sie sich immer gegenseitig die Schuld zuschoben. Von fünf Dingen, die ich sie wegzuräumen oder aufzuheben bat, hatten drei rein gar nichts mit ihnen zu tun, und daher sträubten sie sich, wenn sie zum Putzen oder Aufräumen aufgefordert wurden. »Aber *sie* hat das da liegen lassen. Sag *ihr,* sie soll es wegräumen!« »Die Unordnung hat *sie* angerichtet, nicht ich!« Und so ging es die ganze Zeit.

Ja, wir haben in dieser Zeit einiges über Familiendynamik gelernt, aber ich musste trotzdem einräumen, dass ihren Beschwerden eine gewisse Logik zugrunde lag. Wenn sich beide Töchter in einem Zimmer aufgehalten hatten, das in Unordnung geraten war, aber eine nur ein paar Bücher auf dem Fußboden verstreut hatte und die andere die ganze Couch von einem Ende zum anderen mit diversen Tellerchen und Kekskrümeln bedeckt hatte, wo blieb dann die Gerechtigkeit, wenn ich beiden dieselbe Arbeitslast beim Saubermachen auferlegte?

Warum sollte ich andererseits derjenige sein, die sie zwang, persönlich die Verantwortung zu übernehmen? Ich wollte nur, dass das Zimmer sauber und aufgeräumt aussah, egal wer die Unordnung angerichtet hatte. Dass sie sich gegenseitig die Schuld zuschoben, machte mich wahnsinnig.

Dann entdeckte ich das Zimmerinhaber-Prinzip. Dabei werden die gemeinsam genutzten Räume verschiedenen Familienmitgliedern zugeteilt. Es ist dann ihre Aufgabe, darauf zu achten, dass das betreffende Zimmer im Verlauf der Woche sauber und einladend aussieht und am Wochenende gründlich geputzt wird. In großen Familien ist es nicht ungewöhnlich, dass die Verantwortung so aufgeteilt wird, doch hier kommt eine interessante Variation ins Spiel: Der Zimmer-»Inhaber« muss nicht unbedingt alles selbst putzen und aufräumen, sondern trägt nur die Hauptverantwortung dafür, dass alles in Ordnung ist. Wenn daher die große Schwester gerade Inhaberin des Wohnzimmers ist, die kleine Schwester jedoch ein fürchterliches Chaos angerichtet hat, ist es ihre Aufgabe, die kleine Schwester dazu zu bringen, das Zimmer aufzuräumen.

Das klingt einfach, doch diese Methode leistet mehr, als nur dafür zu sorgen, dass die Zimmer ordentlich aussehen. Sie nimmt den Eltern die Rolle als Vermittler und Aufseher ab; sie bringt den Kindern allmählich bei, Rücksicht auf den Lebensraum anderer Menschen zu nehmen; sie lässt Menschen in die Verantwortung hineinwachsen, einen bestimmten und begrenzten Raum aufzuräumen und zu putzen, und lässt sie so effizienter werden. Und schließlich vermittelt sie den Zimmerinhabern einen gewissen Stolz auf ihre Zimmer, und das wiederum führt mit größerer Wahrscheinlichkeit dazu, dass sie sie sauber halten.

Es gibt einige grundlegende Regeln für die Zimmerinhaber-Methode:

1. Wenn jemand ein Chaos in Ihrem Zimmer angerichtet hat, können Sie zu dem Betreffenden gehen und ihn auffordern, alles wieder in Ordnung zu bringen, doch Sie dürfen sich dabei nicht respektlos verhalten. Sie können sich auch dazu entschließen, ihm eine Pause zu gönnen und selbst aufzuräumen. Das liegt ganz bei Ihnen, doch Sie müssen es ohne Groll und scharfe Worte tun.
2. Wenn jemand zu Ihnen kommt und Ihnen mitteilt, dass Sie seinen Raum unordentlich hinterlassen haben, müssen Sie, wenn irgend möglich, Ihre augenblickliche Tätigkeit unterbrechen und die Unordnung im betreffenden Zimmer beseitigen.
3. Die Zimmer sollten nach Alter und Fähigkeit zugewiesen werden. Im Allgemeinen wird die Mutter Küche und Esszimmer übernehmen, der Vater Garten, Außenanlagen und Auto, und die Kinder teilen Wohnzimmer, Badezimmer, Eingangsbereich und Flure unter sich auf.

4. Wenn es jüngere Kinder im Haus gibt, können sie als „Helfer" eingeteilt werden und einfache Aufgaben übernehmen. Schon ein Vorschulkind kann begreifen, dass es in den Hausputz der Familie eingebunden wird. Es kann zum Beispiel die Scheuerleisten und die unteren Schrankfächer mit einem trockenen Lappen abwischen. (Hier und da werden ihm einige Flecken entgehen, aber er übt damit ganz sicher eine gute Gewohnheit ein.)
5. Jeder trägt die Verantwortung dafür, die Reinigungsmittel für sein Zimmer zu besorgen und aufzufüllen. (Nachbestellungen für Putzmittel können auf der Hauptbestellliste auf der Pinnwand vermerkt werden.) Um vor allem die Kinder noch mehr für ihre Aufgabe zu begeistern, sollte jeder Beteiligte sich aussuchen dürfen, wie er seine Putzmittel aufbewahren möchte. Für den einen kann das eine knallrote Plastiktonne sein, für den anderen ein Wägelchen oder sogar ein Werkzeuggurt. (Ein Kind mit Werkzeuggurt, voll ausgerüstet mit Reinigungsspray, Papiertüchern und Lappen ist eine Kraft, mit der man rechnen muss, und ein großartiger Soldat im Kampf gegen den Dreck.)
6. Um Konflikte um die Benutzung von Staubsaugern, Wischmopps usw. zu vermeiden, sollten sie den Zimmerinhabern an unterschiedlichen Tagen oder zu unterschiedlichen Zeitpunkten zugeteilt werden.

Welche Tätigkeiten gehören in den verschiedenen Räumen zum großen Hausputz? Im Allgemeinen sollten die Zimmer einmal in der Woche, mindestens aber alle vierzehn Tage, folgendermaßen geputzt werden:

Wohnzimmer
- nach Bedarf den Kamin und Umgebung säubern (falls vorhanden)
- alle Möbel abstauben
- alle Glas- und Metallflächen putzen
- Boden und Polstermöbel saugen
- Wände im Deckenbereich absaugen oder mit dem Staubwedel reinigen
- alle Hartholzböden schrubben
- Sofakissen, Raumschmuck usw. nett arrangieren
- Müll ausleeren

Küche

- Arbeitsflächen, Kacheln, Tisch, Herd desinfizieren
- alle Großgeräte und Kleingeräte abwischen, Mikrowelle von innen nicht vergessen
- alle Schranktüren und Griffe abwischen
- Türrahmen, Lichtschalter, Belüftungsschlitze abwischen
- Boden saugen
- Boden wischen
- Spüle säubern und abtrocknen
- abgelaufene Lebensmittel aus dem Kühlschrank nehmen
- Kühlschrank innen säubern
- Dunstabzugshaube abwischen

Elternschlaf- und Kinderzimmer

- Bettwäsche abziehen und in die Waschküche bringen
- neue Bettwäsche aufziehen und Betten machen
- Schmutzwäsche in die Waschküche bringen
- alle Möbel abstauben
- alle sichtbaren Glasflächen putzen, also Spiegel und große Fenster
- Teppiche saugen
- Hartholzböden wischen
- unter dem Bett und die Schrankböden saugen
- Fenster- und Türrahmen oben abstauben

Badezimmer

- Toilette / Toilettenschüsseln putzen
- Waschbecken putzen
- Badewanne und Dusche putzen
- alle Glas- und Metallflächen reinigen
- Wände um Waschbecken, Toilette und Badewanne/Dusche reinigen
- Boden saugen
- Boden mit Desinfektionsmittel wischen
- frische Handtücher aufhängen, schmutzige in die Waschküche bringen
- Toilettenpapier nach Bedarf auffüllen
- Illustrierte ordnen, Regale aufräumen usw.

Andere Bereiche

- Aufräumen
- Abstauben
- Glas, Metall und Elektronik putzen
- Staubsaugen
- Wischen

Etwa einmal im Monat sollten Sie:
- den Kühlschrank oben abwischen
- die weniger sichtbaren Fenster von innen putzen
- alle Lampenschirme und Deckenventilatoren abstauben.

Ungefähr alle drei Monate sollten Sie auch:
- Tagesdecken und Inletts waschen
- unter dem Waschbecken im Badezimmer sauber machen
- das Medizinschränkchen entrümpeln
- alle gut einsehbaren Fenster innen und außen putzen.

Ungefähr alle sechs Monate sollten Sie:
- Gardinen waschen
- das ganze Haus gut durchlüften
- Läufer reinigen lassen
- Terrasse, Gartenwege und Garagentor mit dem Schlauch abspritzen
- die weniger gut einsehbaren Fenster innen und außen putzen.

Wenn Sie sich beim Hausputz für die Zimmerinhaber-Methode entschieden haben, sollten Sie für jedes Zimmer eine Liste mit den erforderlichen Aufgaben zur Hand haben. Die Familienmitglieder werden beim Putzen immer wieder einen Blick auf die Liste werfen, und daher wäre es eine gute Idee, sie zu laminieren. Gehen Sie die Liste mit jedem Zimmerinhaber Punkt für Punkt durch, damit Sie sichergehen, dass der Betreffende genau versteht, wie er die Aufgaben erledigen muss. Weisen Sie Ihre Putzhelfer an, sich immer von links nach rechts und von oben nach unten zu arbeiten, wie es auch die Fachleute tun.

Bei der Zimmerinhaber-Methode ist es wichtig, eine Methode für die Verteilung zu finden, die Spaß macht und dabei auch gerecht ist. Oft ergibt sich die Entscheidung, wer welches Zimmer übernimmt, fast von selbst. Wenn das aber nicht geschieht, machen Sie ein Spiel daraus, um zu entscheiden, wer welche Aufgabe übernimmt. Kaufen Sie so viele Schokoladenriegel (oder auch etwas Gesünderes, wenn Sie das vorziehen), wie es Zimmer gibt, und schreiben Sie auf die Rückseite jedes Riegels eine Zimmerbezeichnung. Breiten Sie die Schokoriegel auf dem Tisch aus und lassen Sie jedes Familienmitglied zwei aussuchen. Sie behalten die restlichen Süßigkeiten und damit auch die entsprechenden Zimmer. Tauschen ist erlaubt, wenn der andere damit einverstanden ist.

Schließlich sollte die Zeit, die jemand ein Zimmer innehat, begrenzt werden, im Normalfall auf einen Monat, sodass sich niemand zu lange mit einem schwierigen Raum abplagen muss. Auf diese Weise bekommt jedes Familienmitglied die Chance zu lernen, wie man jedes einzelne Zimmer im ganzen Haus putzt.

Die Tag-für-Tag-Methode

Die Tag-für-Tag-Methode ist eine gute Wahl, wenn die Hauptarbeitslast auf ein oder zwei Leuten ruht, vor allen Dingen, wenn sie auch sonst viel zu tun haben. Bei dieser Methode wird der große Hausputz nicht für einen bestimmten Wochentag angesetzt. Stattdessen wird die Putzarbeit auf sechs Tage aufgeteilt.

Dieses System ist nicht neu. Ein spezieller »Waschtag« wurde vielleicht schon eingeführt, als Adam und Eva ihre Feigenblätter durch Felle ersetzt hatten. (»Adam, es ist Montag, ich bin dann unten am Fluss, um die Kaninchenfelle mit einem Stock auszuklopfen.«) Heute könnte Ihnen die Tag-für-Tag-Methode entgegenkommen, wenn Sie die ganze Woche im Beruf arbeiten und nicht den größten Teil Ihres freien Tages dafür opfern wollen, Ihr Haus wieder auf Vordermann zu bringen.

Um Ihr Tag-für-Tag-System in Gang zu bringen, schreiben Sie die Arbeiten auf, die für den Hausputz erforderlich sind, und zwar möglichst allgemein gehalten, also zum Beispiel Staubsaugen, Wischen, Abstauben, Glasflächen putzen, waagerechte Oberflächen mit Reiniger und Lappen putzen, senkrechte Oberflächen mit Reiniger und Lappen putzen, Wäsche, Kühlschrank innen säubern, Toiletten, Badewanne und Dusche putzen, Fenster putzen, Müll ausleeren.

Richten Sie in Ihrem Notizbuch sechs Spalten ein für alle Wochentage von Montag bis Samstag. Dann schauen Sie sich Ihre Liste an und nehmen zunächst die mehr oder weniger eindeutigen Zuordnungen vor. Wenn Sie zum Beispiel gerne freitags kochen, tragen Sie das am Freitag ein – und Sie können so an einem einzigen Tag für eine ganze Woche vorkochen. Wenn Sie am Wochenanfang gerne frisch gewaschene Wäsche mögen, erklären Sie den Samstag zu Ihrem Waschtag. Wenn Sie alle Aufgaben auf die Wochentage verteilt haben, könnte Ihre Liste etwa so aussehen:

Montag	Dienstag	Mittwoch	Donnerstag	Freitag	Samstag
Badewanne und Toiletten putzen	Staubwischen und Glasflächen putzen	Senkrechte Flächen wischen	Böden wischen	Kochen	Wäsche (waschen, bügeln, zusammenlegen)
Müll leeren	Waagerechte Flächen wischen	Staubsaugen	Müll leeren	Kühlschrank reinigen	Garten
			Lebensmittel einkaufen	Herd sauber machen	Auto sauber machen

Achten Sie darauf, dass gewisse Aufgaben vor den anderen erledigt werden: Vor dem Staubsaugen Staubwischen und vor dem Wischen Staubsaugen.

Vielleicht kommt Ihnen dieses System entgegen, vielleicht auch nicht. Für manche Leute bedeutet es eine Erleichterung, dem drei- oder vierstündigen Hausputz aus dem Weg zu gehen und stattdessen jeden Tag ein bisschen zu tun. Andere Menschen haben das Gefühl, dass sie aus dem Hausputz gar nicht herauskommen, wenn sie die Arbeit auf mehrere Tage verteilen. (Für mich besteht der größte Nachteil dieser Methode darin, dass sich bei der Familie keine »Hausputz-Euphorie« einstellt, wenn man nach mehreren Stunden konzentrierter Arbeit durchs funkelnd saubere Haus geht.)

Wenn Sie sich entschließen, die Tag-für-Tag-Methode einzusetzen, sollten Sie sich die Freiheit nehmen, die Liste so lange umzusortieren, bis Sie das Gefühl haben, dass alles richtig gut funktioniert. (Wenn Sie zum Beispiel am Mittwoch erst spät von der Arbeit kommen, können Sie eine Aufgabe auf den Dienstag und eine auf den Donnerstag verlegen.) Sie könnten auch in Erwägung ziehen, dieses

System nur alle zwei Wochen einzusetzen, wenn Ihr Zuhause in der Zwischenzeit nicht allzu dreckig wird.

Es lohnt sich, das Tag-für-Tag-System einen Monat lang auszuprobieren. Wenn Sie das Gefühl haben, dass kurze Arbeitseinsätze auf nahezu täglicher Basis für Sie subjektiv weniger Arbeit bedeuten als ein wöchentlicher Großeinsatz, ist dieses System für Sie wahrscheinlich das Beste.

Zimmer-für-Zimmer-Methode

Bei uns zu Hause haben wir uns für das Zimmer-für-Zimmer-System entschieden. Es funktioniert, weil unsere Kinder mit 15 und 17 Jahren alt genug sind, jede Putzaufgabe zu übernehmen, die in unserem Haus anfällt. Das System arbeitet besonders gut, wenn wir in der Versuchung stehen, den Hausputz zu lange auszudehnen oder uns ablenken zu lassen, denn so etwas kann hier nicht passieren. Weitere Vorteile dieses Systems sind:

- Die Arbeit schreitet schnell voran, denn Ihr Nachfolger wartet darauf, dass Sie fertig werden.
- Niemand hat das Gefühl, unfair behandelt zu werden, weil alle gleich hart arbeiten.
- Es fördert den Teamgeist, weil alle auf ein gemeinsames Ziel hinarbeiten.

Ein großer Nachteil dieses System liegt darin, dass es anfangs recht lange dauern kann, es in Gang zu setzen. Ich war schockiert, als ich entdeckte, dass ich einen ganzen Tag brauchte, um in meinem Haus von Zimmer zu Zimmer zu gehen und alle notwendigen Reinigungsarbeiten detailliert aufzuschreiben und dann zu notieren, wer in welchem Zimmer wofür verantwortlich war. Es war so ähnlich, wie ein Puzzle zusammenzusetzen. Aber als schließlich alles stimmte, funktionierte es völlig reibungslos. Und so funktioniert es:

Jede Person bekommt eine Nummer und eine Reihe von Aufgaben.

1. Vater – räumt auf, bereitet vor, staubt schwer erreichbare Gegenstände ab.
2. Mutter – wischt, desinfiziert, scheuert die Badewanne.
3. Teenager A – saugt Staub, putzt die Toilette.
4. Teenager B – wischt den Boden, legt letzte Hand an.

Als Nächstes wird jedem eine Liste ausgehändigt, auf der die Zimmer und die Aufgaben in einer festen Reihenfolge aufgeführt sind. Auf das Kommando »Los!« nimmt jeder die Liste in die Hand und beginnt sie abzuarbeiten. Die Listen sind sorgfältig aufeinander abgestimmt, damit es nirgendwo einen Stau gibt, und alle arbeiten sich in einer festgelegten Reihenfolge durchs ganze Haus.

Während zum Beispiel Person 1 die Utensilien aus dem Putzschrank zusammensucht, zieht Person 2 die Betten ab, Person 3 spült das Geschirr und Person 4 sammelt die Schmutzwäsche im ganzen Haus ein und bringt sie in die Waschküche. Wenn Person 1 alle Utensilien beisammen hat, geht sie ins erste Zimmer und nimmt ihre Aufgaben in Angriff:

- Jede Unordnung beseitigen; alles, was woanders hingehört, in einen Wäschekorb packen, um es später dorthin zu bringen, wo es hingehört.
- Das Zimmer fürs Staubsaugen und Wischen vorbereiten, indem man den Weg frei räumt – Tische und Schreibtische frei räumen und kleinere Gegenstände vom Boden aufheben wie etwa Papierkörbe oder Fußmatten (Jedes Zimmer sollte einen zuvor festgelegten Platz haben, um diese Dinge zwischenzulagern, zum Beispiel eine Couch oder einen Stuhl).
- Mit einem Staubwedel mit ausziehbarem Griff auf den Schränken, in hohen Regalen, an den oberen Wandhälften sowie an der Decke staubwischen.

Wenn der Betreffende diese drei Aufgaben erledigt hat, ruft er »Fertig!« und geht ins nächste Zimmer, wo er diese Aufgaben ebenfalls erledigt. Auf diese Weise bewegt er sich durchs ganze Haus und betätigt sich überall als Aufräumer, Vorbereiter und Staubwischer für die schlecht erreichbaren Oberflächen, und zwar in dieser Reihenfolge.

Sobald Person Nummer 1 ruft, dass sie mit einem Zimmer fertig ist, geht Person Nummer 2 dort hinein und fängt an zu arbeiten. Als Wischerin, Desinfektorin und Badewannenschrubberin wird sie alle Oberflächen abstauben und wischen, Glas putzen und zu gegebener Zeit alle Duschen und Wannen scheuern.

Sobald sie mit einem Zimmer fertig ist, geht sie zum nächsten, und Person 3 nimmt ihren Platz ein. Sie saugt Staub und putzt die Toiletten – diese Aufgaben sind kaum erklärungsbedürftig.

Wenn schließlich Person Nummer 3 bereit ist, sich des nächsten Zimmers anzunehmen, geht Person 4 in den Raum und beginnt mit ihrer Arbeit. Zu ihren Aufgaben gehört es, letzte Hand anzulegen – sie stellt alle Gegenstände zurück, die Person 1 von den Tischen und Stellflächen weggeräumt hat, wie Körbe und Raumschmuck, hängt nach Bedarf neue Handtücher hin, füllt das Toilettenpapier auf und so weiter. Wenn alles wieder am richtigen Ort steht und freundlich und einladend aussieht, leert sie den Müll in einen großen Sack, den sie mitgebracht hat, wischt den Boden und macht das Licht aus.

Wie Sie sehen, wird jedes einzelne Zimmer von vier verschiedenen Leuten geputzt, wobei jeder eine andere Aufgabe hat. Wenn Person 4 in das zweite Zimmer geht, um dort dieselben Aufgaben wie im ersten zu erledigen, arbeitet Person 3 im dritten Zimmer, Person 2 im vierten und Person 1 im fünften. Diese Zimmer-für-Zimmer-Methode setzt sich im ganzen Haus fort, bis es von oben bis unten in neuem Glanz erstrahlt.

Dieses System sieht auf dem Papier recht kompliziert aus, doch wenn man es erst einmal in die Tat umsetzt, wird es viel einfacher. Am schwierigsten dabei ist die Zeitplanung, um Staus zu vermeiden. Am besten beobachtet man, wo diese Staus am ehesten auftreten (zum Beispiel arbeitet Person 1 noch in der Küche, wenn Person 2 hereinkommt und ihre Aufgaben auszuführen beginnt, und bald folgt

Person 3, die gerne anfangen möchte, aber nicht kann, weil 1 und 2 ihr im Weg stehen). So etwas geschieht, weil nicht alle Aufgaben in jedem Zimmer gleich lang dauern. Während es eine halbe Stunde dauern kann, alle Schränke, Geräte und Arbeitsflächen in der Küche abzuwischen, ist man mit dem Staubsaugen dort in zehn Minuten fertig. Im Wohnzimmer dagegen kann man zwanzig Minuten damit verbringen, widerspenstige Hundehaare von einem Läufer zu saugen, während der andere nur ein paar Tische feucht abwischen muss.

Um diese Staus zu verhindern, wenn man sie erst einmal entdeckt und lokalisiert hat, muss man die Aufgabenliste jeder Person ein wenig verändern, um sie zu bremsen oder auch schneller zu machen. Wenn es zum Beispiel einen Punkt gibt, an dem die Person mit dem Wischmopp die Person mit dem Staubsauger normalerweise einholt, könnte ihre Liste hier so aussehen: »Geh noch einmal zurück und schau nach, ob Terrassenmöbel und Garten ordentlich aussehen, und feg die Terrasse.« Wenn sie diese Aufgaben erledigt hat und wieder ins Haus kommt, gibt es keinen Rückstau mehr, weil ihr Vorgänger seine Arbeit beendet hat und weitergezogen ist.

Wenn Sie die Zimmer-für-Zimmer-Methode anspricht, versuchen Sie es einmal damit! Wie eine Riesenwelle wird sie sich durch ihr gesamtes Zuhause wälzen und Sauberkeit hinterlassen. Um unsere Teenager zu motivieren, kamen wir überein, das Geld, das wir sonst für eine Raumpflegerin ausgegeben hätten, zu sparen und es für eine Reise mit der Familie auszugeben. Bei uns in der Gegend zahlt man einer Raumpflegerin um die einhundert Dollar pro Einsatz, und Sie können sich vorstellen, dass wir schnell eine ganze Menge Geld zusammensparten. Ein Jahr später machten wir uns auf den Weg nach Hawaii, wo wir froh waren, nicht sauber machen zu müssen, abgesehen von unseren sandigen Fußsohlen.

Meine peinlichste Messie-Geschichte

– Verborgene Werte –

Von Beth

Einige Wochen, nachdem meine Tochter im Teenageralter Übernachtungsbesuch gehabt hatte, fanden wir den BH ihrer Freundin unter dem Sofa. Ich weiß nicht, wem es peinlicher war, dem Mädchen, weil sie ihn verloren hatte, oder mir, weil ich so lange nicht unter dem Sofa staubgesaugt hatte.

3. Ordnen Sie Ihre Papierstapel nach dem Two-Step-System!

Alles gelingt dem, der großzügig ist und gerne leiht
und in allen seinen Geschäften ehrlich ist.

Psalm 112,5

Sie wollen den Papierkram bei sich zu Hause endlich in den Griff bekommen? Versuchen Sie es einmal mit dem Two-Step-System, das speziell für Leute entworfen wurde, die genau damit Schwierigkeiten haben. Das Two-Step-System besteht, wie der Name schon sagt, aus zwei Schritten: dem Schnelldurchlauf einmal täglich und der gründlichen Beschäftigung einmal pro Woche. Wenn Sie eine Kombination aus beiden Systemen anwenden, werden Sie damit alle Probleme im Umgang mit Papieren beseitigen.

Der Schnelldurchlauf

Richten Sie eine *Steh-Papierstation* ein und verpflichten Sie sich, dass Sie *von nun an kein Stück Papier mehr anschauen dürfen, wenn Sie sich nicht direkt neben der Station aufhalten.* Sie blättern nicht mehr die Post auf dem Weg vom Briefkasten durch und werfen Sie dann auf den Flurtisch. Stattdessen holen Sie die Post, gehen zu Ihrer Papierstation und gehen sie *dann erst* durch. Sie werden unerwünschte Reklamesendungen mit viel größerer Wahrscheinlichkeit sofort wegwerfen, wenn Sie direkt neben einem Papierkorb, Altpapiersammler oder Schredder stehen.

Die Steh-Papierstation

Manche Menschen verbinden Büroarbeit mit einer sitzenden Beschäftigung am Schreibtisch, wenn alles ruhig ist und wir den Papieren unsere ungeteilte Aufmerksamkeit schenken können. Dabei lassen wir allerdings außer Acht, dass die meisten Papiere, die uns täglich ins Haus flattern, gerade dann eintrudeln, wenn der Hund bellt, die Kinder streiten oder das Mittagessen überkocht. Wir schieben die Papiere zur Seite und nehmen uns vor, uns später damit zu beschäftigen, wenn Ruhe und Frieden eingekehrt ist und wir uns an den Schreibtisch setzen können. Vergessen Sie es! Das Leben kann ziemlich turbulent sein, und gerade Leute, die Schwierigkeiten mit dem Haushalt haben, machen es sich selten zur Gewohnheit, sich dann auch wirklich an den Schreibtisch zu setzen. Stattdessen müssen wir eine kleine Sortierstation für unsere Papiere einrichten, sodass wir mitten im Trubel eine erste Sichtung vornehmen können.

Um eine Steh-Papierstation einzurichten, brauchen Sie einen Papierkorb, einen Schredder und acht kleine Behälter oder Dosen, in die Sie die Papiere einsortieren. Das Besondere ist, dass Sie alle Papiere beim Sortieren von oben nach unten bewegen – Sie lassen sie in die Behälter fallen, fast so, als ob Sie sie in den Papierkorb werfen, statt Sie von vorne in ein Fach zu schieben. Das ist auch der Grund, warum Sie die normalen Ablagen aus dem Schreibwarengeschäft vielleicht vermeiden wollen und stattdessen lieber ein umgedrehtes Weinregal nehmen. Diese Sortiergefäße sollten so hoch angebracht sein, dass Sie sie im Stehen bequem erreichen können. Idealerweise sollten sie zusammen mit dem Schredder und dem Papierkorb auf einem Rollwagen mit drei Böden untergebracht sein.

Wenn Sie einen Rollwagen benutzen, sollten Sie ihn an einem zentralen Standort in der Nähe einer Steckdose für den Schredder abstellen, sodass man den Stecker ziehen und ihn wegrollen kann, wenn Besuch erwartet wird. Achten Sie darauf, dass es in der Nähe einen Ort gibt, wo man ihn abstellen kann, zum Beispiel in einem Schrank. (Vergessen Sie nicht, dass Sie sich das Leben leichter machen wollen, indem Sie zweierlei Maßstäbe für Ordnung anlegen – einen für

Besucher und einen für sich selbst und Ihre Familie.) Egal wie praktisch Sie denken, Sie sollten trotzdem im Gedächtnis behalten, dass Ästhetik eine wunderbare Motivationshilfe ist. Wenn Ihre Station hässlich aussieht, werden Sie sie meiden. Also achten Sie darauf, dass sie so elegant aussieht, wie sie nützlich ist.

Die acht Behälter beschriften Sie wie folgt: *Geld, Zeit, Eigentum, Leben, Schule, Arbeit, Utensilien* und *Bis Sonnenaufgang.* In den *Utensilien*-Becher legen Sie alles Nötige, um auf dringende Angelegenheiten zu reagieren, unter anderem Umschläge, Briefmarken, Aufkleber mit Ihrer Adresse, einen Tacker, Haftnotizen, einen Textmarker, Klebeband und einen Stift. Lassen Sie nicht zu, dass sich irgendjemand mit diesen Gegenständen aus dem Staub macht. Wenn doch, binden Sie sie mit einer Schnur an.

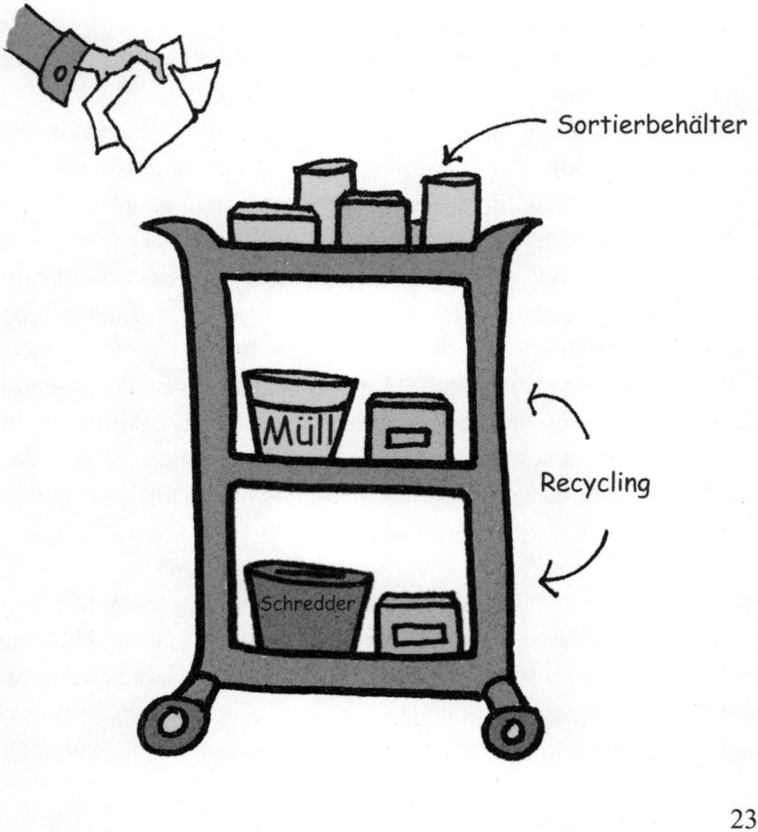

Wenn Ihnen ein Brief oder anderes Papier ins Haus flattert, gehen Sie zu Ihrer Station und sortieren Sie es wie folgt ein:

- *Schredder* – Wenn es sich um unerwünschte Reklamesendungen handelt, jedoch Ihren Namen enthält, jagen Sie es durch den Schredder.
- *Altpapier* – Wenn es sich um eine nicht persönlich an Sie gerichtete Wurfsendung handelt und recycelt werden kann, gehört es ins Altpapier. (Fragen Sie bei der zuständigen Stelle nach, welche Leitlinien für das Recycling in Ihrer Gegend gelten.)
- *Müll* – Wenn es sich um eine unerwünschte Reklamesendung handelt, die weder an Sie persönlich gerichtet ist noch recycelt werden kann, gehört sie in den Müll.
- *Geld* – Alles, was mit Rechnungen, Kontoauszügen und Gehaltsabrechnungen zu tun hat.
- *Zeit* – für Ankündigungen, Einladungen, Eintrittskarten, Theaterprogramme, Rückgabetermine für die Bücherei
- *Leben* – für neue Adressen, Raumschmuckideen, Rezepte, Fitness, Speisekarten, Flugblätter, Reisen, Notizen, Karten, Illustrierte
- *Schule* – für Schulinformationen und Benachrichtigungen
- *Arbeit* – Rechnungen, Visitenkarten, Lebensläufe
- *Bis Sonnenaufgang* – Einverständniserklärungen, die unterschrieben und zurückgeschickt werden müssen, sofort zu zahlende Beträge, Nachrichten, auf die schnellstens reagiert werden muss. Seien Sie ehrlich: Wenn Sie »Dringend!« auf den Behälter schreiben, würden Sie ihm dann aus dem Weg gehen?! Wenn Sie ihn aber »Bis Sonnenaufgang« nennen, wissen Sie, dass Sie sich darum kümmern müssen, wenn Sie zu Bett gehen, spätestens aber in dem Augenblick, wo Sie aufstehen.

Wenn Sie keine Einzelbehälter verwenden, sondern zum Beispiel ein Schuh- oder Weinregal umfunktionieren, sollten Sie ein kleineres Kästchen in Ihrem Fach »Bis Sonnenaufgang« platzieren. Wenn Sie merken, dass die darin enthaltenen Papiere nicht so viel Aufmerksamkeit bekommen wie nötig, machen Sie es sich zur Gewohnheit, den Behälter mitten auf den Küchentisch zu stellen, wenn Sie anfangen das Abendessen zuzubereiten. Kümmern Sie sich dann darum, wenn Sie gerade nichts zu tun haben, zum Beispiel wenn der Ofen vorheizt oder Sie darauf warten, dass das Wasser kocht. Wenn nötig, sagen Sie sich, dass Sie alles abarbeiten müssen, bevor Sie sich zu dem Essen, das Sie gerade zubereiten, an den Tisch setzen.

Eine letzte Bemerkung: Wenn Sie gerade in einem komplizierten, aber zeitlich begrenzten Projekt stecken, wie zum Beispiel einem Hauskauf, Renovierungsarbeiten, Hochzeitsplanung oder der Organisation einer Feier, werden sich die damit verbundenen Papiere erstaunlich schnell anhäufen. (Als wir unsere Küche fertig renoviert hatten, war der dazugehörige Stapel Papier zwanzig Zentimeter hoch!) Wenn Sie so etwas in Angriff nehmen, sollten Sie zeitweilig ein zusätzliches Körbchen oder einen anderen Behälter auf ein niedrigeres Bord Ihres Rollwagens stellen und dort alle Papiere in Verbindung mit dem betreffenden Projekt unterbringen. Anderenfalls werden sie die anderen Behälter verstopfen, und später müssen sie ohnehin umsortiert werden.

Die gründliche Bearbeitung

Der nächste Schritt im Two-Step-System kann recht schmerzhaft sein. Einmal pro Woche müssen Sie *alle* Behälter ausleeren (abgesehen vom *Utensilien*-Kasten) und den ganzen Inhalt sortieren und bearbeiten. Wenn Ihr Ehepartner oder Ihre Kinder gerne Akten ablegen, sollten Sie diese Aufgabe auf jeden Fall an sie delegieren!

Sollten Ihre Familienmitglieder in puncto Ablage aber ebenso hoffnungslose Fälle sein wie Sie, versuchen Sie diese Aufgabe gemeinsam oder zumindest unter »Aufsicht« eines Freundes oder eines Ihrer Kinder im Schulalter anzugehen. Während besagtes Kind einfach an einem Tisch in der Nähe sitzt und Hausaufgaben macht, kann Sie seine Gegenwart daran erinnern, bei der Sache zu bleiben. Selbst der jüngste Assistent wird Sie schadenfroh, aber sanft ermahnen, wenn Ihr Blick zu wandern beginnt und Sie eine zu lange Pause einlegen: »Papa! Hör auf, im Katalog zu blättern, und mach dich wieder an die Arbeit!«

Um jede Kategorie noch feiner zu unterteilen, sollten Sie sich einer Kombination aus verschiedenen Behältern und, jawohl, Hängeordnern bedienen. Sie wissen am besten, welche Papiere bei Ihnen zu Hause in Umlauf sind, und daher müssen Sie im Laufe der nächsten Monate ein wenig damit experimentieren, um es an Ihre persönlichen Bedürfnisse anzupassen. Sie sollten sich dabei von der Faustregel leiten lassen, dass Sie sich das Leben einfacher machen wollen. Je weniger Sie überlegen müssen, wenn Sie dieses System zukünftig einsetzen, desto besser.

Genau wie Sie eine Steh-Papierstation eingerichtet haben, brauchen Sie nun auch eine *Sitz-Papierstation.* Wahrscheinlich haben Sie bereits einen Schreibtisch, an dem Sie eigentlich den Papierkram im Haushalt erledigen möchten. Wenn nicht, ist es höchste Zeit, einen zu besorgen. Bei Schreibtischen denken wir in der Regel an die Geschäftswelt, vergessen aber, dass die Führung eines Haushalts auch enorm viel Büroarbeit mit sich bringt. Jahrelang hatte ich im ersten Stock ein voll eingerichtetes Büro für meine Tätigkeit als Schriftstellerin – aber nicht einmal ein Beistelltischchen im Erdgeschoss, um die Dinge des Alltagslebens zu regeln. Kein Wunder, dass in meinen Papieren niemals Ordnung herrschte!

In Ihrem Haushaltsbürobereich haben nur Sie und Ihr Ehepartner etwas zu suchen, und das bedeutet: Entweder stellen Sie den Schreibtisch an einem so entlegenen Ort auf, dass niemand anderes auch nur daran denkt, daranzugehen, oder Sie ziehen die Anschaffung eines Sekretärs mit verschließbaren Türen in Erwägung. Passen Sie ihn innen Ihren Bedürfnissen an. Wenn Sie Ihren Schreibtisch für die im Haushalt anfallende Büroarbeit nutzen, müssen Sie wie eine gut geölte Maschine funktionieren.

Nach langer Überlegung (und genauem Preisvergleichen, weil diese Möbel nicht billig sind), entschieden wir uns für einen Schreibschrank mit verschließbaren Türen. Wir wählten ein Holz und ein Design, das zu unserem Porzellanschrank und unserem Esstisch passte, und stellten ihn im Esszimmer an eine freie Wand. Er sieht schön aus, wenn er geschlossen ist, und ist funktional, wenn er offen steht. Ich liebe ihn über alles.

Ich passte den Schrank innen meinen persönlichen Bedürfnissen an, indem ich an der Innenseite der Tür drei Korkwände mit der Aufschrift »Verpflichtungen«, »Möglichkeiten« und »Verschiedenes« hängte. Ich brachte auch Beschriftungen für die verschiedenen Regale und Fächer an und wies allen Gegenständen, die ich dort unterbringen wollte, einen festen Platz zu. Weil Aktenordner für mich einem schwarzen Loch gleichkommen, liegt der Schlüssel zum Erfolg für mich darin, sie nur für »tote« Vorgänge zu benutzen – also für alle Dinge, die ich nur für die Steuer und zur Ablage aufbewahre, mit denen ich jedoch nie wieder etwas zu tun haben werde. Alle »lebendigen« Vorgänge – die noch in Bewegung sind – dokumentiere ich nie in einem Aktenordner. Solange ich meine Papiere einmal in der Woche gründlich durcharbeite, habe ich alles unter Kontrolle.

Richten Sie ein System zur Bearbeitung Ihrer Papiere ein,
das gerade kompliziert genug ist, um effektiv zu sein,
und gerade einfach genug, um machbar zu sein.

Wenn man seine Papiere gründlich durcharbeitet, muss man alle Dokumente, die im Laufe der Woche ins Haus gekommen sind, in feinere Unterkategorien einteilen. Das Ziel ist ein *System zur Bearbeitung Ihrer Papiere, das gerade kompliziert genug ist, um effektiv zu sein, und gerade einfach genug, um machbar zu sein.* Vergessen Sie nicht, dass Sie auch weiterhin Papiere schreddern und in den Müll oder ins Altpapier werfen werden, also achten Sie darauf, dass Schredder und Papierkorb immer in Griffweite stehen.

Sortieren Sie die Gegenstände in Ihrem *Geld*-Behälter nach Papieren, *die eine Reaktion erfordern* (Rechnungen) und in der Bezahlstation landen, und Papieren, bei denen das nicht der Fall ist (Gehaltsabrechnungen, Gewinnabrechnungen für Wertpapiere, Kontoauszüge, Mitteilungen der Renten- und Sozialversicherungsträger), die sie in den nach verschiedenen Kategorien unterteilten Ordnern abheften. Vielleicht erwägen Sie die Anschaffung eines Aktenschranks auf Rollen, um Ihnen das Leben zu erleichtern, wenn Sie die Rechnungen nicht dort bezahlen, wo Sie die Post sortieren.

Teilen Sie die Papiere in Ihrem *Zeit*-Behälter in *Bevorstehende Verpflichtungen* (Einladungen, Eintrittskarten, Ankündigungen von Veranstaltungen, die Sie besuchen möchten) und in *Bevorstehende Ereignisse* (Volkshochschulbroschüren, Theateranzeigen, Bücherei, Öffnungszeiten der Bücherei) ein. Die Informationen zu den bevorstehenden Verpflichtungen tragen Sie in Ihren Kalender ein und hängen sie außerdem an der Pinnwand auf, wo sie als Erinnerungshilfe dienen. Bevorstehende Ereignisse platzieren Sie auf einer separaten Pinnwand (oder in einem anderen Bereich derselben Pinnwand), sodass Sie sie sofort im Blick haben, wenn das nötig werden sollte. Achten Sie darauf, beide Pinnwände einmal im Monat zu überprüfen und alle nicht mehr aktuellen Informationen abzunehmen. Wenn es bevorstehende Ereignisse gibt, die Sie auf keinen Fall verpassen möchten, tragen Sie auch diese in Ihren Kalender ein.

Die Papiere in Ihrem *Eigentum*-Behälter erfordern eine doppelte Sortierung. Zunächst teilen Sie die Papiere in vier verschiedene Stapel auf: Werbebroschüren und Gutscheine, Kataloge, Quittungen und Sonstiges. Im zweiten Schritt gehen Sie jeden Stapel schnell durch und werfen möglichst viel weg, zum Beispiel Werbebroschüren von Geschäften, die Sie nicht besuchen wollen, Gutscheine für Waren, die Sie nicht erwerben wollen, Kataloge, die Sie nicht durchlesen wollen. Wenn Sie so viel wie möglich ausgemistet haben, legen Sie die Kataloge in einen »Katalogkasten«. Dies sollte ein durchsichtiger Behälter sein, der eine begrenzte Anzahl von Katalogen aufnehmen kann.

Gestehen Sie sich nicht mehr Kataloge zu, als der Behälter fassen kann. Wenn er voll ist und neue Kataloge eintreffen, die Sie behalten möchten, müssen Sie Platz schaffen und alte Kataloge wegwerfen. Ich persönlich liebe es, in Katalogen zu blättern, doch ich muss aufpassen, dass ich nicht zu viele habe, denn sonst vermehren sie sich so, dass ich die Kontrolle verliere. Die durchsichtige Plastikbox hilft mir dabei.

Dasselbe gilt für Werbebroschüren und Gutscheine. Legen Sie sie in eine durchsichtige »Sonderangebote-Box« mit Deckel und lassen

Sie nicht zu, dass Sie mehr Prospekte haben, als der Behälter fasst. Wenn Sie ein besseres System kennen, um Gutscheine aufzubewahren, nutzen Sie es auf jeden Fall. Doch wenn Sie sich von den anderen Menschen, die Schwierigkeiten im Haushalt haben, nicht allzu sehr unterscheiden, sind Gutscheine eher eine Last als ein Segen, weil Sie nicht wissen, wie Sie sie aufbewahren sollen. Und wenn doch, vergessen Sie, sie ins Geschäft mitzunehmen. (Gutscheine haben irgendetwas an sich, das Leute wie uns zur Hyperaktivität verführt, sodass wir unsere Zeit damit verschwenden, nach Kategorie, Ablaufdatum und so weiter zu sortieren.) Wenn Ihnen die Gutscheine nur Kummer bereiten, lösen Sie sich von Ihren »Gutscheinschuldgefühlen« und werfen Sie sie weg.

Bei Quittungen nehmen Sie einen Textmarker zur Hand und markieren schnell Datum, Ort und Zahlungsart. Dann sortieren Sie sie in drei Stapel – Kreditkarte, Euroscheckkarte und Barzahlung. Dabei werfen Sie alle Quittungen für nicht steuerlich absetzbare Artikel weg, die nicht zurückgegeben werden können, wie zum Beispiel die für den Salat am Imbissstand, als Sie neulich im Einkaufszentrum waren. Sortieren Sie alle Quittungen über größere Beträge aus (bei uns zu Hause gilt das für alle Anschaffungen über 100 Dollar) und heften Sie sie ordnungsgemäß ab. Sortieren Sie außerdem alle Spesenquittungen aus, für die Sie Geld zurückfordern können, notieren Sie am oberen Rand »Einreichen« und legen Sie sie in Ihre Rechnungsstation, damit Sie sich darum kümmern können, wenn Sie das nächste Mal Rechnungen bezahlen.

Klammern Sie jeden der drei Stapel mit einer Büroklammer zusammen und legen Sie sie im betreffenden Monat eines Ordners mit zwölf Fächern ab, den Sie im Schreibtisch aufbewahren. Wenn Sie im Laufe der nächsten Monate eine Abbuchung vom Konto oder von der Kreditkarte überprüfen oder einen Artikel umtauschen möchten, sollten Sie die richtige Quittung zügig finden, indem Sie einfach die Quittungen im betreffenden Monat nach Zahlungsarten durchgehen. Wenn Sie gegen Jahresende alle Unterlagen zusammensuchen, um die Steuererklärung zu machen, können die meisten Quittungen weggeworfen werden. Achten Sie nur darauf, alle Quittungen für Arbeiten am Haus, für Geräte, Reparaturen, medizinische und geschäftliche Ausgaben sowie die Unterlagen für die Steuer aufzubewahren.

Den Stapel für »Sonstiges« können Sie so bearbeiten, wie es Ihnen am liebsten ist. Heften Sie die Papiere ab, werfen Sie sie weg, je nachdem, wie es die Situation erfordert. Denken Sie daran, »tote« Vorgänge in Aktenordnern abzulegen, »lebendige« dagegen auf andere Art und Weise, damit Sie sie nicht vergessen.

Die Papiere in Ihrem *Leben*-Behälter sollten Sie auf ähnliche Weise sortieren. Zum Beispiel könnten Sie durchsichtige Plastikboxen wie folgt etikettieren: »Sofortige Reaktion erforderlich« (wie zum Beispiel bei Formularen, die ausgefüllt und eingereicht werden müssen), »Spätere Reaktion erforderlich« (wie zum Beispiel Adressänderungen, die Sie im Computer oder Adressbuch eintragen müssen), »Aufbewahren« (wie Dekorationsideen, interessante Artikel, Zeitungsausschnitte), »Rezepte«, »Stundenpläne«, »Zu lesen«, »Landkarten«, »Illustrierte« und so weiter. Benutzen Sie jede Box ausschließlich für den angegebenen Zweck, wobei ihr Fassungsvermögen bestimmt, wie oft Sie sich mit dem Inhalt befassen oder ausmisten. Wenn eine Box voll ist, *müssen* sie handeln.

Legen Sie die Landkarten in eine Kartenschublade und die Illustrierten dorthin, wo Sie Ihren Lesestoff aufbewahren. Alle Stundenpläne, ob für Ihre Sportstunden oder Training im Sportverein Ihrer Kinder, gehören an die Pinnwand. Für die Rezepte probieren Sie einmal ein selbstklebendes Fotoalbum oder einen Karteikasten aus, je nachdem, was für Sie am besten funktioniert.

Die Dinge schließlich, die Sie in Ihr Foto- und Erinnerungsalbum einkleben möchten, sollten Sie besser an einem anderen Platz aufbewahren. Irgendwo in Ihrem Haus, an einem Ort, der etwas abseits liegt und doch gut erreichbar ist, sollte jedes Familienmitglied eine große Plastikbox mit Deckel besitzen. In diese Behälter gehören Ihre Erinnerungsstücke, selbstgemalten Bilder und andere Stücke mit persönlichem Wert. Einmal im Jahr gehen Sie mit der ganzen Familie diese Stücke durch und sortieren alle aus, die nicht mehr wichtig sind. Die Größe der Behälter bestimmt auch hier wieder, wie viele Stücke im Laufe der nächsten fünfzehn Jahre gesammelt werden dürfen. Sie können Ihre Erinnerungsstücke gerne in einem Album sammeln, wenn Sie das gerne tun, aber glauben Sie nicht, diese Alben seien unbedingt notwendig. Auch in vielen Jahren werden Sie genau so viel Spaß daran haben, all diese Stücke in einer Box durchzusehen, wie sie in einem Album Seite für Seite durchzublättern.

Sortieren Sie die Papiere im *Schul*-Behälter danach, ob sie eine Reaktion erfordern oder nicht. Wenn ja, unternehmen Sie das Entsprechende, wenn nicht, entscheiden Sie, ob das Papier in den Müll wandern, abgeheftet werden soll oder in die Kiste mit den Erinnerungsstücken gehört. Alles, was mit der Schule zu tun hat und ein Datum trägt, sollte in den Kalender eingetragen werden. Alle Stundenpläne oder bevorstehenden Ereignisse sollten an eine Ihrer Pinnwände mit den Bezeichnungen »Verpflichtungen«, »Ereignisse« oder »Sonstiges« angebracht werden.

Was Sie in Ihrer *Arbeit*-Kiste aufbewahren, kann ein weites Spektrum abdecken, und Sie allein wissen, wie Sie es bearbeiten oder warum es sich überhaupt in dieser Kiste befindet. Was auch immer Sie mit den Unterlagen anfangen, die Sie sich von der Arbeit mit nach Hause nehmen, achten Sie darauf, dass Sie sie niemals in Ihre Haushaltsstationen integrieren. Wenn Sie mit der Bearbeitung Ihrer Arbeitsunterlagen fertig sind, sollten Sie sie entweder in die Aktentasche legen und ins Büro zurückbringen oder sie an einem Platz bei Ihnen zu Hause unterbringen, wo auch andere Akten lagern, die mit Ihrer Arbeit zu tun haben.

Sollten Sie ausschließlich zu Hause im Heimbüro arbeiten, empfehle ich Ihnen dringend, es sich zur Regel zu machen, Ihren Schreibtisch für Haushaltsangelegenheiten nie für geschäftliche Angelegenheiten zu benutzen und umgekehrt. Halten Sie diese beiden Welten auseinander, zumindest was die Papiere betrifft, und beide Bereiche werden besser funktionieren.

Im Keim erstickt

Wenn Sie daran arbeiten, die Papierflut bei Ihnen zu Hause einzudämmen, sollten Sie nicht vergessen, dass Sie eine Menge dazu beitragen können, es gar nicht erst so weit kommen zu lassen:

- Nehmen Sie nicht mehr an Preisausschreiben oder Meinungsumfragen teil. So kommt Ihre Adresse nur auf noch mehr Mailing-Listen.
- Gehen Sie im Internet auf die Seite www.robinsonlisten.de und tragen sich dort ein. Sie erhalten dann keine unerwünschte Werbung mehr zugeschickt.
- Bringen Sie einen entsprechenden Aufkleber auf Ihrem Briefkasten an.
- Wenn Sie einen Katalog nicht mehr per Post bekommen wollen, entfernen Sie den Adressaufkleber und schreiben darauf: »Bitte streichen Sie mich aus Ihrer Adressliste«. Dann schicken Sie ihn der betreffenden Firma zurück. Sie können sich auch telefonisch streichen lassen, obwohl es meistens mit einem Brief schneller geht.
- Wenn Sie bei einer Beerdigung statt Blumen einer gemeinnützigen Vereinigung eine Spende zukommen lassen, legen Sie einen entsprechenden Vermerk bei.

Meine peinlichste Messie-Geschichte

– Alles andere als lecker –

Von Willa F.

Ich bin nicht nur total unfähig, was den Haushalt angeht, sondern auch in meinem Auto herrscht gewöhnlich Chaos. Meistens schaffe ich es nur dann aufzuräumen, wenn ich weiß, dass ich jemanden mitnehmen muss.

Einmal glaubte ich, ich hätte gute Arbeit geleistet, den Müll aufgesammelt und das Wageninnere gesaugt, weil ich Nachbarskinder mit zur Schule nehmen sollte. Doch ein kleines Mädchen im Fond kramte in den Ritzen herum und förderte einen Hühnerknochen zutage – offenbar die Überreste einer Keule aus einem Fastfood-Restaurant, die sich dort schon wer weiß wie lange versteckt hatte.

»Da ist ein Hühnerknochen in Ihrem Auto!«, brüllte sie. Ich versuchte die Angelegenheit herunterzuspielen, aber das nahm sie mir nicht ab. Noch drei Jahre danach ist es mir peinlich, dass sie einen alten Hühnerknochen in meinem Auto fand.

Teil 4

Ganz persönlich

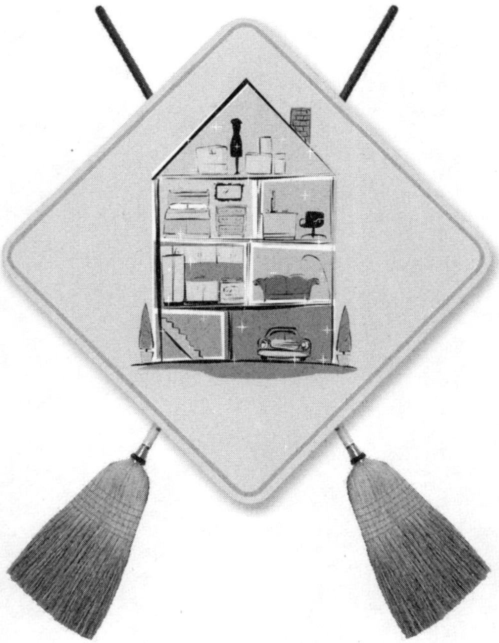

1. Mein Weg zur Ordnung

Gott hat uns nicht einen Geist der Furcht gegeben,
sondern einen Geist der Kraft, der Liebe und der Besonnenheit.

2. Timotheus 1,7

Ob Sie nun meinen Vorschlag zur Einrichtung eines Hauses, das sich von selbst aufräumt, umgesetzt oder gleich zu diesem Kapitel vorgeblättert haben, um nachzulesen, wie ich selbst meinen Weg vom Chaos zur Ordnung gefunden habe, so kann ich Ihnen versichern, dass dieses System funktioniert ... und immer funktionieren wird ... und zwar für Sie. Ich habe von vielen Menschen gehört, die sich das HDSSA-System zu eigen gemacht haben und begeistert sind, wie gut es für sie funktioniert. Ich selbst weiß es auch aus persönlicher Erfahrung.

Um ehrlich zu sein, habe ich mit Ordnung und Sauberkeit mein ganzes Leben kämpfen müssen. Als Kind erstickte ich fast im Chaos meines Spielzeugs und meiner anderen Besitztümer, und ich konnte nur hoffen, dass sich meine Situation mit dem Alter verbessern würde.

Als Teenager besaß ich dann andere Dinge, aber das Chaos bestand fort. Immer noch war ich mir sicher, dass sich diese ganze Geschichte mit Putzen und Aufräumen klären würde, wenn ich erst einmal selbstständig war.

Als ich mir dann eine Wohnung nahm und allein lebte, wurde alles nur noch schlimmer. Ich glaubte, dass ich die Sache schon in den Griff bekommen würde, wenn ich erst verheiratet war.

Als ich geheiratet hatte, wurde es noch schwieriger, vor allem, nachdem wir ein Kind und dann noch eins bekommen hatten.

Was machte ich falsch?

Nachdem ich geheiratet und Kinder bekommen hatte, war das Leben ein niemals endender Wäschehaufen, eine unendlich lange Kette von Spielzeug, das weggeräumt werden musste, und eine bodenlose Spüle voller Geschirr. *Ich habe diesen Weg gewählt,* sagte ich mir immer wieder, obwohl ich alles hasste, was damit zu tun hatte ... mit dem Putzen und Aufräumen, meine ich. Ich war sehr gerne eine Ehefrau, sehr gerne eine Mutter, freute mich, dass ich in der Lage war, halbtags außer Haus zu arbeiten, für die Kinder zu sorgen und in meiner »Freizeit« sogar meinen Traum zu verfolgen, eine »Romanschriftstellerin« zu werden. Abgesehen vom Putzen und Aufräumen war mein Leben nahezu perfekt.

Das Leben wurde sogar noch besser – allerdings auch unendlich viel komplizierter, als eines Tages mein großer Traum wahr wurde und ich meinen ersten Detektivroman veröffentlichte, *A Penny for your thoughts.* Der Verlag kaufte sogar die geplanten Fortsetzungsromane, was bedeutete, dass ich von nun an vollzeitlich als Schriftstellerin arbeiten würde. Nachdem ich ein Leben lang auf den großen Durchbruch gewartet hatte, war er endlich gekommen! Unsere Welt veränderte sich praktisch über Nacht. Ich kündigte meinen Teilzeitjob, richtete ein leerstehendes Zimmer als Büro ein und machte mich an die Arbeit.

Weil mein Mann und ich wussten, dass ich mit meinem neuen Beruf alle Hände voll zu tun haben würde, mussten wir in unserem Budget eine Summe für eine Haushaltshilfe einplanen, die einmal in der Woche kommen und den Hausputz erledigen würde. *Eine Haushaltshilfe!* Ich geriet in Ekstase. Wirklich, ich dachte, dass sich mein ganzes Leben danach verändern würde.

Wir fanden eine Haushaltshilfe, die hart arbeitete, ganz zu schweigen davon, dass sie eine wunderbare Frau war, und von Anfang an schien sie in drei Stunden das zu vollbringen, wofür ich gewöhnlich drei Tage brauchte. (Ich hätte das bereits als deutlichen Hinweis begreifen können, dass ich in diesem Bereich nicht gerade kompetent war.) Nach ihrem ersten Besuch sah unser Haus großartig aus. Ich wusste, dass wir endlich das aufgeräumte, saubere Haus haben würden, von dem ich immer geträumt hatte. Mary Poppins war zu guter Letzt doch zu uns gekommen.

Doch innerhalb von wenigen Stunden nach ihrem Besuch begannen sich Chaos und Unordnung wieder auszubreiten, ungeachtet der

Tatsache, dass das ganze Haus funkelte. Obwohl die Zimmer nach zwei Tagen immer noch relativ sauber waren, sah es aus, als sei hier ein Tornado durchgezogen. Als die Haushaltshilfe in der nächsten Woche wiederkam, war das Haus so unordentlich, als sei sie niemals da gewesen. Woche für Woche geschah dasselbe. Ich war bestürzt, dass so viel in so kurzer Zeit falsch laufen konnte. Nicht einmal die Ursache des Problems konnte ich in meiner Frustration ausfindig machen.

Mein Mann erledigte seinen Teil der Hausarbeit, und doch wuchsen die Geschirr- und Wäscheberge immer weiter. Immer wieder beklagte ich mich, dass die Kinder ihren Pflichten nicht gewissenhaft nachkamen und nicht genug mithalfen, und doch war es offensichtlich, dass auch ich nicht genug tat, obwohl ich das Gefühl hatte, dass ich den ganzen Tag putzte und aufräumte, wann immer ich ein paar freie Minuten hatte. Irgendwie schien ich es nicht zu schaffen. Als unsere Haushaltshilfe nur noch einmal in zwei Wochen kommen konnte, gerieten wir vom Regen in die Traufe.

In meiner Verzweiflung versuchte ich es mit Dienstplänen und Aufgabenteilung – ohne Erfolg. Verzweifelt bat ich Gott um Hilfe. Glücklicherweise erhörte er meine Gebete, jedoch auf eine ganz eigene Weise.

Erhörte Gebete

Für jemanden, der Hausarbeit nicht mag, war ich schon immer auf eigenartige Weise von Haushaltstipps fasziniert, wie man zum Beispiel einen Blaubeerfleck aus einem weißen Leinentischtuch entfernt oder wie man Fisch brät, ohne dass das ganze Haus danach riecht. (Nicht dass ich diese Tipps jemals befolgt hätte, ich las ganz einfach gerne, wie man so etwas machen könnte, wenn man sich jemals dazu entschließen würde.)

Einige Jahre zuvor hatte ich in einer Sonntagszeitung in einer Kolumne mit Haushaltstipps einen Ratschlag gelesen, der mich wirklich faszinierte. Dort hieß es, dass man aus fast leeren Batterien oft noch ein wenig »Saft« herausholen könne, wenn man die Enden mit einer Nagelfeile bearbeite. Augenblicklich beschwor dieser einfache Tipp in meinem Hirn eine neue Romanidee herauf. Mir schwebte eine forsche und clevere Heldin vor, die alles über Haushaltstipps wusste. Sie ist einem Verbrecher auf der Spur, als die Batterien in ihrer Taschenlampe langsam an Kraft verlieren. Unerschrocken holt sie die Batterien heraus, bearbeitet sie mit einer Nagelfeile, steckt sie wieder in die Taschenlampe und geht weiter.

Für eine Romanschriftstellerin wie mich sind solche kleinen Schnipsel wie Eicheln, aus denen später mächtige Eichen wachsen. Je mehr ich mit dieser Idee einer Kriminalfälle lösenden Haushaltsexpertin herumspielte, desto besser gefiel sie mir. Als ich meine erste Krimiserie allmählich abschloss, hatte ich schon eine Idee für eine neue, die sich um Jo Tulip drehte, eine Singlefrau in den Zwanzigern, die in der Tageszeitung die Kolumne »Haushaltstipps von Tulip« verfasst. Jo ist äußerst clever und einfallsreich und setzt ihre Kenntnisse nicht nur ein, um ihre Haushaltskolumne zu schreiben, sondern auch um Verbrechen zu untersuchen und aufzuklären. Ich stellte die Idee meinem Verlag vor und schilderte die Heldin als eine Art »weiblichen MacGuyver aus dem einundzwanzigsten Jahrhundert«.

Meinem Verleger gefiel die Idee, und er nahm mich unter Vertrag. Doch erst als ich mich hinsetzte, um das erste Buch, *The Trouble with Tulip,* zu schreiben, merkte ich, dass ich nicht ganz in meinem Element war. Wie sollte ich, die ihren Haushalt überhaupt nicht im Griff hatte, eine Romanserie über eine Haushaltsexpertin schreiben?

Nicht umsonst bezeichnet man diese Literaturgattung als »fiktional«. Nur weil ich selbst Probleme mit der Haushaltsführung hatte, bedeutete das nicht, dass ich mich nicht gedanklich in jemanden hineinversetzen konnte, der auf diesem Gebiet Experte war. Regelmäßig schrieb ich über Helden und Schurken, Privatdetektive und Verbrecher, Kriminalpolizisten und Mörder. Wenn ich mich in einen FBI-Agenten und einen Scharfschützen hineinversetzen konnte – zwei Dinge, die ich garantiert niemals gewesen bin –, dann wohl auch in eine Haushaltsexpertin.

Also machte ich das.

Ich ahnte nicht, dass unser guter Herr für mich viel mehr im Sinn hatte, als nur eine glaubwürdige Romanfigur zu schaffen. Er hatte auch große Pläne für mich persönlich. Irgendwann im Laufe des nächsten Jahres, als ich für das erste Buch der auf drei Bände angelegten Serie über Jo Tulip und ihre ordentliche kleine Welt recherchierte, wurden mir die Augen geöffnet. Je mehr ich recherchierte, desto mehr dämmerte mir langsam, was an meiner eigenen Haushaltsführung nicht stimmte.

Ich begriff, dass ich mich mit zwei Problemen herumschlagen musste.

Zunächst einmal brachte ich keine natürliche Begabung für den Haushalt mit. In gewisser Hinsicht könnte man sogar sagen, dass ich »haushaltsbehindert« war. Nichts von dem, was nötig war, um den Haushalt in Schuss zu halten, konnte ich einfach so. Nichts machte ich instinktiv richtig. Wie ein Chorsänger ohne musikalisches Gehör war ich nicht in der Lage, das zu tun, was getan werden musste. Ich hatte einfach nicht das notwendige Talent.

Ich hatte nie darüber nachgedacht, dass man für die Haushaltsführung auch Talent und Instinkt braucht und es nicht nur mit Wissen und harter Arbeit getan ist. Doch nun, da ich einräumen konnte, dass sich ein großer Teil meines Problems nicht auf mein Verhalten, sondern auf mein Gehirn zurückführen ließ, war ich in der Lage, die Sorgen und Gewissensbisse, die mir jahrelang zu schaffen gemacht hatten, loszulassen. Ich konnte mein Problem nun objektiver betrachten.

Zweitens begriff ich, dass mir nicht nur von Natur aus das Talent zur Haushaltsführung fehlte, sondern mir auch niemals richtig beigebracht worden war, wie man einen Haushalt führt. Meine Mutter ist eine wunderbare Frau und einer der Menschen, die ich auf diesem Planeten am liebsten habe. Sie hat sich immer liebevoll um mich gekümmert und ist sehr klug. Ihre Prioritäten hat sie immer so gesetzt, wie es sein sollte, und Gott und ihre Familie standen immer ganz oben auf der Liste. Doch sie würde als Erste zugeben, dass sie ein lebendes Beispiel für den »Pendeleffekt« ist, den ihre ordnungsbesessene Mutter auslöste. Sie weigerte sich, in ihre Fußstapfen zu treten, und räumte der Haushaltsführung keinen so hohen Stellenwert ein wie ihre Mutter. Bei uns zu Hause wurde mehr Wert auf Dinge gelegt, die Spaß machten, wie Kreativität und Lernen. Zwischendurch brachte mir meine Mutter grundlegende Handgriffe bei, doch selten war sie Tag für Tag ein Vorbild. Infolgedessen schienen Ordnung und Struktur, wonach ich mich so sehnte, so unerreichbar weit entfernt, so unmöglich, dass sich in meiner Vorstellung der Wunsch nach einem ordentlichen Zuhause allein durch einen Besuch von Mary Poppins realisieren ließ.

Wie sonst sollte unser Haus jemals sauber und ordentlich aussehen?

Im Rückblick verstehe ich, dass meine Mutter alles tat, um die Unordnung in den Griff zu bekommen. Doch auch sie war »haushaltsbehindert«. Auch ihr hatte man nie beigebracht, wie man es richtig macht. (Ihre Mutter war mit Putzen und Aufräumen zu beschäftigt, um ihrer Tochter beizubringen, wie man putzt.) Und so schloss sich der Kreis. Als meine beiden Kinder das Teenageralter erreichten, traf es mich wie ein Schlag, als ich begriff, dass ich das Problem der schlechten Haushaltsführung an die nächste Generation weitergeben würde, wenn sich nicht bald etwas drastisch änderte. Ihre unordentlichen Zimmer bewiesen das.

Bewaffnet mit meinen neuen Erkenntnissen entschloss ich mich, einige bedeutsame Veränderungen zu initiieren. Nachdem ich einmal verstanden hatte, dass die Ursache für meine Probleme im Haushalt nicht in charakterlichen Unzulänglichkeiten, sondern einfach in mangelndem Talent und Wissen zu suchen war, war ich entschlossen, einen Weg aus dieser verfahrenen Situation zu finden. Ich schrieb bereits an meinen Romanen über Jo Tulip, die Haushaltsexpertin, aber nun nahm ich ihre Technik selbst unter die Lupe. Ich wollte endlich die Geheimnisse der wahren Hausfrauen kennen lernen.

Nein, mir war es egal, wie man Wachsmalflecken aus dem Teppich entfernt. Mir lag daran, wie man die Unordnung so beseitigen konnte, dass man den Teppich überhaupt sah! In vielerlei Hinsicht hatten mir Haushaltsratgeber überhaupt nichts zu sagen. Sie wurden von hervorragend organisierten und effizienten Leuten geschrieben, die mir erklärten, wie man ein raffiniertes Ablagesystem für eingehende Post einrichtet, wie es einen Platz für alles geben und alles an seinem Platz sein soll. Ich dagegen konnte im Dunkeln nicht einmal vom Bett ins Badezimmer gehen, ohne über einen Haufen Kleidung oder ein herumliegendes Spielzeug zu stolpern.

Allmählich begriff ich die grundlegende Wahrheit, die mir mein ganzes Leben lang entgangen war: Wenn du nicht von Natur aus für die Hausarbeit begabt bist und man dir auch keine soliden Kenntnisse über Haushaltsführung mitgegeben hat, bist du selbst dein schlimmster Feind. Alle guten, logischen und wohlmeinenden Ratschläge der Welt helfen dir nicht, dein Zuhause für längere Zeit sauber und ordentlich zu halten, schon gar nicht, wenn diese Ratschläge von Leuten stammen, die keine Ahnung von diesen beiden Mängeln haben.

Am meisten entmutigte mich, dass mein Zuhause so eingerichtet war, dass es selbst in ordentlichem Zustand nur auf die Katastrophe zu warten schien. Wenn ich es schaffte, das ganze Haus zu putzen, bereitete mir das keine Freude, denn in jedem Zimmer, das ich betrat, stellte ich mir vor, wie bald alles schon wieder im Chaos versinken würde. Schon beim Putzen wurde mir das Herz schwer, wenn ich an die unvermeidliche Unordnung dachte, die sich bald schon wieder breitmachen würde.

Mit diesen Gedanken im Hinterkopf, durch Gebet und weise Ratschläge war ich schließlich in der Lage, den nächsten gedanklichen Schritt zu gehen: *Wie wäre es, wenn ich die Einrichtung und Organisation unseres ganzen Hauses, unseres Lebensstil, unseres Verhaltens überdenken würde? Wie wäre es, wenn ich nicht nur einfach an den Problemen herumkurieren würde, sondern die Ursachen beseitigt? Wie wäre es, wenn ich nicht nur lernte, wie man sauber macht, sondern wie man sein Zuhause einrichtet, damit es leichter sauber zu halten ist?*

Zu guter Letzt, so überlegte ich, *könnte ich meinen Haushalt so praktisch und effizient organisieren, dass er sich von selbst aufräumt.*

Das Haus, das sich von selbst aufräumt? War das möglich?

Sie halten die Antwort auf diese Frage in der Hand! Weil ich kein

Buch hatte, das mir als Leitfaden dienen konnte, nahm die Umgestaltung unseres Zuhauses eine ganze Weile in Anspruch – über ein Jahr, wenn Sie die Wahrheit wissen wollen. Doch im Laufe dieser Zeit lernte ich, mit meinen Fehlern und Schwächen zu leben, um so die Hindernisse zu überwinden, die meine Familie und ich in unserem eigenen Zuhause aufgerichtet hatten. Ich lernte, wie ich unser Haus an unser Verhalten anpassen konnte, statt die hoffnungslose Schlacht zu führen, es andersherum zu probieren.

Mein Kindheitstraum, jeden Tag in einem sauberen und aufgeräumten Zuhause zu leben, war endlich Wirklichkeit geworden, und das, ohne dass ein mit Zauberkräften begabtes Kinderfräulein in Sicht war!

Ich will nicht behaupten, dass ich eine großartige Hausfrau bin. Wie gesagt, bringe ich von Natur aus kein Talent dafür mit, und ich mache es auch nicht gerne. Ich habe damit zu kämpfen, mir jeden Handgriff, den die meisten Leute im Haushalt automatisch verrichten, ganz bewusst vorzunehmen. Doch trotz meiner persönlichen Schwächen in diesem Bereich ist mein Zuhause meistens sauber und ordentlich. Ich sehne mich nicht mehr danach, Ordnung aus dem Chaos zu erschaffen, weil das Chaos verschwunden ist.

Ein Haus, das sich von selbst aufräumt?

Darauf können Sie wetten. Wir wohnen in einem.

Ich bete dafür, dass Sie das mit Hilfe dieses Buches ebenfalls können.

2. Zum Schluss

Gestern bekam ich einen Anruf von einer lieben Freundin, die ich seit fünfzehn Jahren kenne, aber nur selten sehe. Obwohl sie mich früher oft besucht hatte, leben wir heute einige Autostunden voneinander entfernt, und die Anforderungen der Familie und des eigenen Lebens machen häufige Besuche unmöglich. Dennoch bleiben wir über E-Mail in Kontakt und telefonieren, so oft wir können. Als sie mich gestern aus dem Auto mit dem Handy anrief, fragte sie mich, wie ich mit dem Schreiben vorankomme und woran ich gerade arbeite.

»Ich lege gerade letzte Hand an mein neues Buch«, erwiderte ich und erklärte ihr, dass es *Das Haus, das sich von selbst aufräumt* heißt und ein Haushaltsratgeber sei.

Darauf folgte eine lange Stille.

»Bist du noch da?«, fragte ich

»Ich bin noch dran!«, quiekte sie. Erst dann merkte ich, dass sie lachte, die Art Gelächter, die so tief und stark ist, dass sie zuerst kein Geräusch verursacht. Sie lachte allerdings weiter und wurde immer lauter. Sie lachte so laut und lange, dass ich vorsichtig andeutete, sie solle lieber an den Rand fahren, um keinen Unfall zu verursachen.

»Tut mir leid«, meinte sie schließlich, und ich konnte mir lebhaft vorstellen, wie sie sich die Tränen aus den Augen wischte und versuchte sich zusammenzureißen. »Es gibt viele Themen, bei denen ich sicher bin, dass du darüber schreiben könntest, Mindy, aber Haushaltsführung gehört nicht dazu!«

Das führte zu einem neuen Lachanfall. Ich versuchte ihr zu erklären, dass es bei uns zu Hause nicht mehr so aussieht wie früher, wenn sie bei uns zu Besuch war, aber ich bin nicht sicher, ob sie mir glaubte. Wahrscheinlich muss sie vorbeikommen und es mit eigenen Augen sehen.

Ich habe den ganzen Tag über dieses Telefonat nachgedacht. Ob Sie es glauben oder nicht, ihr Gelächter verletzte meine Gefühle nicht, denn wenn man mir vor fünfzehn Jahren gesagt hätte, dass ich ein Buch über dieses Thema schreiben würde, hätte ich genauso schallend gelacht. Wenn ich überhaupt eine Legende im Bereich Haushaltsführung bin, dann wegen des Chaos, das ich angerichtet habe, und nicht weil ich gelernt habe, Chaos zu verhindern.

Doch hier ist die gute Botschaft. Ganz gleich, was früher gewesen ist, *ich bin eine neue Schöpfung in Christus* (vgl. 1. Korinther 5,17). Durch seine Kraft und Weisheit bin ich umgestaltet worden. Und auch mein Zuhause ist umgestaltet worden.

Bei uns zu Hause sieht es nicht mehr aus wie früher. Ganz und gar nicht. Nun, da Sie dieses Buch gelesen haben, ist das auch mein Gebet für Sie. Nach der harten Arbeit, Ihr Zuhause in ein Haus, das sich von selbst aufräumt, zu verwandeln, werden Sie eine dauerhafte und wirksame Veränderung feststellen. Das System funktioniert. Lassen Sie es für sich arbeiten.

Nehmen Sie sich die Extrazeit und -kraft, die Sie früher dem ineffektiven Hausputz gewidmet haben, und schenken Sie sie Gott. Er hat wunderbare Verwendungsmöglichkeiten für Ihre Zeit und Ihre Kraft, viel bessere, als sich durch Unterlagen, Besitztümer, Schmutz, Staub und Chaos zu wühlen.

Gott liebt Sie so sehr.

Er hat große Pläne für Ihr Leben.

Und er will Sie so segnen, wie Sie es sich nicht einmal träumen lassen würden.

Schließlich haben wir bei unserer Geburt nichts in die Welt mitgebracht und wir können auch nichts mitnehmen, wenn wir sterben. Deshalb wollen wir zufrieden sein, solange wir nur genug Nahrung und Kleidung haben

(1. Timotheus 6,7-8).